湖北交通历史文化丛书

情系扶贫

——湖北省四大山区交通连片扶贫开发新探索

尤习贵　主　编

人民交通出版社股份有限公司
China Communications Press Co.,Ltd.

内 容 提 要

《情系扶贫——湖北省四大山区交通连片扶贫开发新探索》是湖北省交通系统对“十二五”期连片扶贫工作的总结和思考，阐述了连片扶贫工作在湖北省交通系统的实践和社会经济影响。全书分为四篇：“实践篇”“项目篇”“舆论篇”“文献篇”。

该书认为，连片扶贫是现阶段扶贫工作的科学思路，是精准扶贫的具体实施，得到交通系统和社会各界的广泛支持与参与。湖北交通部门在连片扶贫上的探索，具有鲜明特色、丰富成果和多方面的经验。经过五年多的实践，湖北连片扶贫工作以交通建设为突破口，在省内四大山区产生了积极而重大的影响，有力推动了各片区经济发展和贫困人口脱贫，实现了既定目标。

《情系扶贫》
编 委 会

序

国民之魂，文以化之；国家之神，文以铸之。党的十八大报告提出“提高国家文化软实力，发挥文化引领风尚、教育人民、服务社会、推动发展的作用”，习近平总书记强调“要努力展示中华文化独特魅力，系统梳理传统文化资源，让收藏在禁宫里的文物、陈列在广阔大地上的遗产、书写在古籍里的文字都活起来”，为新时期加强文化建设指明了方向和路径。

湖北为楚文化的发祥地，首义文化的策源地，红色文化的富集地，南北文化的交汇地，历史文化底蕴深厚，是名副其实的文化资源大省。在省委省政府高度重视下，大力实施湖北文化强省战略已经吹响号角、迈出重步。

一个行业的竞争力很大程度上可通过其文化资源、文化氛围和文化发展水平来衡量。交通行业是支撑经济发展，促进社会进步的基础性、先导性产业，是财富之脉、文明之母。广袤的荆楚大地，深厚的历史积淀，孕育了璀璨的交通文化，铁路、民航、长航、邮政、普通公路、运管物流、港航海事、高速公路、城市公交、出租汽车等十多个领域，一条条历史脉络如涓涓细流，穿过高山、越过丛林、淌过溪石，时而平静如镜、时而浪花溅起，汇入湖北交通历史文化的长河，为荆楚文化的浩瀚注入了一股不竭的源泉。

坐拥天元之位的区位优势，沐浴改革开放的和煦春风，湖北交通扬帆竞发，交通建设由“资源消耗型、依赖型”转向“资源节约型、环境友好型”，交通发展由“数量规模扩张型”转向“质量安全效益型”，交通服务由传统的客货运输转向“铁、水、公、空、管”综合立体、高效便捷的现代交通运输业，从“九省通衢”奋力迈向“九州通衢”。这一新征程是艰苦的，凝结着无数人的辛勤汗水；这一新征程是坎坷的，孜孜不倦的探索足迹遍布车船路港；这一新征程是可赞的，孕育了芳香厚重的交通历史文化底蕴。

——文化品牌从星星之火渐成燎原之势。高速公路在现代化经济中孕育而生，1991 年全省开通首条高速公路时仅 70.3 公里，2013 年底全省高速公路达到 4333 公里。经济在发展，服务在超越，微笑京珠、温馨汉十、和谐鄂西、阳光随岳、活力黄黄、真情武黄书写了湖北一个又一个高速公路服务品牌，“满意在费亭、舒适在路途、服务在沿线、安全到终点、‘人、车、路’和谐一体”将商旅经济推向高水平发展。

——交通扶贫从单个定点走向集中连片。湖北武陵山、大别山、秦巴山、幕阜山有 33 个贫困县市区，交通困难，一难变万难。交通人用行动奋力宣告“贫穷不是社会主义”，在政策支持、项目安排、发展重点、工作方式上带着感情抓扶贫，4 个集中连片特困地区对外通道、旅游公路、农村公路、港航设施、客货场站，成熟一个开工一个，让交通运输基本公共服务均等化渐行渐近。

——企业改革直面大浪淘沙赢得先机。为了解放生产力，宜昌交运集团在激烈的市场竞争中，先后实施产权制度改革、股份制改造，延伸产业链、带动产业群，从一个名不见经传的传统运输企业，成功实现向国内第三家、湖北省第一家上市水陆运输企业的华丽转身，在省内同行业中实现从产品经营向资本经营的零突破。

——水运发展走出低谷焕发盎然生机。20 世纪 50 年代至 90 年代末，水运持续着历史上的繁荣兴旺。但进入新世纪，受高速公路、铁路冲击，水运一度落入低潮。然而随着依托长江黄金水道发展长江经济带上升为国家战略，建设航运中心、以港兴市、以港兴城被推上前台，湖北港口发展走出低谷，集约化、现代化港口建设快速推进，水运复兴指日可待。

——传统运输向现代物流转型升级。近年，传统运输企业在法规机制健全、路网建设加快的大环境下，纷纷开展特色运输、转变经营战略、开展整合并购、重视人才培养，加快向现代物流业转型升级，示范物流园区、龙头物流企业、重大物流项目齐头并进，形成许多各具特色、可借鉴的经验做法。

——树立行业标杆汲取榜样力量。在湖北乃至全国交通界，一些名字耳熟能详、广泛流传。7 次化疗 4 次进藏的“工程技术人员楷模”陈刚毅；行车 58 万公里、节油 4 万余升的“节油大王”王静；用鲜血粉碎犯罪分子劫车阴谋的“见义勇为英雄”蒋雪峰；从事公交驾驶 27 年、行车近百万公里的“三零司机”张兵；扎根基层 40 载、成功攻克技术难关的“航标灯王”郑启湘。他们以实际行动将促进交通事业发展升华为文化精神内容，点燃了广大交通人心中的激情与梦想，成为社会主义核心价值观的践行者、传播者。

文化品牌创建、交通扶贫攻坚、宜昌交运上市等一个个生动鲜活的事例，见证了湖北交通经过长足发展，在改革、创新、建设、发展、管理等方面，积累了丰富经验，取得了许多历史性的文明成果。湖北交通历史文化是一座无形的精神富矿，丰富而厚重，是一代又一代交通人为我们留下的宝贵精神财富。

文化是人类社会文明的重要标志，是经济社会发展的强力引擎。交通承载经济、传承文明，经济要发展交通须先行，湖北交通“打牢发展大底盘、建设祖国立交桥”，优质高效服务国民经济社会发展、服务社会主义新农村建设、服务人民群众安全便捷出行，必须充分挖掘和汲取交通优秀传统文化的宝贵资源。繁荣交通历史文化，泽被乡梓、造福后代，湖北交通行业长期以来对文化建设高度重视，将其作为正风气、聚人气、展形象、促发展的重要载体高位推进。

《湖北交通文化》、《情系扶贫》、《上市之路》、《勃兴中的黄金水道》、《物流进行时》等系列丛书，窥一斑而见全豹，将湖北交通发展的兴衰成败、历史变迁，浓缩精华记录下来；将值得挖掘的内在规律，总结提炼形成成果；将可供延续传承的精髓，推广出去弘扬光大，具有较高的历史含量、文化品位和社会认可度，对未来湖北交通科学发展具有很好的启示和借鉴意义。它们的出版，对于挖掘湖北交通灿烂历史文化，展示湖北交通独特行业魅力，弘扬湖北交通核心价值追求，增强交通系统凝聚力、向心力、战斗力具有十分重要的意义。

回顾历史是为了策励未来，传承文化是为了提升品质。前人创造了属于他们的业绩，后人在继承中创造再传之明天，或梯级递进，或螺旋上升，好了再好，富了再富，文明更文明，相信这也就是交通运输行业编纂这套丛书的文化期待。

交通文化建设不是空中楼阁，不是几上花瓶，重在落地生根、开花结果，重在通过长期不懈的文化熏陶、潜移默化的文化滋养，使交通人特别是广大基层干部职工形成强烈的文化自信、文化自觉，形成主动参与、积极参与、自觉参与的良好文化风尚。

铸魂育人，文化兴业。湖北交通有着厚重的历史沉淀，也定然会有美好的今天和明天。让我们携起手来，在传承交通文化血脉中开拓前进，使交通文化像空气一样弥漫交通各个领域，让文化的精灵在碧波上荡漾，在天空中翱翔，在大路上欢腾，以交通文化为驱动，不断创造超越历史的全新功业。

湖北省交通运输厅厅长、党组书记：

2014 年 12 月 18 日

目　　录

舆 论 篇

文　献　篇

实践篇

一丘一壑旧形藏　千姿万态新模样

——湖北省四大山区交通连片扶贫开发新探索

湖北省交通运输厅厅长、党组书记　尤习贵

步入21世纪，党中央、国务院做出"两个十年"推进农村扶贫开发的战略部署。全国14个集中连片特殊困难地区被列为扶贫攻坚主战场，其中3个片区涉及湖北，湖北省委省政府又自加压力将幕阜山片区纳入省级扶贫规划，共4个集中连片特困地区涵盖了全省33个县市区。要致富、先修路，基础设施落后普遍成为贫困地区脱贫的首要"卡脖子"因素。按照打破交通瓶颈—发展生态旅游—带动经济开发的思路，向贫困宣战，交通运输行业作为国民经济的先头部队，扶贫事业当有大作为。

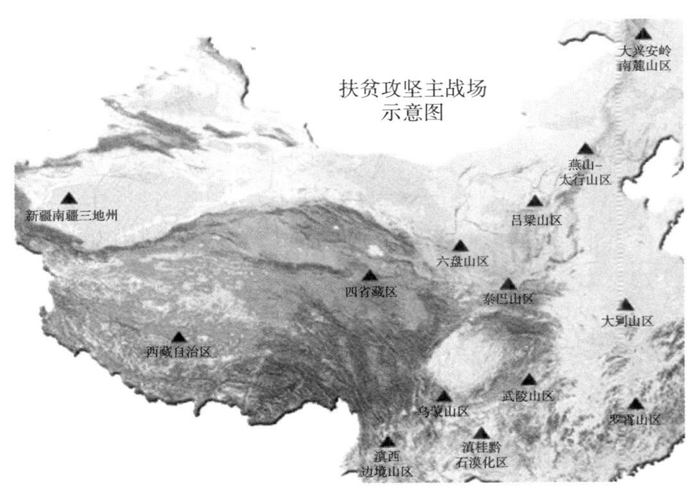

一

在过去相当长的时期里，由于诸多原因，贫困问题一直困扰着中国。贫困面积大、贫困人口多、贫困程度深，成为困扰经济社会协调发展的一大难题，不仅威胁着农民群众的生存和尊严，更威胁着整个社会的和谐与发展。

新中国成立后，党中央、国务院一直致力于发展生产，消除贫困，取得显著成效。特别是自改革开放后的 1986 年至今，国家先后 4 次确定和调整扶贫开发县级扶持单位。1986 年确定 331 个国家级贫困县。1994 年组织实施《国家八七扶贫攻坚计划》，国家级贫困县增加到 592 个。2001 年《中国农村扶贫开发纲要（2001—2010 年）》出台，取消沿海发达地区的所有国家级贫困县，增加了中西部地区的贫困县数量，但总数仍为 592 个。2011 年 12 月，国务院发布《中国农村扶贫开发纲要（2011—2020 年）》，将六盘山区、秦巴山区、武陵山区、乌蒙山区、滇桂黔石漠化区、滇西边境山区、大兴安岭南麓山区、燕山—太行山区、吕梁山区、大别山区、罗霄山区等区域的连片特困地区和已明确实施特殊政策的西藏、四省藏区、新疆南疆三地州，作为扶贫攻坚主战场。

全国 14 个集中连片特困地区中，农民人均年纯收入 2676 元，仅相当于全国平均水平的一半；在全国综合排名靠后的 600 个县中，有 521 个在片区内，占 86.8%。14 个集中连片特困地区涉及湖北省的有 3 个，即武陵山片区、大别山片区和秦巴山片区，加上纳入省级扶贫规划的幕阜山片区，四大贫困片区共涵盖 33 个县市区，贫困人口为 499 万人，集中了全省 60% 以上的贫困人口。

秦巴山片区位于鄂西北，包括十堰的丹江口市、郧县、郧西县、房县、竹山县、竹溪县、茅箭区、张湾区，襄阳的保康县和神农架林区，是国家南水北调中线工程核心水源涵养区和生物多样性保护区。武陵山片区位于鄂西南，是全省少数民族相对集中分布区，包括恩施土家族苗族自治州全境和宜昌市的秭归县、长阳县、五峰县。大别山片区位于鄂东北，是全省革命老区集中地区，包括红安县、麻城市、英山县、蕲春县、罗田县、团风县、大悟县、孝昌县。幕阜山片区包括黄石市阳新县和咸宁市通山县、崇阳县、通城县。四个片区有着鲜明的共同点：贫困居民集中，分布在山区、丘陵、限制开发区；贫困成因复杂，既有自然、社会的因素，也有民族、宗教的因素；贫困程度极深，农民家庭收入微薄，地方财力非常困难，贫困代代相袭成为痼疾。

改革开放以来，贫困山区、老区的经济快速发展，但总体发展水平仍相对滞后，经济社会发展能力较弱。以大别山片区的大悟县为例，一个典型的山区、老区，为国家级贫困县，总人口 65 万人，其中农业人口 50 万人，有 13 个老区乡镇、110 个重点贫困村、45 个重点老区村，全县贫困人口近 13 万人，贫困人口比例高达 20%。由于受种种客观条件的限制，其经济社会发展缓慢，经济发展的总体水平较低，地区国民生产总值规模较小。2010 年大悟县的人均 GDP 只有 13537 元，是湖北省人均 GDP 的 57% 和全国人均 GDP 的 51.7%，远低于湖北省和全国的平均水平。

交通困难，一难酿万难。集中连片特困地区大都远离中心城市，多为山大沟深流急之地，公路运输成为当地最主要甚至是唯一的运输方式。对外通道不畅，高速公路断头路较多；国省干线规模偏小，技术等级偏低；农村公路水平不高，防灾抗灾能力薄弱；客货运输发展滞后，基本公共服务均等化水平亟待提高。交通基础设施薄弱、历史欠账太多已经成为贫困地区脱贫的首要“卡脖子”因素。

在这些方面大悟县比较具有代表性。大悟县通公路的自然村比重为 79%，比全省低 11 个百分点。交通、信息闭塞，山高路远，地理位置不利，成为脱贫致富奔小康的重要制约因素。大悟县地处大别山脉西部的鄂豫两省六县市交接地带，是一个集老区、山区、库区于一体的贫困县，溪涧、河流交错穿插，地形较为复杂，低山丘陵约占总面积的 88%，地形特征大体上是“七山一水二分田”。

由于受地理位置和山区自然环境的影响，相对于沿海、沿江和平原等地区而言，内无区位优势和经济发展条件，外无资本吸引力，招商引资难。2007 年以前大悟县没有一家外资企业，到 2010 年外资企业也只有 3 家，且规模较小，在孝感市的 7 个县市中处于最后。贫困山区、老区自然环境的“先天不足”导致其自我发展能力弱，脱贫难度大。

大悟县只是我省贫困县的一个缩影。涵盖33 个贫困县的4 个集中连片特困地区是全省经济发展的“短板”。这个短板如果不能补齐，湖北的中部战略支点作用很难真正发挥。切实改善特困地区群众的基本出行条件成了燃眉之急，刻不容缓。

二

制约贫困山区、革命老区农民脱贫致富的一个重要因素就是信息闭塞、交通不畅，不能及时掌握市场信息、产销脱节。交通运输的基础性、先导性、服务性作用，决定了扶贫攻坚必须交通先行。

为尽快改变集中连片特困地区交通运输发展的落后面貌，在荆楚大地，一场“强筋壮骨、畅通脉络”的交通扶贫攻坚战全面打响。带着浓厚感情，着眼长远发展，寻求破解良方，近年来，交通扶贫探索出了一条“集中连片、规模开发、完善功能、以路兴业、精深准实”的新路子，努力促使贫困山区、革命老区联天下、兴百业、富万家。

——突出一个“精”字，交通扶贫走出一条精准发力、精益求精的新路

“今年扶贫、明年返贫”的怪圈要打破，关键在于握指成拳、规模连片、形成合力。建设好交通扶贫攻坚这一系统工程，不仅要调动各方积极性，而且还要突破资金、土地、环境等资源要素制约。这就需要集中力量办大事，在注重规划引领的基础上，加大投入、强化支撑、创新机制、统筹协调，形成特困地区集中连片科学开发的整体合力。

统筹安排定大盘,变单独规划为连片规划。为认真落实中央、省关于集中连片特困地区交通发展的政策,湖北省交通部门坚持从实际出发科学筹划,将大别山、武陵山、秦巴山、幕阜山确定为新一轮交通扶贫开发工作的主攻方向,及时编制完成两大规划,即:《湖北省集中连片特困地区交通建设扶贫规划》(2011—2020)和《湖北省集中连片特困地区特色公路规划》。

集中资金办大事,扶贫"不撒胡椒面"。贫困人口底数不清、情况不明、针对性不强,扶贫资金和项目指向不准等问题,长期以来都是扶贫开发的焦点、难点问题。为此,湖北省交通部门着力推进扶贫机制创新,实施精准扶贫,做到扶贫资金"不撒胡椒面",力求把准脉、找对路。争取交通运输部支持,使"十二五"期对我省 3 个片区额外增加补助达 49.97 亿元,县均补助额高于全国水平。争取地方政府从政策、资金等方面给予支持,补助资金向四个片区扶贫开发倾斜。2013 年对四个片区安排车购税补助 35 亿元,约占全省车购税补助的 44%。片区内各县市每年农村公路建设规模是其他县市的 1.5 倍,补助标准是其他县市的 2 倍以上,突出解决片区内乡镇之间、村与村之间的道路连通。鼓励各市县以扶贫规划、扶贫重大项目为平台,大力整合相关交通资金,集中解决突出贫困问题,减少"撒胡椒面"的现象,提高扶贫资金使用效率。

众人划桨开大船,加强跨省区与跨部门合作对接。针对四个片区均与其他省份毗邻的实际,建立鄂赣皖三省五市合作打造大别山红色旅游区年会、鄂湘渝三省市推进武陵山片区交通扶贫开发联席会、鄂豫陕渝四省七市推进秦巴山区交通扶贫联席会、长江中游四省城市集群综合交通示范区联席会四个省际对接平台,加强扶贫项目、政策的沟通协调,促进片区交通一体化格局形成。省交通运输厅与省发改委、国土资源厅、环境保护厅、水利厅和林业厅等省直部门建立扶贫共建机制,对片区内二级公路可研报告及相关专题打捆批复形成一致意见,在土地、审批等环节给予大力支持，优化项目建设环境。做到聚焦交通扶贫项目，共同定向发力。

——突出一个“深”字，交通扶贫走出一条深度开发、规模集约的新路

要充分发挥区域资源优势，建立促进贫困群众增收的长效机制，交通扶贫必须实现从“数量型”向“集约型”转型升级。针对集中连片特困地区交通发展的基础、条件不同，交通扶贫攻坚突出发挥四个片区的独特区域优势，注重与一元多层次发展战略体系，特别是“一红一绿”、南水北调丹江口库区、脱贫奔小康试点、竹房城镇带城乡一体化试点等工作平台衔接，有针对性提出改善特困地区通行状况，完善区域路网格局，提升农村客货运输水平的中远期目标。以规划为引领，全省四大片区的交通扶贫开发呈现规模化、集约化的新态势。

在大别山片区，围绕建设“两纵四横”的交通运输主通道，加快形成连接武汉、合肥、郑州等中心城市的综合运输通道，重点建设麻阳高速公路、麻竹高速公路、黄鄂高速公路团风段、棋盘洲长江大桥、蕲太岳高速公路等。“十二五”建成高速公路 276 公里、国省干线 1022 公里、县乡村三级客运站 3039 个。

在武陵山片区，构筑恩施、宜昌“1 小时交通圈”，建设恩施、利川、来凤等区域性综合交通枢纽。重点推进利川至重庆、黔张常（黔江－张家界－常德）、郑万（郑州－万州）铁路建设。加快宜巴、恩来、建恩、利万、宜黔等高速公路建设，开工建设宜张高速公路。“十二五”建成高速公路 522 公里、国省干线 1214 公里、通村公路 6951 公里、县乡村三级客运站 2114 个。

在秦巴山片区，重点建设十天、郧十、麻竹、谷竹、保宜等高速公路；建设武汉至西安客运专线，建设神农架机场、武当山机场；建设丹江港、武当山港。“十二五”建成高速公路 590 公里、国省干线 1647 公里、通村公路 685 公里、县乡村三级客运站 1963 个。

在幕阜山片区，以大广公路、杭瑞公路、106 国道、长江黄金水道和京广、武九铁路干线为依托，构建该片区四县连接武汉、长沙、南昌以及周边黄石、咸宁、九江、岳阳等大中城市的高等级交通骨架。“十二五”建成高速公路109公里、国省干线488公里、县乡村三级客运站782个。

——突出一个“准”字，交通扶贫走出一条攻克短板、筑路织网的新路

解决制约集中连片特困地区交通运输发展瓶颈问题，关键在于构建“外通内联、通村畅乡、班车到村、安全便捷”的交通运输网络，“主攻四大片区、突出五大重点”，着力提升运输体系的服务能力和水平，让特困地区人民共享交通运输改革发展成果。

加快农村公路建设。农村公路是许多贫困地区最基础甚至是唯一的交通方式，也是最重要的生产生活服务设施。把农村公路作为交通建设的重中之重，显著改善农村生产生活条件，为脱贫致富打下坚实基础。以加强县乡连通、促进资源和旅游开发为重点，加快县乡公路改造，建设一批对贫困地区经济社会发展有重要作用的县际出口路、旅游路、资源开发路。

加快高速公路建设。以国家高速公路为建设重点，打通重要通道的断头路和瓶颈路段，有序推进新增国家高速公路和国务院批准的区域规划内明确的高速公路建设，尽快建成区域内国家高速公路网。

加快国省干线公路建设。以省道为主，打通省际、县际断头路，完善区内路网，建设一批连接重要资源开发地与旅游景区、对经济发展有突出作用的公路，增加区域发展能力。

加快公路客货运输场站建设。加快县城老旧客运站改造，依托农村公路建设同步推进乡镇等级客运站、建制村汽车停靠点建设，形成以县级客运站为龙头、以乡镇客运站为重点，以建制村汽车停靠点为辅助，多层次、广覆盖的农村客运站场体系。

加快客货运输服务体系建设。推进建制村通客车工程，努力构建客运服务网络，统筹城乡客运发展，提高农村客运通达深度和安全水平，实现农村客运“开得通、留得住、有效益”。

——突出一个“实”字，交通扶贫走出一条实效检阅、畅活经济的新路

交通扶贫要从“授鱼”转变为“授渔”。新一轮交通扶贫开发攻坚战在总结此前扶贫经验教训的基础上，为提升贫困地区产业造血能力，引领贫困群众加快增收脱贫步伐，走出了一条以路兴业，带动优势资源利用的新路子。

四大片区中，尤其是大别山区和武陵山区是我省自然资源的两块瑰宝。大力发展这一红（红色旅游路）一绿（清江画廊路）两条路，就是要让这两块瑰宝发挥作用、产生价值，以此带动沿线农民脱贫致富。交通扶贫优先支持促进农业产业化、工业化进程的交通项目，把公路修到烟叶、茶叶、竹林等产业基地、种植基地、养殖基地；优先支持促进新型城镇化的交通项目，改善片区农村群众居住环境和出行条件，加快新型城镇化建设。优先支持有利挖掘旅游资源、文化资源的交通项目，注重提升片区内在的发展能力，优化片区投资环境。

连续数年攻坚，一年一个台阶，着力打造了大别山“红色旅游路”、秦巴山“环库生态路”、武陵山“清江画廊路”和幕阜山“休闲旅游路”四条特色扶贫路，里程共计 3740 公里。

通过抓项目服务，做到项目成熟一个、开工一个，大大提高了扶贫建设速度，形成了全面开花、重点推进的良好态势。建设一条又一条四通八达的扶贫特色路，使它们成为湖北省新型城镇化建设的一道道亮丽的风景线，更成为荆楚农村的“脱贫路”、“致富路”、“小康路”。

三

大路朝阳，长路上生长着民族振兴的希望；新路如歌，新农村高唱着山区和谐的乐章。昔日闭塞乡村由此焕发出全新活力。

——路畅县兴,农家乐“旅游新秀”红红火火

高山远眺,一条条崭新的公路蜿蜒于崇山峻岭之间,将沿途的自然景观、人文景观、红色景观一线串珠,使原本一个个“养在深闺无人知”的景观成为拉动地方经济的新资源。

位于大别山区的黄冈,全力打造红色生态文化旅游示范区,2012 年红色旅游路通车后,旅游业发展呈“井喷”之势,接待游客 1362 万人次,实现旅游收入 75 亿元,同比增长 35%。近两年来,每到冬季,外地游客纷纷到罗田县九资河镇品天堂吊锅,原先人均年收入不超过 1000 元的圣人堂村,如今全村 175 户村民有 120 户在经营着农家乐。

红安县七里坪镇是著名的红色旅游名镇,大别山红色旅游公路开通后,游客日益增多。为了满足需要,2013 年 5 月,从该镇直达麻城火车站的旅游班车开通,时间由 2 个多小时缩短为 1 小时,吸引了大量游客前来旅游观光,感受红色文化。2011 年至 2013 年,七里坪镇签约重大项目 7 个,投资总金额达到 8.9 亿元;2013 年全镇社会总产值达到 28.98 亿元,旅游人数超过 90 万人次,人均收入达到 5790 元。

位于武陵山区的恩施市枫香坡侗寨乡村,2008 年之前,因为没有像样的公路,连盖房子的材料都运不进来。2012 年,一条宽 6.5 米的水泥路直通侗寨门口,13 家农家乐相继兴办,年接待游客 120 万人次,收入超过 1000 万元,这让整个侗寨成为休闲度假的天堂。

位于幕阜山区的阳新县开发幕阜山区“湖光山色”资源,打造仙岛湖、富水水库等生态景观旅游区,实现了旅游资源大县向旅游资源开发先进县的跨越。

——路通货俏,农产品走出深山深受欢迎

在武陵山区的建始县花坪镇,村坊村一组 59 岁村民向孝梅,忘不了曾经的艰苦生活,早晨 4 点采摘葡萄,肩挑背扛徒步前往 6 公里外的花坪镇集市销售,5 毛钱一斤,一天能卖 10 块钱已经是惊喜了。2013 年,从红岩寺至景阳河的红景公路正式开工,路正好从她家门前穿过。她召回在深圳打工的儿子，全家上阵种植了12亩葡萄，投资40万元兴建厂房。如今，花坪镇共有4000亩葡萄种植基地，产品远销东南亚、欧盟等国家，实现产值近亿元。

位于秦巴山区的十堰市郧县茶店镇，有个村叫樱桃沟村(樱桃沟原名鹰卧沟，后来因漫山遍野分布的野生老樱桃树而改名)，地处南水北调中线工程水源地丹江水库库区。2013年，8米宽的“环库生态路”让这块“世外桃源”张开了怀抱。村子里，无论是房屋前后还是田间地头，到处都有大大小小的樱桃树和桃树，面积达3000余亩。独特的地理环境和土壤气候条件，使得这里产出的樱桃粒大肉厚，入口甘甜。如今，乡村公路通到每家每户的门口，樱桃销往国内外，村民人均年收入上升到6600元。

在大别山区的红安县七里坪镇，周学龙2011年到该镇王文秀村投资苗圃基地，由于当时交通不便，加之离红旅路有十多公里远，导致“小苗进不来，好苗出不去”，收效甚微。2013年，周学龙另择新址投资兴建周家墩生态农业观光园，因距离红色旅游公路仅1公里，使越来越多的游客有机会到观光园观光游玩，日最高接待量就达到300多人。

——班车到村，偏远山村摘冠“世外桃源”

2013年，湖北省鏖战十载实现了“村村通公路”；2014年底，湖北省委、省政府又将“村村通客车”列为“一号工程”，并作为“三万活动”的主题内容，仅仅5个月，全省“村村通客车”覆盖率达到95%。至2015年末，湖北在全国率先实现村村通客车。不仅有效解决了农民群众便捷出行的迫切需要，更带动了农村社会经济的全面发展。

位于大别山区的大悟县，2015年5月12日首条连接河口、四姑、刘集三个乡镇全长41公里的农村公交化线路开通运营，辐射沿途14个行政村，极大地方便了沿线近3万农村群众出行。为确保该线路开得通、留得住、管长远，更好地服务广大群众，河口镇政府按每辆车每年不少于5000元给予补贴，补贴年限为3年。

位于幕阜山区的阳新县，出行条件困难，在“村村通客车”工程中，经摸底调查，发现有137个行政村未通客车。经规划梳理，开通线路96条,对每条线路进行路肩培土、路基加宽、增设错车台和完善安保设施等工程,全县建设候车亭和招手停车站500个。成立村村通公司,由公司统一车型、统一标识、统一调度、统一管理、统一运营和统一服务标准。

位于武陵山区的宣恩、鹤峰、建始的山区河流、渡口,通过改造,长期以来原始落后的渡口基础设施得到了有效改善,群众出行不再"雨天一身泥,晴天一身灰"。渡口两岸建起了美观实用的候渡亭,老旧渡船换成了钢质船,渡口守则牌、标志牌、警示牌明亮醒目,乡村道路与渡口相互联通,基本实现了"路站运渡一体化",形成"一渡一景"。

无数昔日鲜为人知的山村,如今公路已经通到了村域,农用车、小客车、货车已经能够开到农户的家门口,农民也再不需要肩挑背驮,农民群众行路难、乘车难、过渡难问题得到极大改善。

山水更加清秀,道路更加平坦。一条条高速公路、旅游公路、农村公路担当起脱贫致富"开路先锋"的重任,农民兄弟姐妹们正沿着这一条条致富的大道,讲述着过去,赞美着现在,憧憬着未来。

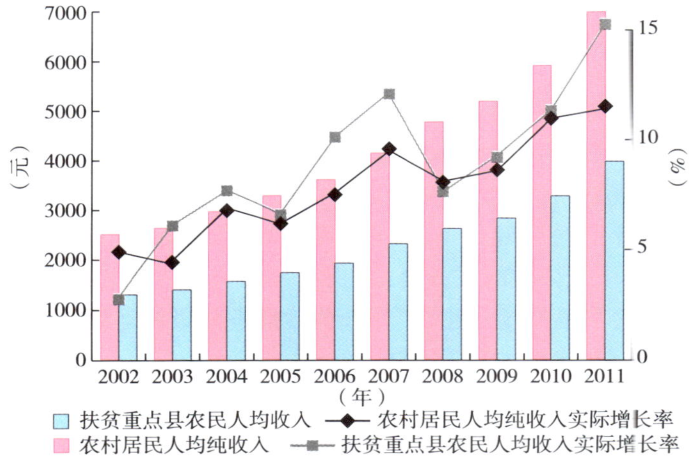

四

不怕今天贫，就怕永远贫；不怕一代穷，就怕代代穷。这是草根之痛，也是庙堂之忧。当前集中连片扶贫进入了新的决战决胜期，全面建成小康社会不能再让贫困和扶贫代代相传。

贫困地区是“全面小康”的最大短板。2014 年，我国人均 GDP 突破 7000 美元，东部沿海省份纷纷进入“万元俱乐部”。如果把 GDP 全国平均的话，全国就都小康了。但相比之下，我省四大特困片区仍低于平均水平的“小康线”。

随着 2020 年实现全面建成小康社会的宏伟目标愈加临近，扶贫减贫的紧迫性逐年凸显。加快实现交通运输基本公共服务均等化等具体目标，切断贫困的“代际传递”，为全面建成小康社会奠定基础，交通人职责所在、重任在肩。

按照省政府批复的《湖北省集中连片特困地区交通建设扶贫规划》（2011—2020），“十三五”临近，交通扶贫开发风头正劲，已进入决战期，须坚定决心和信心，通过 5 年左右的努力，使四个片区交通基础设施薄弱的状况得到根本转变。

农村公路建设方面，继续推进剩余具备条件的建制村通沥青（水泥）路建设，加大县乡道建设改造的支持力度。

高速公路建设方面，基本建成新增国家高速公路和国务院批准的区域规划内明确的高速公路。

国省干线公路建设方面，进一步加大普通国道和省道的建设力度，提升干线公路的服务能力和水平。

公路客货运输场站建设方面，继续推进县级客运站改造，乡镇等级客运站和建制村汽车停靠点建设。

客货运输服务体系建设方面，努力构建货运及物流服务网络，推进农村生产生活资料配送网络建设，推进片区公路客运班车带运小件邮件、快件试点。

内河水运建设方面，加强具备条件地区的对外水运通道建设，进一步完善区域内重要航道及库（湖）区水运基础设施，适应区域物资水上运输需要。

安全能力建设方面，加强危桥改造和安全防护设施建设，不断提高交通基础设施安全水平，确保人民群众安全便捷出行。

……

“小康不小康、关键看老乡”。加快集中连片特困地区交通运输发展，是促进当地经济社会发展、助推全面小康社会建设的基础工程。湖北交通部门将按照党中央国务院和省委省政府的决策部署，以时不我待的紧迫感，不畏艰难的精神面貌，实事求是的科学态度，精准求实的工作措施，不断夺取交通扶贫攻坚战的新胜利，为四大特困片区整体脱贫致富、与全国同步进入全面小康社会提供强有力的交通运输保障，在服务“五个湖北”的宏伟实践中写下更加绚丽的篇章。

打造扶贫升级版　筑建特色旅游路

马立军

贫困山区群众脱贫致富，情系百姓冷暖，关乎国计民生。交通人始终不忘本职，一直把贫困山区的交通建设，作为造福于民的重要民生工程、民心工程，大力推进交通扶贫脱困工作。我们的基本思路是“交通发展带动扶贫开发”，做好交通发展的“加、减、乘、除”法。做好“加法”，就是自加压力，增加贫困地区的交通建设项目，督促地方政府，增加配套资金投入，加快交通发展；做好“减法”，就是简化审批流程，下放审批权限，同时杜绝摊派费用，减轻农民负担；做好“乘法”，就是充分发挥交通建设引领经济发展的乘数效应，带动地方经济可持续发展；做好“除法”，就是多方筹集资金，多部门联合行动，多层级配套，分摊建设投入压力，突出资金使用重点，确保扶贫开发工作取得实效。

一、搞好规划，重在落实，绘出独具特色的“美丽乡村”交通蓝图

为推进连片贫困地区扶贫开发，全面建成小康社会，国家作出了加大扶贫攻坚力度的战略部署。湖北省抢抓国家政策机遇，将集中连片特殊困难地区作为扶贫攻坚主战场，组织编制完成了《湖北省集中连片特困地区交通建设扶贫“十二五”规划》，统筹推进特困地区交通扶贫开发工作。借鉴大别山红色旅游公路规划建设的成功经验，立足于各片区的产业特征和资源优势，针对山区公路通达性不高、技术等级偏低、路面状况较差、安全设施配套不足等具体问题，集中有限资金，为三个片区各建设一条需求最迫切、经济

社会效益较好的特色公路，即秦巴山库区生态环保路、武陵山绿色旅游公路、幕阜山生态旅游公路。既注重了各片区的地域特色，又注重了规划的系统性和全覆盖。

二、抓好监管，保障质量，让农民兄弟走上舒适的康庄大道

首先是强化组织领导，建立完善协调机制。进一步明确责任，制订具体实施方案和配套工作机制，统筹做好重大项目的前期工作和进度安排。强化沟通衔接，加强与水利、国土、环保等部门的协调，保障规划的有效实施。加强项目建设的组织管理，提升工程建设质量。二是加大投资力度，强化资金保障。积极争取部省资金政策支持力度，强化多元筹资，拓宽多元化融资渠道。进一步争取各级财政加大投入，通过置换、划拨土地等资源配置方式实施捆绑开发，将土地增值部分用于特色公路建设，着力强化地方资金配套，推动项目加快实施。三是规范资金监管，提高资金使用效益。健全资金使用的绩效考核管理，依法加强对各类资金的审计监督，确保资金用在扶贫的刀刃上。建立健全交通扶贫规划执行的监督检查机制，加强建设项目决策、工程建设进度、工程质量等方面的监督检查力度。

三、绿色发展，生态环保，追求民众放心出行的至善目标

注重环保、集约发展。结合片区地理地质条件和经济发展水平确定技术等级和建设标准，尽量避免新增线路，充分利用现有设施，在保证需求的前提下降低施工难度、控制工程造价。注重公路的排水、桥涵和安全防护等山区公路较为薄弱却十分重要的设施建设，以有限的资金创造出最大的经济社会效益。充分考虑资源环境的承载能力，最大限度降低公路建设对自然环境的影响。在建设过程中注重生态建设和环境保护，灵活选用适宜当地特点的技术指标，集约节约利用土地资源。因地制宜、提高效率，结合山

区公路基本特征和项目实施的可能性，优选线位走向，尽量避免急弯陡坡、长大纵坡路段，合理设置必要的安全防护设施和交通标志标线。注重公路建设对区域生态资源的影响，尽量利用旧路资源，以提等升级和路面改造为主，减少新增里程，避免高填深挖，最大限度降低公路发展对自然环境的破坏。强化科技创新，加强对贫困地区公路建设、灾害防治、绿色环保、应急抢险、安全保障等技术的研究，加快新技术在集中连片特困地区的推广应用。

四、树立品牌，塑造形象，唱响弘扬荆楚文化优美主旋律

四个集中连片特困地区均处于跨省交界处，集革命老区、贫困山区、生态保护区于一体。在规划蓝图出台之前，就明确了指导思想，就是打荆楚文化特色牌，整体塑造湖北旅游良好形象，通过旅游带动产业集群发展。在前期建成的大别山红色旅游路的基础上，推出了黄冈红色革命根据地的优势品牌，458 公里红色旅游路

麻城杜鹃

贯穿黄冈大别山腹地，连通沿途红色遗迹、绿色生态、禅宗文化三大旅游区的38个景点景区，以及7个县市23个乡镇。其后，孝感市的大悟、孝昌境内的红色旅游路建设全面完成，规模效应进一步扩大。总长3740公里的四条特色路相继建成后，形成了系列旅游品牌，例如黄冈的“人间四月天，麻城看杜鹃”、“红色之旅，革命红安”、“天下大别山，最美天堂寨”，叫响了一批秀美景区宣传口号，大大增强了区域的旅游吸引力。武陵山区绿色旅游路建成，带动恩施州将自然天成的生态资源、历史悠久的土巴文化、丰富多彩的民风民俗等优势资源整合，形成鲜明地域特色的地方经济发展模式。“女儿会”、“摔碗酒”、“土司城”、“大峡谷”、“腾龙洞”，旅游资源由零星、分散到集中、连片，旅游营销由单独出击到整体联动。秦巴山库区生态环保公路、幕阜山生态旅游公路相映成趣，起到一线串珠的作用，形成了一路一片景观、一路一方特色、一路一地繁荣的景象。

五、以人为本，和谐发展，引领特困地区社会进步大合唱

统筹考虑特色公路与高速公路的关系，着力形成结构合理、布局完善的骨架干线网。对特色公路进行布局规划，尽量布局于高速公路未能覆盖的范围，或交通需求较为旺盛的区域，充分发挥开放式公路对沿线地区的带动作用。重点考虑环境条件制约和交通发展效率问题，加强对现有公路设施的提等升级和路面改造。结合部省现有补助政策和各片区地方经济实力，优先建设经济社会效益好、影响覆盖范围广的项目，充分考虑区域经济社会长远发展对交通的需求，合理确定建设规模，避免盲目贪大，确保项目按期实施。立足于集中连片特困地区贫困面积大、贫困程度深、个别片区旅游品牌知名度高等特点，特色公路尽量穿越更多的产业聚集带、生产生活区和重要旅游景区，同时根据地理环境和自然条件灵活运用技术标准，做到简单实用与功能完善并重。

六、典型引路，产业升级，带动贫困山区经济发展上台阶

贫困山区经济要发展，仅有修路是不行的，还必须产业转型、经济升级，带动农民整体致富，带动地方经济全面发展。建设四大片区特色旅游路，打造交通扶贫开发的典型模式，带动各地因地制宜扶贫开发，寻求经济社会发展之路。这些年，贫困山区的交通条件改善，极大地促进当地社会经济发展，发挥了板块联动效应。公路建设大量土石方的需求，为农民工提供大量就业机会。钢材、水泥、沥青的消费需求增加，推动建材市场的繁荣壮大，对当地经济的拉动效果十分明显。经济发展形成良性循环，带动各行各业生意兴隆，财源广开，共生共荣。交通运输方便快捷了，农副产品销路好了，农民收入也增加了，再生产的积极性提高了，改善生活条件的动力也增强了。建“田园居”房子，开“农家乐”馆子，摆“土特产”摊子，生意红红火火，日子兴旺发达。小康的希望就在眼前，美丽乡村越来越美，生活越过越好。

加快推进扶贫攻坚战略的顺利实施，关系到千千万万老百姓的幸福，关系到“中部崛起、建成支点”蓝图的展开，更关系到全面建成小康社会的宏伟目标的实现。湖北交通人将一如既往地将扶贫开发作为工作的重中之重，认真落实部、省交通扶贫发展规划，促进贫困山区人民共同致富、齐奔小康。

（作者系湖北省交通运输厅副厅长）

宜昌至巴东高速公路巴东段建成通车

唱响交通扶贫主旋律

龙世奎

如果说恩施的青山永远葱郁苍翠，那是因为太阳的慷慨赋予；如果说恩施的清江河水常年滔滔流淌，那是因为月亮的无私付出；如果说这片绿色土地上的各族人民如山一样坚强挺拔、如水一样绵延悠长，那是因为他们就是环绕日月、与天地同生同长的闪闪星辰；如果说恩施的交通四通八达，缩短了时间、拉近了距离，那是因为交通扶贫给恩施人民带来福祉。

一、美丽富饶恩施州

在最适宜人类居住的北纬30度与东经110度的交叉点上，有一片从远古的海地凸起的崇山峻岭。这里绵延起伏的群山，既有雄伟高大拔地通天之势，又有神奇险峻阳刚矫健之态，还有美丽妖娆幽静古朴之姿，这是一方四季分明、绿意盎然、充满生机的人间乐土。

恩施这个名字以“皇恩赐予施州”而得名，位于湖北省西南部，云贵高原东延武陵山余脉与大巴山之间，东连荆楚，西临渝黔，南接潇湘，北靠神农架。1983年8月19日经国务院批准成立恩施土家族苗族自治州。它是中国最年轻的自治州，辖恩施、利川两市和建始、巴东、宣恩、咸丰、来凤、鹤峰六县。2.4万平方公里的土地上，居住着土家、苗、侗等29个民族403万儿女。

过去，恩施交通不便、信息不灵、发展不够。改革开放以前从恩施到武汉需要两天，往返四天，如今到武汉走高速公路仅要六小时，坐动车四小时，乘飞机只一小时，交通的发展拉近了时空距离。

恩施地处共和国版图中西结合部的武陵山腹地，被誉为蓊郁葱茏的鄂西林海，芳香盈野的华中药库，驰名中外的烟草王国，独一无二的世界硒都，是一座誉满人间的神话天堂，是一片历史悠久的文化厚土。

这里有闻名遐迩的全国重点文物保护单位“建始直立人遗址”。在建始县高坪镇麻扎坪村，经中国科学院古脊椎动物与古人类研究所专家考证，200 多万年前远古建始直立人留下的古人类文化，使我们相信中国是除非洲外最有希望找到解决人类早期进化历程的关键地区。遗址四周群山错落，山峰浑圆，山槽、洼地、天坑、溶洞充斥其间，复杂的地形地貌构成了独特的自然环境。

这里有与楚渝文化交相辉映的“巴文化”。恩施土家族是古代巴人的后裔，与“巴蜀文化”、“巴渝文化”、“巴楚文化”等文化相互影响、融合，形成了独具特色的民族地域文化、考古文化、人类学特色文化。这里还有中国工农红军湘鄂西革命根据地积淀的“红色文化”，作为抗战时期湖北省临时省会所在地和世界反法西斯东方战场第六战区指挥中心形成的“抗战文化”。

这里有土家、苗、侗等少数民族创造的色彩斑斓的民族文化。如海如山的民间歌谣，如雨如风的民间舞蹈，如泣如诉的民间戏曲，如诗如歌的民间习俗，构成了一道道靓丽的民俗文化风景。保持着浓厚巴人遗风的“撒尔嗬”，具有典型竹枝词形态的“哭嫁歌”，集巴人军舞、宗教、莲花落为一体的“肉连响”，颇有楚风的“采莲船”都是民族文化的瑰宝。恩施是山民歌的海洋，《龙船调》、《黄四姐》、《六口茶》等山民歌唱遍全国、名扬全球。最富土家族民族精神的“过赶年”、形式多样的“晒龙袍”、享誉海内外的东方情人节“女儿会”、神秘古老的“打绕棺”，不仅保留了很多原始宗教信仰，更形成了独立的民族习俗。

滚滚长江不仅是经济的通道，也是文化的通道。恩施位于巴楚蜀三地中心，三大文化在这里碰撞交融，形成了今天独特的民俗文化。深厚的文化底蕴、独特的地理环境、优美的自然风光、适宜的气候条件，造就了恩施人浪漫、质朴的文化习俗和性格。

恩施，山有山的丰姿，水有水的清秀，洞有洞的奇绝，石有石的嶙峋，山倚水传奇，水为山添趣，洞以石增辉，石以水见雅。

恩施重峦叠嶂，高俊雄奇，有“三山鼎立”之说。巫山、武陵山、齐岳山，构成了恩施山地的脊梁。大峡谷石柱擎天，中武当峰奇独秀，佛宝山烟云浩渺，坪坝营葱郁苍翠，木林子丛林无边。百里屏障齐岳山，恰似一壁巍峨的城墙横亘西天，有人称之为西部的万里长城，被国内外专家认定为中国南方最大的山原草场，山顶云海苍茫，风景秀美，构成了独特的旅游资源。万顷古木星斗山，一座星空一样明净的山，是国家级自然保护区，传说主峰距天宫很近，常有神仙摘星辰当灯，更被人们誉为“野生植物王国”。七姊妹山恰似仙女，是野生动植物的天堂，有国家一级重点保护植物珙桐，面积达一万余亩，每逢春夏之交，满山遍野的珙桐花，犹如成群结队的白鸽栖息在枝头。

恩施的水能资源丰富，河流众多。河长在5000米以上的河流达382条，其中流域面积大于200平方公里的有60条。清江，是恩施的母亲河。她不仅有世人欲一睹为快的风光，更是巴人图腾的起源。沿渡河，又称之为神农溪，因发源于神农架而得名。是长江三峡黄金旅游线上的一颗耀眼的“眼珠”，国家级5A级旅游区、国家级风景名胜区，有“世界纤夫活化石”的美誉。

恩施的洞奇绝无比。利川腾龙洞经比利时、法国等洞穴专家考察论证，堪与世界第一大洞卡尔斯巴德媲美，洞中有山，洞中有水，洞中有洞，是国家4A级旅游景区、省级风景名胜区和中国最美的六大旅游洞穴之一。黄金洞位于咸丰县北部，距县城60公里，形成于侏罗纪以前，迄今有1.5亿年的历史，是一个集山、水、洞、奇、雄、绝于一体的天然石灰岩溶洞。恩施境内还有千姿百态的朝阳洞、山水相依的水莲洞、洁白如玉的玉龙洞等。

恩施的山美、水美、洞美，美不胜收。大峡谷是国家4A级景区，有享誉全国的“奇观之峡、古道之峡、科考之峡、康体之峡”的美称,是“灵秀湖北”的十大旅游名片之一。坪坝营是国家4A级景区,国家级森林公园,罕见的穿洞群,别致的飞瀑溪流,宜人高山气候,标准的咸武系剖面,典型的“岩溶丛”地貌,堪称树的王国、花的海洋、动物的乐园、人间仙境。国家4A级景区——野三峡,为全国奥陶纪灰岩戴冠石林之最;恩施土司城为全国唯一一座规模最大、工程最宏伟、风格最独特、景观最靓丽的土家族地区土司文化标志性工程。

二、修桥筑路奏凯歌

千百年来,在恩施这片神奇美丽的土地上,因山之险、谷之深,土苗儿女长期进出受阻,饱尝交通落后之苦。全州所辖八县市全是国家级贫困县,交通闭塞造成的贫穷落后始终困扰着生活在这里的人们。

扶贫攻坚,交通先行。推动集中连片特困地区交通运输加快发展,是全面建成小康社会的必然要求,是增强武陵山片区自我发展能力的基本条件,是保障和改善民生的重要举措。在全国11个集中连片特困地区中,涉及湖北省的有3个,即武陵山片区、大别山片区和秦巴山片区。恩施州所辖六县二市及宜昌市所辖秭归县、长阳县、五峰县三县均位于武陵山集中连片特困地区,这一地区是少数民族聚居地区。该地区山大人稀,交通建设投入高、技术难度大,基础设施条件极其薄弱,交通扶贫任务艰巨。

2012年7月13日,交通运输部发布了《集中连片特困地区交通建设扶贫规划纲要(2011—2020年)》。时任交通运输部部长李盛霖在全国集中连片特困地区交通扶贫开发工作推进会上表示,做好新时期交通扶贫工作,必须着力解决贫困地区交通运输发展的瓶颈制约和突出问题,加快推进交通运输基本公共服务均等化,为贫困地区与全国同步进入全面小康社会提供强有力的交通运输保障。2013年2月25日,省长王国生主持省政府专题会议研究特困地区扶贫攻坚时指出,要把交通基础设施建设作为扶贫攻坚的重中之重，加大投入，优化布局，完善体系，有效改善特困地区经济地理环境。

思路决定出路，思想有多远，交通部门的路就能修多远。围绕解决好"资金从哪里来"、"项目如何落地"两大问题，确保交通扶贫开发目标、责任、成效"三落实"，恩施州交通运输部门抢抓国家深入推进西部大开发、重点扶持武陵山集中连片特困地区，省委、省政府支持恩施州建设全国先进自治州、建设湖北武陵山经济社会发展试验区等重大战略机遇，按照"交通发展带动扶贫开发"的基本思路，牢固树立"前期就是投资、前期就是效益、前期就是发展"的理念，把交通重点项目建设作为扶贫攻坚的重中之重，谋前期，抓招商，促进规划项目落地与实施。

全州交通运输部门发挥主观能动性，加强调查研究，创新工作方法，探索、提炼并总结出了推动交通事业发展的好方法、好机制。"公益渡口，财政补贴"、"渡口达标，以奖代补"、"群众保险，政府买单"的渡运安全管理"恩施经验"在全国推广。探索建立了"州级政府统筹、县市政府负责、乡镇具体实施、常设机构专抓、部门主动配合、村组全程参与"，"责任层层落实、奖惩及时兑现、费用总体包干、标准基本平衡、个案专题处理"的高速公路建设协调服务新机制，明确"宣传营造氛围、和谐依法征迁、资金捆绑惠民"的思路，采取"主要领导三重视，督办指导三落实，征迁安置三同步，协调服务三到位"的"四三"工作方法，构建了适合山区高速公路建设征迁协调服务的"恩施模式"。

2009 年 12 月 19 日，沪渝高速公路通车，恩施州结束了不通高速公路的历史。2010 年 12 月 22 日，宜万铁路开通运营，实现了全州人民百年铁路梦想。2013 年 12 月 28 日，渝利铁路通车并开行动车，恩施州结束不通动车的历史。2014 年 6 月 1 日，宜巴高速通车，开车从巴东县城到宜昌只需不到三小时。2014 年 7 月 1 日，宜万铁路开行动车，"沪汉蓉"快速铁路大通道全面形成，恩施交通实现与东部长三角和西部成渝经济圈高效无缝对接。与此同时，恩施许家坪机场二期扩建飞行区项目竣工,可起降波音 737－800 型、空客 320 等大型飞机,成为全国重要支线机场。清江恩施港成为全省第 20 个重要港口,清江水布垭至恩施航道完成整治。

具有里程碑意义的交通发展大事一件接着一件,预示着恩施交通发展真正步入了投资规模最大、建设速度最快、社会效益最好、群众受益最多、发展环境最佳的时期。

——高速公路铁路建设全面加快。恩来、恩黔高速 2014 年底建成通车,恩建高速松树坪至罗针田段 2015 年 8 月 5 日建成通车。利万高速将于 2016 年底投入使用。鹤来高速已具备开工的前期工作条件;来咸高速已纳入国家新增高速公路网规划,工可及环评等相关专题已通过省内预审并完成修编;利咸高速已完成路线方案研究并启动工可。黔张常铁路勘察设计完成,即将动工修建。安恩张、郑万、恩黔遵等铁路已启动路线方案论证。

——国省干线公路提档升级。2011 年以来,全州投资 11.5 亿元完成国省干线公路大修 605 公里,主要国省干线公路路况得到根本改善。先后启动了三峡库区巴东新县城至野三关公路等 27 条 552 公里国省道提档升级建设;启动了建始红岩寺至景阳公路等 17 条 530 公里二级公路的升级改造;围绕“建设千公里旅游路,打造千亿元大产业”目标,启动了 983 公里“一主六支”绿色生态旅游公路建设,项目连接州内神农溪、清江画廊、大峡谷、腾龙洞和坪坝营等 11 处核心景区,贯穿全州 8 个县市,惠及沿线 38 个乡镇 240 万民众,计划于 2016 年全面建成。

——农村交通条件显著改善。自 2011 年以来,恩施共完成农村公路建设投资 35.5 亿元。建设农村公路通畅工程 6510 公里、县乡公路 1020 公里(其中:县乡道改造 152 公里、通乡油路 375 公里、县乡等级公路 493 公里),完成农村公路危桥改造 38 座,与农村公路主体工程同步建设交通安全设施 2500 公里,新配套完善农村公路交通安全设施 3000 公里。2014 年全州实现具备条件的行政村 100% 通沥青水泥路目标。

——运输保障能力不断提升。按照建设“大交通”的总体要求,大力调整运输结构,转变发展方式,推进公路、水路、航空、城市公共交通均衡、协调、可持续发展,“人便于行,货畅其流”正逐步变成现实。

高路入云端,千山飘玉带。前无古人的探索,石破天惊的创举,敢为人先的开拓,恩施州交通跨越天堑,超越梦想。到 2013 年底,全州公路通车总里程达 18961 公里,全州 2512 个行政村全部实现通达,85% 的行政村实现通畅,行政村通班车率达到 60.4% ,218 个渡口 100% 实现达标改造。恩施地不再偏,路不再远,全州交通运输与经济社会发展的关系实现从基本缓解到总体适应的跨越,为构建武陵山区恩施交通枢纽中心奠定了基础。

沟壑腾蛟龙,跨越正当时。承东启西、接南纳北、内畅外联、安全便捷的恩施州综合交通运输体系,正在规划并建设,恩施州正眺望大海,拥抱世界。一条条崭新的公路蜿蜒于崇山峻岭之间,一座座大山正敞开博大的胸怀迎接着八方来客,美丽恩施正加速前行在摆脱贫困、走向富裕的康庄大道,向着全面建成小康社会和全国先进自治州的目标奋进。

三、交通推动大发展

流金岁月,弦歌铿锵。改革开放以来特别是近十年来,恩施州交通事业实现了跨越式发展。四通八达的交通网唤醒了恩施州境内的巍巍群山,圆了四百万多土家儿女的高速公路梦、铁路梦和致富梦。古老而神秘的恩施焕发出勃勃生机,山外的人流、资金流、技术、产业不断通过交通要道涌向这片美丽的热土。恩施变了,恩施美了,恩施富了。2013 年,全州 GDP 达到了 552.5 亿元,与 10 年前相比增长 2.92 倍。如今,环顾恩施城乡,一个个富饶而美丽的村庄、集镇、城市,犹如明珠一般镶嵌在通畅的道路旁,绽放出绚丽的光芒。

(一)村庄美梦成真

恩施州的村庄,大多位于深山之中,美丽而古朴。过去由于交通闭塞,农民需要的生产资料运不回来,养大了的肥猪卖不出去,多数村庄被贫穷和落后所困扰。10 多年前的 2003 年,全州农民人均纯收入仅 1498 元。因此,一直以来,把公路修到各个村组,早日打通农民的致富之路,不仅是全州各级交通部门的目标,更是无数农民朝思夜盼的梦想。为了修通村组公路,不甘落后的土家人演绎了一个又一个感人的故事。

扶贫公路渡改桥便民利民

建始县龙坪乡店子坪村坐落在海拔1200多米的半山腰，全村185户600多口人，祖祖辈辈被大山和峡谷阻隔，日常劳作全靠村民肩挑背驮。没有公路，山外的世界似乎与他们无关，贫穷也要世世代代延续下去。因此，修一条通往山外的公路，早日摆脱贫穷落后的生活，是全村人最大的愿望。

2005年冬天，该村村支书王光国召集全村人商讨修路，开始向大山宣战。此后的日子里，上至七旬老翁，下至几岁孩童，村民们不管风霜雪雨、酷暑严寒，捐钱捐物，历尽艰难，在陡峭的岩壁上默默地开凿着他们的梦想之路。2011年3月，王光国带领村民修路的事迹被《人民日报》、中央电视台、新华社等国内各大媒体报道，店子坪村立即名闻全国。

再坚硬的岩石，也硬不过人的意志，再难挖出的路，也会在脚下延伸。2014年6月，举全村之力和八方支援的共同成果，已转化成了一条7.5公里长的水泥路，蜿蜒在店子坪村的崇山峻岭之间，村民世世代代出行难的问题彻底解决。路通了，发展产业、脱贫致富不再是难题。在村支书王光国的谋划下，2014年村里分散种植魔芋100余亩，种植烟叶300亩，沿新修公路边发展厚朴400亩，发展猕猴桃500亩，而且2014年已挂果300亩，预计2015年每亩可为农户增加收入3000元。有了道路的支撑，王光国开始在村里建设主干道、安全饮水工程、办公场所、支柱产业、苗圃基地和生态环境示范小区。他要把他的家园建设得更加美丽、富裕。

店子坪村上演的现代版“愚公移山”只是全州农村通过修路脱贫致富的一个缩影。近年来，全州各级党员干部以驻村扶贫和“三万”活动为契机，深入农村，深入群众，携手各级交通部门，以修路为扶贫先导，将农村公路建设与农民脱贫致富紧密结合起来，掀起了村村组组修公路、家家户户谋产业的热潮，收到了良好效果。截至2013年年底，全州修建村道10217公里，100%的建制村通了公路，85%的建制村通了沥青水泥路，农民人均纯收入达到了5235元，短短10年间增长了4倍。

(二)集镇建设兴起

集镇是广大乡村的行政中心和商贸物流中心,在农村居民的生产生活中扮演着非常重要的角色。恩施州88个乡镇、街道办事处,平均每个集镇服务4.5万人左右。集镇多靠近国道、省道等交通要道,越是交通发达的地方建设得越好。近年来,在全州筑路人的共同努力下,全州所有乡镇都通上了沥青水泥路,为集镇发展提供了有力支撑。尤其是随着高速公路、铁路的修通以及国道、省道的升级改造,沿线的集镇如同插上了腾飞的翅膀,迅速发展壮大。巴东县野三关镇就是全州因铁路、高速公路、国道途经此地而振兴的典型样本。

野三关镇位于巴东县城之南,距县城94公里,距恩施州府157公里。这里群山环抱,地势险要,作为恩施州的东大门和华中地区通往大西南的陆路咽喉,加上历史悠久,名气较大。但10年以前,这里的经济社会发展慢,2003年,该镇总人口8万余人,生产总值仅2.68亿元,农业总产值1.38亿元,居民存款总余额0.54亿元,集镇面积1.21平方公里,经济社会发展情况与该镇的名气和地理位置并不匹配。

自2003年开始,沪蓉西高速公路和宜万铁路相继开工,位于工地沿线的野三关镇开始热潮涌动,筑路大军既带来了人流、物流、资金流,也带来了旺盛的消费需求,农副产品顿时供不应求,宾馆、酒店生意兴隆,当地居民迅速致富。到2006年,该镇的生产总值达到4.3亿元,农业总产值1.91亿元,居民存款余额1.94亿元,集镇面积达到了2.36平方公里。

经过各路建设大军的艰苦奋斗,沪渝高速公路和宜万铁路终于贯通,而且沪渝高速公路还在此设置了服务区和出入口,宜万铁路设立了县级火车站,从该镇出发,1小时就可到达恩施和宜昌,4小时可到达武汉和重庆。这不仅为当地人民生产生活提供了前所未有的便利,也为该镇经济社会实现跨越式发展创造了良好条件。

2008 年 6 月,与野三关实行“区镇共建”的巴东经济开发区经省政府批准筹建,规划达 8.2 平方公里。经过近年来的快速发展,野三关集镇上漂亮的楼房拔地而起,繁华的商铺鳞次栉比,工厂企业依次排开。今日的野三关镇,处处弥漫着时尚气息、充斥着现代元素,已成为鄂西南一个重要的商贸物流中心。

2013 年,野三关镇全年实现地区生产总值 28.89 亿元,农业总产值 4 亿元,财政总收入突破 1 亿元。与 10 年前相比,该镇的社会生产力、综合经济实力和人民生活水平都有了大幅度提升,城镇化水平显著提高。目前,野三关镇正在朝着打造沪渝第一关、鄂西第一镇、武陵山酒都、湖北后花园、中国达沃斯的目标奋进。

透过野三关镇的兴起轨迹,我们见证了现代交通促进一个地方发展的巨大力量。一部道路的建设史,就是山区集镇的兴起史。随着高速、铁路等主干交通线的延伸,沪渝高速、宜万铁路沿线的建始红岩寺镇、利川汪营镇等集镇正在兴起,恩黔、恩来高速沿线的宣恩椒园镇、晓关侗族乡等集镇正蓄势待发,未来一段时期,全州境内的高速、铁路延伸到哪里,哪里的集镇就会趁势崛起。

(三)城市发生蝶变

美哉恩施,光耀武陵!沪渝高速、宜万铁路通车以来,恩施州城的变化日新月异,漫步街头,道路宽阔,车流如织,高楼林立,人流密集,现代都市气息扑面而来。2014 年年底,恩来、恩黔高速公路建成通车,加上正在建设的恩建高速,以恩施市为中心的高速、铁路交通网日益成形,并与通向城区的高速公路连接线、国道绕城线形成便捷的州城交通外环,数条“玉带”同时闪耀州城。随着机场二期扩建工程的竣工和多条主要航线的开通,“铁公机”时代的全面到来,彻底打破了制约州城发展的交通瓶颈,州城的命运就此改变,一个曾经的偏远小城正在成为武陵山区的交通枢纽。

改革开放以来,借助交通条件的改善,恩施市大力拓展城市发展空间。城市骨架已经拉开,金桂大道、施州大桥、连珠大桥、红旗大桥、机场隧道、虎民一级公路等相继竣工并投入使用，城市综合交通体系初步建成，州城城市规模成倍扩大。城区清江河上日益增多的各式桥梁见证了这个城市的沧桑巨变。在恩施州、市经济开发区，金龙大道、金凤大道、金山大道等新城区主干道正在建设，一个东西长约20公里、南北宽约10公里的城区大格局正在形成。

交通条件改善后，州城已经迅速成为全州人流、物流的聚集地，区位优势、资源优势给州城带来了人气和商机，州城的商业更

世界第一高桥——四渡河大桥

加繁华。恩施市招商引资工作更加便利,到位资金连年攀升。数据显示,2013 年该市招商引资到位资金 20.77 亿元,超额完成州定任务 3.84 个百分点,同比增长 27.84%;直接利用外资实现到位资金 367 万美元,超额完成州定任务 9.88 个百分点。近年来,中百仓储、武商量贩、宜昌国贸等一批商业巨头纷纷入驻州城,为州城商贸流通增添了生机和活力。

州城的文化品位和城市形象也不断提升。在高速公路、铁路开通以前,州城没有一座像样的电影院,市民在州城很难享受到商业大片的震撼。像肯德基这样的洋快餐也因交通的限制没来恩施,一些喜欢吃肯德基的人只能让出差外地的人帮忙带回来。现在,州城不仅有了五星级影城和肯德基店,而且投资 8.5 亿元的文化中心也在 2013 年投入使用,投资 2.5 亿元的传媒中心即将完工,2013 年建成的州城文化旅游新地标——土家女儿城,也备受广大市民和州内外游客的喜爱。

州城曾经是封闭的、落后的,包括人们的思想意识。伴随着出山大通道的打通,人员进出更加便捷,街道上外地牌照车辆和操外地口音的人日益增多。外地经商、旅游的人流络绎不绝,仅 2014 年国庆长假期间,恩施火车站就发送旅客 111431 人次,与去年同期相比增长了 14%。与外面的世界打交道多了,恩施人的心胸、视野更加开阔,思想变得更加开放,“仙居恩施”的气度和格调更加不凡。

交通是城市发展的动力之源,影响着一个城市的形象和品位,决定着一个城市的经济社会发展品质。因交通瓶颈的打破而发生蝶变的城市不仅仅是州城,还有扼守湖北西大门的利川市。沪渝高速、宜万铁路同样从利川绕城而过。而且在 2013 年利川还开通了渝利铁路,这让利川步入了经济社会发展的黄金期。2014 年 1—8 月,该市地区生产总值、地方公共财政预算收入、社会固定资产投资、社会消费品零售总额同比分别增长 9.7%、15%、35.5% 和 14.3%。到 2015 年,利川市区建成区面积将达到 18 平方公里,人口达到20万,锦绣利川、武陵明珠正在成为现实。

在交通事业的刺激带动下,恩施州的城镇化进程明显加快,全州城镇化率由2001年的17.5%提高到2013年的36.6%,初步形成了以州城为中心,辐射带动县市城区、乡镇集镇、中心村镇发展的城镇体系。交通兴则城市兴,交通建设落后则城市发展受限。目前除恩施市、利川市之外,州内其他六个县城也即将开通铁路和高速公路,届时全州的城市建设和发展水平必将迈上一个新的台阶。

(四)产业结构优化

2012年底,在沪渝高速公路开通三周年、宜万铁路开通两周年之际,恩施州各项主要经济指标开始达到和超过全国、全省平均水平,三次产业结构比例调整为26∶34∶40,形成了一、二、三产业协调发展的格局。而两年前的2010年,全州的三次产业结构比例为30.7∶28.7∶40.6。恩施州三次产业结构进一步优化正是得益于交通条件的大力改善,没有“两路”的开通,恩施州的工业和服务业不可能发展得如此迅速。

高速公路、铁路开通后,旅游业成为恩施州发展最快的产业。据人民网2014年10月6日报道,国庆黄金周前四天,恩施大峡谷景区共接待游客57397人,接连刷新历史同期单日接待历史记录。其中,2、3、4日分别接待15238人、20118人和19230人,连续三天临界景区最大游客承载量。为保证游客旅游质量,先后有5000人在3日、4日10时30分后被劝返,就近游览恩施境内其他景区。2014年“十一”黄金周期间,恩施州共接待游客177.5万人次,实现旅游综合收入9.26亿元,同比分别增长54.64%、57.48%。

恩施州地处武陵山区,是土家族、苗族的聚居地,既拥有神奇秀美的自然风光,又拥有多彩绚烂的民族文化,而且生态自然环境和民族文化资源保存相对完好,旅游资源非常丰富。但在“两路”

开通以前，由于游客进出不便，开发商也不愿投资景区建设，良好的生态文化旅游资源一直养在深闺，老百姓只能守着绿水青山过穷日子。

沪渝高速公路开通后，恩施州的旅游业很快出现了火爆场面。2010 年“五一”小长假期间，沪渝高速刚刚开通 5 个月，全州接待游客量和旅游收入均呈爆发式增长，短短三天时间，全州共接待游客 24.4 万人次，同比增长 223%；实现旅游直接收入 3690 多万元，同比增长 381%。这就是高速公路的威力！到了 2013 年，全州生态文化旅游业继续保持良好发展势头，A 级以上景区达到 26 个，其中 5A 级景区 1 个、4A 级景区 10 个，“高 A 级景区集群”初步形成，客源市场半径进一步扩大，客源结构明显优化，全年接待游客 2650 万人次，增长 20.6%，实现旅游综合收入 147.5 亿元，增长 23.4%。恩施州荣登新华网 2013 年“最美中国榜”，获“最佳中国城市旅游目的地”称号。

全州立体式、全方位的综合交通体系形成后，运输成本进一步下降，市场空间不断拓展，为全州整体推进经济发展提供了可靠保障。州委六届五次全会以来，恩施州以打通交通大动脉为契机，重点抓好烟草、茶叶、畜牧、清洁能源、生态文化旅游和信息等六大产业链建设，加快建立产业链条长、配套全、层次高、效益好的特色产业体系，深入推进“产业兴州”，全力打造恩施经济“升级版”。目前，六大产业链建设已初见成效，2014 年 1—6 月，全州共销售烟叶 141.02 万担，销售卷烟 55087 箱，实现利税 15.6 亿元，同比增长 16.62%；全州茶叶产值 22.42 亿元，同比增长 22.58%；旅游业累计接待游客 1487 万人次，同比增长 12.7%，实现旅游综合收入 86.6亿元，增长 24.4%；现有规模以上清洁能源企业 41 家，占全州规模以上工业企业的 9.6%，实现产值 50 亿元；现有重点畜牧产业化龙头企业 27 家，畜牧业已成为百亿元综合产值的大产业，在农业总产值中占三分之一；电子商务平台企业达到 19 家，从业人员 3400 余人，交易额近 6000 万元。

放眼武陵大地，在开辟“天路”的传奇故事里，在“鄂西林海”的阵阵涛声里，在《龙船调》的优美旋律里，恩施州正“舞动”六大产业链，展现出了经济快速发展、人民更加富裕的新景象。

（五）区域振翅腾飞

2013 年底，在全州 2.4 万平方公里的土地上，高速公路、国道、省道、县道、乡道、村道等各类公路通车里程达到了 18961 公里，公路密度达到了 79.2 公里/百平方公里。加上机场、铁路、港口和航道，全州交通运输与经济社会发展的关系已由“瓶颈制约”转变为“基本缓解”，目前正向着“总体适应”的阶段迈进。

现代化的交通运输使各种资源在区域间自由便捷地流动，实现了资源的优化配置。交通对于一个地方的经济社会发展发挥着至关重要的影响，在经济社会发展过程中充当着重要角色。交通条件的改善，拉近了恩施与山外世界的距离，拉近了恩施与大市场的距离，更拉近了恩施与省城武汉的距离，“朝游恩施大峡谷，夕闻东湖波涛声”已不再是奢望。这拉近的距离，不仅是道路上的硬距离，更是心灵上的软距离。随着各条铁路、高速公路的建成通车，恩施州脱贫“翻身”的梦想成为可能。近年来，党中央、国务院和省委、省政府先后出台多重优惠政策支持恩施州经济社会发展，一个曾经属于老、少、边、山、穷的地区正在成为开发、开放的沃土。

2011 年 2 月 16 日，省委、省政府在恩施州隆重举行仪式，率先启动武陵山少数民族经济社会发展试验区建设，省委书记李鸿忠、省长王国生亲赴现场。试验区建设启动后的首个工程项目同样与交通有关，恩施机场二期扩建工程于当日奠基。在试验区启动仪式上，省委书记李鸿忠强调，“武陵山少数民族经济社会发展试验区”建设必须坚持“生态立区”、“产业兴区”、“开放活区”和“富民稳区”，要举全省之力，扎实工作，把我省武陵山试验区建设好、发展好，不辜负党中央、国务院的重托，不辜负各族人民的殷切期望。自此开始，地处鄂西的 10 个县市，大胆创新，奋力开拓，打破行政区划界限，以交通要道为纽带抱团互动，共谋发展，大踏步地向着全面建成小康社会的宏伟目标迈进。

983 公里旅游公路各景区位置对应示意图

2011 年 11 月 29 日，中央召开扶贫开发工作会议，会议重点提出集中力量推进连片特困地区扶贫攻坚，将包括武陵山片区在内的 11 个连片特困地区作为扶贫攻坚的主战场，《武陵山片区区域发展与扶贫攻坚规划》同时获得国务院批复，恩施州八县市全部囊括其中。恩施州依托铁路、高速公路，加强与长江经济带、成渝经济圈、武汉城市圈、鄂西生态文化旅游圈等重点经济区及周边重要城市的联系，大力推动协作发展。尤其是 2011 年以来，恩施州来凤县和湘西州龙山县携手打造的武陵山龙凤经济协作示范区，得到了鄂、湘两省和国务院的大力支持，成为武陵山片区经济社会发展速度最快的区域之一。

2012 年 12 月 28—30 日，李克强总理第二次视察恩施，要求恩施在扶贫搬迁、移民建镇、退耕还林、产业结构调整等方面先行先试。在国务院和省委、省政府的指导下，恩施市龙凤镇综合扶贫改革试点正式确立。决定通过体制机制创新，到2017年把试点区域建成全国综合扶贫改革示范区、"四化同步"建设示范区、生态文明建设示范区和民族团结进步示范区，为连片特困地区以及少数民族地区综合扶贫探索路径、积累经验。这既是李克强总理的嘱托，更是一项伟大的事业，这项伟大的事业同样离不开交通的支持，位于铁路、高速公路和两条国道交汇处的龙凤试点，一定能够获得圆满成功。

栉风沐雨铸辉煌，团结奋进谱华章。10年来，恩施州最可喜的变化就是交通设施建设实现了新突破，一举结束了不通铁路、不通高速公路的历史，并迅速步入"路桥经济时代"。展望未来5～10年，恩施州有望实现"县县通高速、县县通铁路"的目标。远方蔚蓝色的海风和新时代的气息，正沿着建设者开辟的通衢大道，不断吹进群山敞开的怀抱。恩施，如一轮美丽的朝阳，正跃上地平线，冉冉升起，喷薄而出。

四、情系交通谱华章

新中国成立以来，恩施州交通事业的大发展、大跨越，离不开党和国家民族政策的浸润沐浴，离不开省委、省政府的大力支持，离不开历届州委、州政府的全面推动，更离不开千百万普普通通建设者的艰苦奋斗。时光荏苒，历史的云烟已渐渐散去，但在艰难的岁月里，无数人用智慧、心血和汗水凝结而成的道路却依然存在。恩施人民会记住那些道路的设计者和建设者们，记住他们的故事，记住他们的精神，记住他们的贡献。

（一）雨露的润泽

恩施的每一个重大交通项目都倾注了党和国家领导人的关爱。2008年4月6日，时任中共中央政治局常委、国务院副总理李克强到恩施州视察调研，专程到沪蓉西高速公路清江特大桥工地进行了考察。时隔四年之后，2012年12月底，李克强总理再次莅临恩施考察，对恩施的扶贫工作做出重要指示。翻开恩施交通发展的历史，历届省委、省政府对推动恩施交通事业发展同样不遗余力。“两路”动工后，时任中共中央政治局委员、省委书记俞正声曾说，“我每年都要来恩施，看一看沪蓉西和宜万铁路工程。”2009 年 7 月 7 日至 8 日，时任省委书记罗清泉来恩施调研时，到沪蓉西高速公路州城互通路口亲切看望一线工作人员，详细询问工程进展，希望高速公路能够早日造福恩施人民。2012 年底，李克强总理赴恩施考察民情后，省委书记李鸿忠和省长王国生向李克强总理呈交了请求支持湖北布局建设一批重大交通基础设施项目的书信，信中恳请将途经恩施州的安张衡铁路纳入国家“十二五”开工计划，引起李总理的高度重视，并批示相关部门进行统筹研究。

多年来，省交通运输主管部门对恩施州交通运输发展高度重视，在项目建设中给予大力支持和倾斜。省厅领导多次到恩施召开项目建设督办会并到现场调研指导，仅在 2013 年，厅长尤习贵就五次亲临恩施指导交通运输工作。在省厅的关心支持下，全州路网规模不断扩大，路网结构不断优化，道路通达通畅能力和综合交通运输能力不断提高。

在项目规划和资金投入上，国家和省都给予了恩施州大力支持。沪渝高速恩施段、沪蓉高速巴东段、银北高速恩施段、咸来高速、利万高速已全部纳入国家高速公路网规划。2008 年，省委、省政府制定《鄂西生态文化旅游圈交通规划》、《湖北长江经济带综合交通规划》和《三峡工程后续发展规划》，恩施州 117 个交通项目纳入规划，总投资达 976 亿元，恩黔、恩来、利万、恩奉 4 条高速公路全部纳入《鄂西生态文化旅游圈交通规划》。2012 年 7 月，交通运输部发布《武陵山集中连片特困地区交通建设扶贫规划（2011－2020 年）》。10 月，省交通运输厅发布《湖北省集中连片特困地区交通建设扶贫“十二五”规划》，恩施州 5 个高速公路项目、18 个普通国省干线项目、11 个水运项目、部分站场及农村公路项目全部纳入规划，总投资约 572 亿元。2012 年 12 月，省交通运输厅发布《湖北省集中连片特困地区特色公路规划》，恩施州纳入规划项目 30 个，总里程达983公里,总投资约33亿元。

“八五”至“十五”期间,在兴建长江巴东港西壤坡客运港区和无源洞货运港区时,国家资本金补助投资约8291万元,项目曾被纳入交通运输部重点工程。2010年,交通运输部一次性安排恩施州农村公路通达工程2750公里、资金5.5亿元,恩施提前五年实现村村通公路。“十二五”期间,恩施州享受西部大开发和武陵山集中连片扶贫开发政策叠加的交通补助投资政策,国道升级改造项目每公里增加投资150万,省道升级改造项目每公里增加投资80万元,通乡油路每公里补助投资由40万元提高到80万元,县乡道改造工程每公里投资140万元,农村公路通畅工程每公里提高到50万元。清江水布垭至恩施段航道工程获交通运输部补助资金6190万元。据初步统计,除高速公路外,“十二五”期间,国家、省对恩施交通投资补助将超过55亿元。

(二)车头的引领

如果说恩施是一只美丽的凤凰,那么交通曾是束缚它翩翩起舞的枷锁,沉重得令它难以飞翔。说起交通闭塞的苦,恩施每个人都有切肤之痛。因此,全州干部群众对改善交通条件的渴望与期盼也极其强烈。每年全州人大代表建议和政协委员提案中涉及交通的总是占到三分之一以上,政府邮箱、网上论坛、政风行风热线也经常有反映改善交通条件的意见和建议。

交通的制约就像一个解不开的心结,始终萦绕在历届州委、州政府的心头。有了还想更多,好了还想更好,对于州委、州政府来说,修路似乎永远没有停下来的时候。2013年2月17日,农历蛇年春节上班后的第一天,新任州委书记王海涛和州长杨天然就把调研的第一站选在了恩施州交通运输局。王海涛书记调研时强调,要进一步明确发展重点,抢抓一系列发展机遇,乘势而上,全力推进全州交通设施建设,不断夯实全州经济社会加快发展的基础。在推进绿色生态旅游公路建设时,州委、州政府成立了项目建设领导小组，王海涛书记亲任组长，指出项目建设是落实州委六届七次全会“推进生态文明、建设美丽恩施”的重要抓手，要求各县市及州直相关部门要进一步强化责任意识、目标意识，县市党政主要领导要亲自抓、负总责，珍惜来之不易的机遇，只争朝夕，排除万难，加快推进绿色生态旅游公路建设，造福全州人民。

经济发展，交通先行。群众的期盼，就是党和政府的责任。一直以来，州委、州政府始终以满腔的热情、真抓实干的作风、真金白银的投入推动恩施交通运输业快速发展。为推动高速公路和铁路建设，历任州长作为全国人大代表多次在全国“两会”上为恩施争取交通建设项目，抓住一切机会向国家有关部门汇报。正是凭着这种锲而不舍的精神以及超常规、超常态地推进交通建设的方式，恩施州的交通运输业才不断地取得新的成就。

——优先保障项目经费。在全州财政十分困难的情况下，州级财政每年安排专项经费用于滚动推进高速公路项目前期工作，在正常部门预算外每年安排交通项目前期工作经费，州、县市财政每年安排近亿元作为农村公路通畅工程建设启动资金。

——积极推进招商引资。州委、州政府多次到北京、上海、武汉等地推介重点交通项目，拿出4000多亩成片土地用于弥补投资人效益不足，积极落实各项优惠政策，使恩施州成为全省高速公路建设主战场。

——全力化解交通债务。按照“州县筹资、州级统还”的原则，2012年恩施州在全省率先完成锁定的37.17亿元二级公路债务化解，使交通发展卸下包袱、轻装上阵。

——不断创新管理模式。州政府加快推动渡口渡船改造，落实资金1200余万元，将所有公益性渡口渡工生活补助和渡船维护费用列入财政预算，形成“公益渡口，财政补贴”、“渡口达标，以奖代补”、“群众保险，政府买单”的渡运安全管理“恩施模式”。

——部门支持形成合力。在交通运输业发展中，州发改、财政、税务、国土、林业、环保、水利、旅游、规划、公安等相关部门各司其职，各尽其责，简化审批程序，优化服务环境，积极支持完成项目前期及建设中有关土地、林地、环保等申报手续，实行“谁家的孩子谁家抱”，全力做好服务保障工作。

州委六届五次全会提出，要努力把恩施建成武陵山区综合交通枢纽和湖北承接东西、联通南北的“立交桥”，形成对内大循环、对外大联通的立体交通格局，为推进产城融合“疏通血脉”。恩施州又站在了新的起点上。

（三）群体的推动

有一种伟大，它源于平凡；有一种平凡，它能彰显伟大。成千上万普普通通的交通建设者用执着和坚守诠释了这一命题。为了发展恩施交通事业，千百万建设者甘于奉献，勇于拼搏，辛勤奔走，含辛茹苦，开辟了一条条金光大道。在城市、在乡村，在山谷里、在田野上，到处都有他们忙碌的身影。他们没有豪言壮语，有的只是一步一个脚印的实干和苦干。

“五加二”、“白加黑”、“晴加雨”是交通人的工作常态。2002至2008年，仅在高速公路建设招商中，恩施州交通运输局就先后与30多位投资商进行了100多次谈判，逐步实现了由粗放招商向理性招商、由招商引资向招商选资的转变，圆满完成了恩黔、恩来、利万、建恩四条高速公路的招商引资工作。还有那些远离都市繁华、抛家舍业进入深山密林的建设者们，更是克服了数不清的艰难困苦，充分发扬了默默无闻、无私奉献的“铺路石”精神。

2006年5月，在武汉飞向恩施的航班上，中铁十三局的职工王学哲和袁长春戏剧般地相遇。此前两人虽在同一公司，但由于分属不同的项目部，彼此并未谋面。两人在交流中才发现，原来他们此行的目的地都是沪蓉西高速支井河特大桥建设工地，王学哲任项目经理，袁长春任总工，两个三十岁刚出头的年轻人就这样来到了深山。

到了支井河工地时，袁长春被眼前的情形惊呆了。现实竟比传说中的更加艰苦，只见施工人员绑着安全绳，悬在刀削斧劈般的悬崖峭壁上作业，脚下就是万丈深渊。“这哪里是施工，简直是在玩命！”袁长春感叹。远山沉默，唯有松涛徐徐有声。看看身旁一道而来的爱人倪梓媛，想着她这么多年来随自己南征北战，吃尽苦头，袁长春劝爱人回去。可是倪梓媛却坚定地说：“不，你留，我就留！”最终夫妻俩都留下了。

王学哲到工地两个月后，接到了父亲病危的消息，家人希望他回去看父亲最后一眼。望着眼前正在紧张施工的工地，王学哲陷入了沉思，心一点点被撕裂。作为项目部的负责人，大家等着他，工地离不开他。因施工太难太苦，项目部已经换了三届班子，当下正值施工关键时期，队伍时刻面临危险，他怎能说走就走。他强忍着痛苦，一直坚持到施工关键点过去。一个月后，当他抽空回到老家，父亲已与世长辞。他最终未能见上父亲一面，跪在父亲坟前泣不成声。

武陵群山的清风流云，明月林海，泥土芳香……让无数建设者深深眷恋，无法割舍。中铁十七局齐岳山隧道项目部的建设者们曾创作了一首诗歌《常忆那座大山》，其中有这样两句：我们这些志在四方的筑路人，对大山永远充满着深切的眷恋；我们在大山里拓展最美的人生画卷，我们在大山里找到了生命永恒的燃点。这既是他们献给自己的诗歌，也是献给所有山区交通建设者的诗篇。

推动恩施交通事业发展的不仅仅是那些忠诚坚定的筑路人，还有那些常年风里来雨里去、时时维护道路畅通的养路工。在“鄂西屋脊”巴东县绿葱坡，有一朵美丽、坚毅的“雪莲花”，已傲立风雪28年。这朵“雪莲花”，就是巴东县公路局绿葱坡公路管理站的道路养护女工张祚琼。28年，在209国道由泥巴路变成水泥路的同时，一个漂亮的女孩也磨砺成了坚强的女人。2014年1月，张祚琼当选全国“最美养路工”。

1985年，16岁的张祚琼从交通技校毕业，被分配到了有“鄂西屋脊”之称的巴东县绿葱坡公路养护站工作。那时，她的父亲是县公路段的一名干部,她希望父亲给她换个工作,可父亲不答应。张祚琼赌气将花裙子压到箱底,回到道班上班。从这一天起,她就将自己的崇高理想和殷殷情爱融进了公路事业。28 年来,作为为数不多的女养路工,张祚琼不仅能够出色完成公路清扫、巡检和清障等日常工作,还经常参加突击性养护和抢险任务,行走里程达 5.6 万多公里。

绿葱坡海拔 1800 多米,每年的冰雪天气总是来得早,走得迟。从头年 10 月到第二年的 3、4 月,张祚琼每天都要撒防滑料。为了不影响车辆通行,她必须在上午 7 点钟之前完成 3 公里的工作任务。深冬的凌晨 4 点钟,冷月无声,风寒如刀,厚厚的冰雪覆盖着路面,张祚琼总是小心翼翼地端着撮箕,将防滑料流畅地撒向路面。她不会跳舞,但她却像一个“冰上舞者”,每天在冰雪路上舞蹈着。张祚琼坚持每天上路清扫、巡逻、清障、保洁、除草、清水沟、疏涵洞、抢水毁,丝毫感觉不到这些工作的单调。在她看来,这分明是一个又一个花季的往返重复。

她以坚忍不拔的毅力在平凡的岗位上,用辛勤和汗水连同忠诚谱写了一曲动人的赞歌,用自己一言一行实践着崇高的人生价值,用无私和奉献诠释着对公路事业炽热的爱,用身心甚至生命护卫着国脉的安全畅通。20 多年来,张祚琼先后收获了“湖北省公路系统先进个人”、“湖北省公路百佳女能手”、恩施州“劳动模范”、恩施州唯一“十佳养护标兵”等多项荣誉。

交通事业像一座熔炉,把很多平凡的人变得伟大。他们讲诚信、讲奉献,造福于民,感人肺腑。建始县三里乡大沙河村农民党员万其珍一家三代,为了遵守祖上的一个承诺,坚持在河上为村民义务摆渡 130 多年,方便了附近两个县市、四个乡数以万计村民的农耕和出行。万其珍作为第三代义渡传人,每天在大沙河上来回摆渡数十趟,并带动儿子、孙子参与义渡,成为广为流传的一段佳话。“愚公支书”王光国发扬愚公精神,花十年光阴带领村民在悬崖绝壁上修通了梦想之路,2013 年 10 月被评为全国“最美村官”。

在恩施这片土地上，正是由于有一大批像张祚琼、万其珍、王光国这样的人，全州的交通运输条件才不断得到改善，交通运输事业才不断取得新的成就。

五、展望交通再辉煌

对于追赶时代潮流的恩施来说，现有的交通设施仍然不够。觉醒的大山依然在呼唤，呼唤着决策者的关注，呼唤着建设者的脚步，呼唤着更多的通衢大道连接天堑，把共和国最年轻的自治州与外界更加紧密地联系在一起。展望未来十年，新的蓝图已经绘就，新的征程已经开启，恩施州的交通事业一定会开创新的局面。

（一）战略与目标

雄关漫道真如铁 而今迈步从头越。理清思路，再燃激情，再创辉煌，这是恩施州新一届交通系统领头雁的诺言。“十三五”期间，恩施州交通系统将紧密围绕“生态立州、产业兴州、开放活州”战略，抓住建设长江经济带、国家促进中部地区崛起、深入实施西部大开发、加快武陵山经济协作区扶贫开发建设和湖北省推动“两圈两带、双轮驱动”建设等战略机遇，以恩施州经济社会发展需求为导向，构建布局合理、结构优化、功能完善、衔接顺畅、服务优质的现代化交通运输体系，形成“西出东进、北承南联、服务长江经济带、鄂西生态文化旅游圈、辐射武陵山片区”的立体综合交通体系格局，实现综合运输由“需求追随型”向“供给引导型”的成功转变，进一步提升地区交通运输服务水平和城镇综合承载能力，改善地区经济产业发展环境和城镇旅游发展形象，助推恩施州产业化、城镇化“双轮驱动”及“美丽恩施”建设进程，促进全州经济社会又好又快发展。

未来五年，恩施州将进一步加快转变交通运输发展方式，推进交通行业转型升级，调整运输结构，优化交通组织，提升装备水平，整合运输资源，着力打造综合交通、民生交通、智慧交通、绿色交通、平安交通。努力打通更多的铁路和高速公路通道，优化国省干线公路布局，畅通省际出口路，连通农村公路网。实施清江畅通工程，让更多的船舶从清江通往长江，实现水运通道干支相连、通江达海。加快客运站场、物流基础设施、航运港和航空港建设，实现客运"零换乘"和货运无缝衔接。齐心协力修好景区景点"通畅路"、乡村扶贫致富"通达路"、城镇化的"引领保障路"、大物流区或物流业的"通道路"、综合交通网的"连接线路"。

新的目标，新的征程。"十三五"期间，恩施州的交通运输业将力争"四个翻番"、"五个实现"、"六个形成"。"四个翻番"即恩施州交通固定资产投资由 480 亿元增加到 1000 亿元，高速公路通车里程由 222 公里增加到 682 公里，铁路通车里程由 221 公里增加到 500 公里，农村公路沥青水泥路里程由 15000 公里增加到 20000 公里。"五个实现"即实现全州县县通高速、县县通铁路、县县通国道、乡镇通国省道、村村通沥青水泥路。"六个形成"即形成"三纵三横"综合交通运输通道、"一主三副多点"综合交通运输枢纽、"四纵五横"干线铁路网、"三纵四横三联"骨架高速公路网、"七纵四横"快速干线公路网和次干线网、内河航道网。同时，大力发展支线航空和通用航空，不断提升运输服务系统水平。未来的恩施，将逐步成为鄂、渝、湘三省市交界处的综合交通枢纽、鄂西地区的交通门户、武陵山片区的特色旅游交通集散地和区域性现代商贸物流中心。

宏伟的蓝图已经绘就，如一幅水墨画在烟雨武陵缓缓铺开。不远的将来，在全州大交通体系的支撑下，无论是把恩施打造成全国知名的旅游目的地，还是把恩施建设成武陵山片区最佳的东西部产业转移承接地，都不再是遥不可及的梦。

（二）重点与举措

今天，我们又站到了一个新的起点，新的起点意味着新的使命。下一个五年,恩施州的经济社会发展将进入一个新的阶段,交通事业也将步入加快发展、科学发展的关键期、攻坚期和突破期。从现实基础和未来发展大势来看,恩施州的交通事业将迎来又一个跨越式发展的春天。

——构筑综合交通运输大通道。“十三五”期间,恩施州将构建“三纵三横”综合交通运输通道。“三纵”即安康经恩施至吉首、张家界,恩施至黔江,万州经利川至黔江综合运输通道;“三横”即长江综合运输通道和宜昌经恩施至重庆、黔张常综合运输通道,同时还将打造“横三分支”,即宜昌经五峰至来凤综合运输通道。进一步优化综合交通运输枢纽,巩固恩施核心综合运输枢纽主体地位,打造利川、巴东、来凤三个副综合运输枢纽,发展建始、宣恩、咸丰、鹤峰等多个综合运输枢纽。

——全面推进“铁公(高速)机”建设。依托现有宜万铁路和渝利铁路,规划建设黔张常、郑万、恩吉、安张衡、昭黔恩铁路和恩施大峡谷至腾龙洞旅游观光铁路,配套建设铁路客货运站场,构建州域干线铁路网,实现全州县县通铁路的目标。保障东西大动脉沪渝高速恩施段、沪蓉高速宜巴段正常运营,贯通武陵山片区南北大通道安(安康)吉(吉首)高速恩施段,建成两条重要连接线恩(施)黔(江)和利(川)万(州)高速,加快建设宜(都)来(凤)高速鹤峰来凤段,在2020年前建成来凤至咸丰高速,力争建设南北大通道利川至咸丰高速、巴东经鹤峰至张家界高速,谋划开工三峡翻坝高速延长至巴东、来凤至酉阳以及利彭高速,形成“三纵四横三联”高速公路骨架网,实现全州县县通高速的目标。推进航空口岸建设,迁建地处恩施市区的许家坪机场,改建开通面向武陵山龙凤经济协作示范区的来凤机场,建立集运量集散和国内中转功能于一体、辐射全国的航空门户,打造武陵山片区和“鄂西生态文化旅游圈”重要航空港,提高民航服务保障水平。

——夯实干线公路主骨架。快速推进新增国省道项目建设,2020年前完成1500公里新增国省干线公路升级改造,实现县县通国道、乡镇国省道全覆盖,重要旅游景区、港口及运输枢纽半小时内可达国省道,建成州府至县市“两小时交通圈”。建成一级公路150公里,力争实现全州所有县市国省道绕城公路及县城与过境高速连接线一级化。建成旅游公路1000公里,合力构筑武陵山旅游环线走廊,2015年前实现全州所有4A级以上旅游景区通二级以上公路,2020年前全州所有旅游景区通三级以上公路。

——优化农村公路网结构。重点推进省际、县际出口路及区域内连接公路建设,全力打造“干支相连、通村达户、安全通畅、惠民便民”的农村公路网。2015年前实现全州所有建制村通沥青水泥路,80%以上农村公路配套安保设施,50%的自然村通达公路。2020年前建成出口公路600公里,区域连接公路2000公里以上,打通乡镇间、毗连建制村及区域间重要循环线,实现所有具备条件的自然村通公路,60%的自然村通沥青水泥路。

——完善客运基础设施。着力打造恩施国家公路运输枢纽和利川、建始、巴东、宣恩、咸丰、来凤、鹤峰、野三关八个区域性综合交通枢纽。贯彻落实公交优先发展战略,抓好客运站场及城市公交设施建设。深入推进旅游直通车和城乡道路客运一体化建设,着力促进城乡交通运输公共服务均等化,努力实现客运“零换乘”和多种运输方式无缝对接。

——加快现代物流发展。优化物流基础设施布局,着力打造恩施区域物流枢纽、各县市物流集散中心和乡镇农村物流节点,健全全州交通物流网络。整合物流资源,引导物流园区建设集交易中心、信息中心、转运中心、运输中心、仓储中心、配送中心于一体的综合物流基地。统筹交通、邮政等农村物流资源,把乡镇农村综合运输服务站建设成为集客运、货运、小件快运、邮政快递、信息服务等功能于一体的综合服务平台,加快完善县、乡、村三级农村物流服务体系。统筹物流基础设施、运输服务体系和产业政策规划,推动交通运输转型升级,实现交通与现代物流融合发展,努力把恩施建设成为武陵山区的物流集散中心和现代物流产业基地。

——提高内河航运能力。以长江巴东港、清江恩施港建设为重点，推进“两港两航”建设，实施巴东境内五条长江支流航道整治和清江流域干支流航道工程。2020年前，按照清江流域“纸厂湾－水布垭－石板溪－隔河岩－高坝洲”五个梯级开发规划，推进清江畅通工程，尽早开工建设清江纸厂湾航电枢纽和水布垭大坝过船设施，使船舶从恩施直通长江。将巴东港建成集装卸储存、中转换装、现代物流、临港工业以及客运、旅游于一体的多功能综合性港口，把恩施港建成为以旅游观光功能为主、适应武陵山区货运需求的清江航运中心。

——推进智慧交通建设。以信息化为引领，以科技创新为支撑，健全完善公路、水路、铁路、民航、邮政等行业信息系统，加快建设交通传感网、交通数据共享中心，推进信息互联互通，打造“公、水、铁、空”及城市公交一体化的综合交通公共信息服务平台和道路、水路、物流等专业技术平台，建设公众出行、保畅应急、预测决策等综合应用系统，努力实现交通基础设施、运输装备和运行环境的可视、可测、可控。

“千淘万漉虽辛苦，吹尽狂沙始到金。”回首过去，成就辉煌；展望未来，任重道远。在中央、省和州委、州政府的正确领导及上级交通部门的大力支持下，全州广大交通建设者将进一步凝神聚力，振奋精神，迎难而上，开拓奋进，推动交通运输业创造新的辉煌，为建设全国先进自治州、全面建成小康社会提供坚强保障。

（作者系恩施州交通运输局局长）

情暖大别山　共铺和谐路

周银芝

滚滚长江水，巍巍大别山。黄冈位于湖北省东部、大别山南麓、长江中游北岸，京九铁路中段，是武汉城市圈成员城市之一，南与鄂州、黄石、九江隔长江相望，东连安徽，北接河南，为中三角之心。如今，黄冈的交通四通八达，水路通江达海，公路南上北下，铁路横贯东西，交通扶贫工作成果开始显现。

一、神奇秀美的黄冈

（一）造化钟神秀

地理构造多样，气候温润事宜，造就了黄冈丰富的物产，尤其是农产品。因此，黄冈有湖北的“米袋子”、“菜篮子”，大武汉的“后花园”之称，无公害绿色农产品在湖北乃至全国都叫得响。罗田是全国板栗第一县，英山是全国名茶基地县，麻城是全国秸秆养牛示范基地，蕲春是全国著名的药市和中药材之乡，红安花生居湖北之冠。境内矿产资源丰富，已探明金属、非金属矿藏 50 余种。其中，石英石储量 2 亿吨，含硅量达 99.8%，居全国第一；黄砂开采量达 17 亿吨，是长江中下游规模最大品质最优的黄砂基地；还有花岗岩 37 亿立方米，大理石 10 亿立方米。黄冈境内有一条长江、六大水系、百多个湖泊、千余座水库，全市水资源总量为 106.7 亿立方米，水电资源藏量 33.4 万千瓦，已开发水电装机容量 17 万千瓦。

黄冈境内分布着 4 个国家级和 9 个省级森林公园，山水秀丽,名胜奇多,不仅有海拔 1729 米、号称“中原第一峰”的大别山主峰天堂寨,还有“华中第一谷”的龙潭河谷,“大别山下小黄山”的薄刀峰等奇景。境内水系交错,湖泊相连,部分地区还有丰富地热资源,其中英山温泉水质、水量号称“全国第二”。风景区浠水三角山、麻城龟峰山、英山吴家山、英山桃花冲、武穴横岗山、蕲春三江、团风大崎山、浠水斗方山等常年绿意盎然、充满生机。

(二)文化灿烂夺目

“惟楚有材,鄂东为盛”,黄冈诞生了宋代活字印刷术发明人毕昇、明代医圣李时珍等彪炳千秋的历史名人,也诞生了地质学家李四光、爱国诗人(学者)闻一多、国学大师黄侃、哲学家熊十力、文学评论家胡风、《资本论》中译者王亚南等一批国家乃至世界影响力的当代名人。这里也曾有许多流传千古的历史故事,宋代文豪苏轼在黄州作一词二赋,徐寿辉反元称帝曾在此建“天完国”,李贽客居麻城讲学著书,太平军转战鄂东等。

佛教禅宗文化是黄冈文化闪耀的一颗明珠,其建筑及诗、词、歌、赋、书、画丰富多彩,交相辉映。据《广济县简志》记载:“境内大小寺庙三百余座,倍于小学之多,故广济有佛国之称。”在国内享有盛名的是黄梅四祖寺和五祖寺,四祖道信、五祖弘忍均为中国佛教禅宗奠定了重要基础,五祖弘忍被誉为“中国化禅宗创始人”。五祖寺是禅宗五祖弘忍于唐咸亨三年(672 年)在这里结庵而得名。该寺既是禅宗发祥地,又是游览胜地,许多高僧、诗人和画家慕名而来,品禅论道,赋诗作画,至今仍是日本和东南亚国家佛教人士朝宗的圣地。

黄梅县是黄梅戏的故乡,曾有“一去二三里,村村都唱黄梅戏”的说法。黄梅戏传至安徽后,乃风行全国,成为国家五大剧种之一。除黄梅戏外,鄂东地方还活跃着采茶戏、文曲、东路花鼓和楚戏等民间小戏。这些剧种别具韵味,在民间广为传唱,经久不衰。

民间文学、民间美术、民间歌舞、民间器乐、民间武术等也十分丰富，这种传统乡土艺术，受到广大群众的喜爱。

（三）红色旗帜飘扬

黄冈是红色革命圣地，是中共早期建党活动的重要驻地和鄂豫皖革命根据地的中心，诞生过红十五军、红四方面军、红二十五军、红二十八军等革命武装力量，发生过“黄麻起义”、新四军中原突围、刘邓大军千里跃进大别山等重大革命史事件。为共和国的缔造，黄冈先后共有44万儿女英勇捐躯，其中5.3万人被追认为革命烈士。在这片英雄的土地上，诞生了董必武、陈潭秋、包惠僧三名中共一大代表，董必武、李先念两位国家主席，林彪、王树声、韩先楚、陈再道、陈锡联、秦基伟等200多名开国将帅。

二、坚强不屈的筑路历程

建国初期，黄冈交通闭塞，人民群众生活贫苦，联通内外主要靠水路运输，但水运有极大的局限性，受季节性影响时通时断，不能直接到达目的地，需要经过多次转运。公路通车里程少且等级低，供人们出行的多是羊肠小道，致使黄冈矿产、土特产等运不出去，外面的东西也进不来，物资极为匮乏，人民群众处于温饱线以下。

（一）苦涩难忘的出行记忆

黄冈档案馆一份建国初期召开全区各县负责人会议的历史资料显示，参会人员到达黄冈行署开会乘车乘船路线一一规定，要求一县领导和另一县领导到达某一地点集合后再合乘车或乘船到达某地，又在某地和其他地方领导集中后再合乘车到达，规定之细说明当时的干部作风很实很细，从另一个侧面又反映当时交通极不发达，要经过多次的换乘，历经数日才能到达。黄冈市交通运输局副局长吴秀梅接受《中国之声》采访时说了一段话：“我第一次去武汉花了多长时间？两天。我们坐在车上都是很怕很怕。一面是悬崖,车子慢慢地像慢牛一样爬坡,我们更担心的是这个车子一不小心掉下悬崖去。”可见当时交通状况。

“要致富,先修路”,是黄冈老区人民的心声,深受出行之苦的老区人民急切地盼望打通这阻碍发展的“脑梗塞”。老区人民发扬“愚公移山”的精神,祖祖辈辈不屈不挠,为能尽早打开这通往外界的道路而不懈努力。但老区多为山区,高山峻岭,深河险谷,修路谈何容易。缺资金、没技术,更没有现代化的机械,只能靠“民工建勤”,大搞人海战术,修筑简易的公路。“晴天一身灰,雨天一身泥”,这是新中国建立初期道路状况的真实写照。据史料记载,解放初期全区仅有公路 254 公里,且有的通车有的不通车,能通车的也是晴通雨阻。

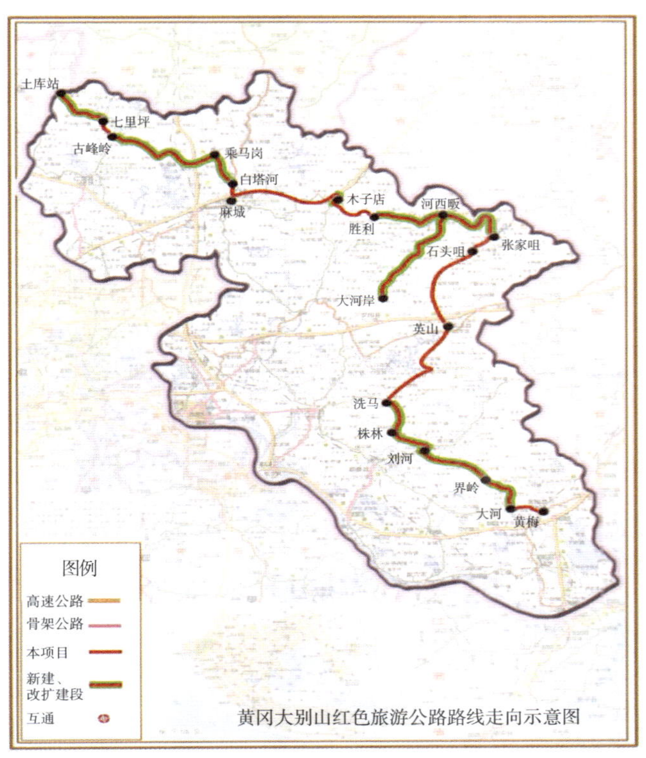

黄冈大别山红色旅游公路路线走向示意图

随后随着“大办交通”热，交通建设有了较快的发展，但仍处于粗放型发展模式，没有一条高等级公路，没有一条铁路，也就没有了加快发展的快车道，经济建设受阻，和发达地区相比仍处于落后地位。黄冈11个县市中，仍有5个县市（麻城市、红安县、蕲春县、英山县、罗田县）属国家贫困县。

（二）康庄大道的急切期盼

老区土地肥沃，物产丰富，不少物产被评为国家地理标志。然而多年来，老百姓只能自产自销，即使吃不了用不完只能烂在地里，成为名副其实的“烂货、贱货”。被称为“遍地是金”而深埋在地底下的矿产，也得不到开发和利用。这种深在闺中无人知的窘境，主要的原因是交通不便，即使想运出去也只能靠肩挑背驮，牛拖马拉，小批量种植，小批量生产，无法形成产业链深加工。有心改变这贫穷落后现状的有志之士，受制于交通的不便，也只能望洋兴叹。大别山老区就像“蒙尘的宝石、带泥的黄金、未雕琢的玉”，亟待开发。

改革开放后，国家提出建设小康社会的奋斗目标，沿海地区经济得到快速发展，而老区由于基础薄弱发展仍处于起步阶段。看着沿海地区的人民逐步富裕起来，而自己仍挣扎在温饱线以下，老区人民更加热切地盼望修通出山之路，将散发着大别山灵气的物产销往全国销往世界，同时也想让领略大别山奇险峻的人们到这里做客，陶冶情操，释放激情。

三、精准扶贫攻坚战

黄冈人不想让薄弱的交通阻隔了他们与世界联系的梦想，不想被薄弱的交通挡住了经济社会发展的步伐。黄冈市坚持“政府主导、交通主力、地方主抓”的工作方式，努力实现“外通内联、通村畅乡、班车到村、安全便捷”的目标，在新阶段扶贫开发中，交通行业积极作为，当好先行。

(一)规划引领　着眼全局

加强规划研究分析。结合“十二五”交通规划、国省干线调整规划,根据区域经济社会发展的需要,对接城镇、产业布局、旅游、园区等重要专项规划,按照轻重缓急,加强市县对接,对扶贫规划内的项目逐个分析,因地制宜,循序推进,切实保障项目能落地实施。

优化农村公路网络。对横贯 7 县市(其中 5 个国贫县)惠及 230 万老区人民的黄冈大别山红色旅游公路整体规划,分县实施,主线 462 公里建设已全面完成。黄冈市又利用部扶贫规划中的 210 公里县乡道项目,规划建设一批近 300 公里红色旅游公路支线项目,依托大别山旅游公路主线,强化对区内及邻近重要景区和主要景点的连接,优化旅游公路网络布局。支线建设将带动 83 个乡镇,贯穿 38 个景区,惠及 450 万人民群众,力求打造成交通扶贫精品工程。

超前谋划完善体系。抓好公路规划的同时,同步规划水路、站场物流项目,编制了大别山内河航道网规划,以发挥水运优势。建立连村通组公路项目库,“十二五”后三年片区内 6 县市规划建设通村公路 3000 公里、农村汽车停靠点 2260 个,构建片区内综合交通运输体系。

(二)狠抓前期　赢得主动

成立专班。市县两级交通部门成立了前期工作专班,落实专人和专项经费,建立项目前期管理责任制,明确工作要求和措施,明确关键环节时限,确保项目前期工作责任层层落实。

突出重点。对国省道升级改造等重点项目,按照“一个项目、一套班子、一个方案、一抓到底”的工作要求,实行重点推进,通过以点带面,促进前期工作的整体推进。跨县市的由市统一推进。

创新方法。将扶贫规划中的年度路面改造项目及县乡道、乡镇等级客运站等项目工可和土地、环评、水保等相关专题,分批次统一委托资历雄厚、业务精湛的设计单位和咨询单位打捆编制,既便于统一研究项目,也便于整体推进,有效节约了项目前期工作时间和经费。

交叉推进。积极加强与相关职能部门衔接和沟通,紧盯项目前期工作关键环节及手续,倒排前期工作计划,制订前期工作时间表,交叉推进项目工可报告编制、专题研究、勘察设计、项目报批等多个环节,争取时间,赢得主动,保障项目能尽早实施。

确保质量。在工可研究(特别是线路走向上)既尊重专家意见,又听取地方党委政府和群众意见。不断加大前期工作研究深度和广度,着力提高交通建设项目前期工作质量。在多措并举下,黄冈片区内扶贫规划632公里国省道升级改造和大中修工程、204公里县乡道和4个县级客运站、72个乡镇等级客运站、2260个农村汽车停靠点建设等项目前期工作已全部完成。

注重衔接提升效益。连续几年组织大别山区周边省市县召开交通运输发展对接会,加强协作联动,确保项目同步规划、同期建设。就扶贫项目新增国道G220麻城段建设,多次上门与河南省对接,取得了一致意见,避免了建设断头路。加强罗田县的松宜线、九瓮线等项目与安徽六安市的对接,英山县小白线等项目与安徽安庆市的对接,麻城市中项线、张黄线和红安县阳福公路、界七线等项目与河南信阳市的对接,提高了交通连片扶贫开发的整体效益,实现了片区内交通建设同步规划、同步实施、整体联动。

(三)政府主导　交通主力

借势发力,形成交通扶贫开发的大气场。借助全国农村公路管理与养护现场会在黄冈召开和新一轮扶贫开发的机遇,争取地方党委政府主要领导重视支持,市委书记、市长亲自挂帅抓交通建设,坚持深入交通扶贫开发建设现场调研,定期组织召开协调督办会。相关职能部门各负其责,沿线乡镇成立协调工作专班,全力以赴为交通工程建设服务,全市上下形成了齐心协力抓交通项目建设的大气场。

整合资源,建立项目资金筹措的新机制。各级政府加大税费优惠力度,采取财政拿出部分资金、采用BT模式建设、成立交通投资公司划拨土地融资等方式解决建设资金难题,各县市先后成立或正在成立交通融资平台。红安县财政拿出现金6000万元,并划拨城区部分土地、房产资源,注册资金2亿元成立交通投资公司。团风县政府分三期向建设单位供地450亩用于开发,确保了罗霍洲大桥建设顺利推进。罗田县整合发改、移民、扶贫、城建等部门资金和从土地收益金中调剂等途径统筹解决交通扶贫项目建设。全市各级政府整合部门资源支持交通扶贫项目建设,项目建设涉及的税费能免则免,不能减免的按下限收取,征地拆迁实行属地负责,"五杆"迁移由各主管部门按施工要求负责搬迁。

大干快上,开创扶贫项目建设的新局面。交通部门干部职工充分发扬革命老区的不胜不休精神、大别山红色旅游公路敢为人先、克难奋进、凝心聚力的开创精神和科学严谨、求真务实、勇于担当的求是精神,发挥交通扶贫攻坚战主力军作用,攻坚克难,主动作为,坚定完成扶贫规划目标任务不动摇。加强项目建设的组织协调、检查督办和推动实施,分项目制订实施方案,全面加快国省道升级改造、路面改造和县乡道、站场建设。目前,全市扶贫项目已有3条一级路、15条二级路、7条县乡道、1个二级客运站和13个乡镇等级客运站、连村通湾公路等项目全面开工建设,实现了县县有战场、乡乡镇镇有现场的施工场面,交通扶贫开发的高潮正在全面掀起。

(四)完善配套　提升服务

加快农村客运基础设施建设。加大县级二级客运站改造升级、乡镇等级客运站和农村汽车停靠点建设力度,大力推进农村公路安保工程建设,在全市每个乡镇每年建设一条生态文明示范线。

彩虹飞舞大别山红色旅游公路

完善农村客运服务网络。积极探索“农村班车进城,公交客车下乡”模式,进一步完善以黄冈城区至各县市为骨干网,以大别山旅游公路为支线,以各县城与乡镇、乡镇与村、村与村相互连接为点的农村客运网络,提高行政村班车通达率,扩大农村客运覆盖面和服务范围。2014 年全市新开通农村客运班线 30 条。

建立农村客运长效机制。积极寻求农村客运“开得通、留得住、有效益”的发展新路径,有效解决农村群众“出行难、出行贵、出行不安全”问题,努力实现城乡公共客运服务均等化,加快推进城乡一体化进程。各县市针对当地的经济发展和自然条件的实际情况,创新城乡客运发展新思路,因地制宜地发展多种多样的农村客运经营模式。英山县根据具体情况合理搭配热线、冷线,切实解决冷线、支线和边远山区乘客出行难问题。蕲春县鼓励农村客运公司对现有农村线路进行延伸,解决一部分行政村通客车问题,对偏远山区和人口较少的行政村实行区域经营和电话预约经营的模式。罗田县将全县农村客运划分为片,以中心乡镇为节点辐射和延伸至行政村,实现片区内"村村通客车",开创全县从"点"到"片"再到"面"的区域化开通客车的模式。

虹飞大长江,龙腾大别山。交通扶贫项目的快速推进,推动了区域交通协调发展,促进了各交通方式优化布局和紧密衔接,推动了综合交通运输统筹发展,加快了老区人民脱贫致富和经济社会发展的进程。因为路通了,"人间四月天,麻城看杜鹃"的游客增多,英山、罗田的茶叶和蕲春的药材等销量提高,老百姓的生活真正富裕了。

四、逐梦"四个大别山"

红色大别山,绿色大别山,富裕大别山,发展大别山。"四个大别山"之梦,因交通发展而变得丰富多彩,因道路的建设而不断延展。

经过几代人的努力,黄冈交通面貌发生翻天覆地的变化,交通运输事业取得巨大成就。特别是进入21世纪,黄冈交通更是迎来跨越式发展。过去,黄冈北有天堑长江,南有屏障大别山,交通不便,导致经济发展严重滞后。如今,随着"村村通客车"工程的实施,更是让城乡进一步融为一体,乡下人进城购物,城里人下乡看风景,都不再是"奢侈之旅",家门口乘辆车便可到达。路网四通八达,客运日趋完善,让交通不便的记忆在黄冈人心中渐行渐远。

骨架干线高速化,交通运输体系立体化,则进一步将黄冈"带"

进新时代。武英高速、武麻高速公路腾越黄冈大别山直插华东,京九铁路、黄黄高速、大广高速公路飞跨黄冈长江,联通东南沿海,黄冈长江大桥、武汉至黄冈城际铁路、黄鄂高速公路更是让黄冈快速融入大武汉"半小时经济圈"。驱车行驶在黄冈各地,纵横交错、四通八达、平坦通畅的公路,宛如一条条银色的丝带,把革命老区装扮得年轻而富有朝气。

2011 年,大别山红色旅游公路竣工,这条横贯大别山腹地的公路,贯穿黄冈 7 县市,辐射 5 个国家级贫困县,连接 5 条高速公路、3 条国道、7 条省道、12 条县道,把沿途 23 个乡镇的 38 个景点以及三大旅游区串联在一线上。红色旅游公路(以下简称红旅游路)改变了沿线山区 230 万农民的生活。沿线新村新貌赏心悦目,一个个集商贸、教育、餐饮、住宿、文化、娱乐等功能为一体的农村社区比比皆是。红旅路书写了黄冈旅游的传奇,沿线 7 县市的旅游人数年年递增,2013 年达到 1180 万人次,收入达到 62 亿元,同比增长 21%。

红旅路的建设只是黄冈"畅通微循环"的一个缩影。如今,黄冈路网微循环已经形成了"153090"的经济圈。(即:从县城到高速公路入口、到火车站、到港口码头均不超过 15 分钟;所有乡镇上高速公路不超过 30 分钟;从县城到黄冈市区、武汉,以及到天河机场和九江机场均不超过 90 分钟。)

神奇美丽的黄冈已揭开她神秘的面纱,将美丽绝伦的容颜展现在世人面前,正以海纳百川的胸怀迎接开放,迎接美好的未来。

五、扶贫造血奔富路

漫山遍野的经济林,规划有序的新农村,崛起的工业园,直观地展示大别山的变化。黄冈集中精力打造大交通,打通扶贫攻坚"血管";大力发展新型工业、特色农业,推进红色文化、生态旅游等产业发展,增强片区"造血"能力;提高农民增收致富能力,加大生态建设与保护力度,推进体制机制创新。

前有江，后有山，历史上大别山区的贫困，根本原因是闭塞。如今的大别山区，不仅不再闭塞，而且成为中部的交通枢纽地区之一。2014 年 3 月，全国农村公路建设与管理养护现场会在黄冈召开。参观大别山红色旅游公路时，国家交通运输部部长李盛霖说："一条路连接 7 个县市，非常壮观，令人振奋！"要想脱贫奔小康，公路尽早通村庄。李盛霖部长肯定了黄冈交通扶贫经验，他指出，农村公路建设要为实现其他扶贫开发目标创造条件。

交通好带来区位优。红安县新型产业园位于觅儿寺镇，2009 年起步建设，仅用 3 年时间，已建成面积 15 平方公里，共计招商项目 126 家，协议投资额 527 亿元，被誉为老区发展工业的奇迹。分析这个产业园成功因素，毗邻武麻高速公路非常关键。从觅儿寺镇上高速到武汉三环，距离 42 公里，20 多分钟就到了。

求实效，讲长效。近年来，大别山片区扶贫开发工作也在转型中创新。整村推进、产业开发，整合资源、合力攻坚。麻城市宋埠镇谢湖村，去年被列为黄冈市整村推进扶贫开发重点村。黄冈市一名市委领导带经信委、安监局等 5 个单位组成工作队驻点该村，对口帮扶。工作队不满足于简单的帮钱帮物，而是培植产业，引导全村农户发展大棚蔬菜 500 亩。5 组村民谢自然听从工作队建议，筹资发展大棚 4 亩。建一亩大棚需 7000 元钢管，政府补贴一半。一亩大棚辣椒年纯收入 15000 元，比过去种棉花强多了。

搬迁、培训等管长远的扶贫方式受到片区县市重视。红安县出台政策，引导农户向小集镇和社区集中，降低农村基础设施建设成本。对严格按规划建房的农户，经验收后，县政府每户奖励 1 万元，政府贴息三年贷款 1 万元，户均享受配套建设公共部分一万元。红安华家河镇阳台山新村，位于红华公路旁，清一色的小三层新楼房分外惹眼。新村上百户人家，都是近年从山里搬迁下来的。村里建有广场，有卫生室，有自来水，出门就可搭汽车。麻城龟山镇石陂村，农户从山上搬到新村后，眼界开阔了，观念变了，一部分人转移到第二、三产业，有的办养猪场、养牛场，有的经销板栗、药材。石陂的新村呈现集镇化发展态势,成为龟山一带药材、板栗集散中心。石陂村由过去有名的贫困村一跃成为麻城全市“十强村”。

雄关漫道真如铁,而今迈步从头越。黄冈优秀的交通人用汗水,让天堑变通途,旧貌换新颜,用赤诚,用热情诠释新时代的“交通精神”,在满怀希望“十三五”,黄冈交通人将发扬“克难奋进,不胜不休”的精神,跃马加鞭,创造更加辉煌的明天。

(作者系黄冈交通运输局局长)

秦巴山交通扶贫项目建设提速提质
全力服务好生态文明建设和转型发展

张　涛

“十二五”期间,国家把集中连片特殊困难地区作为扶贫攻坚的主战场,这是中央根据新阶段扶贫开发工作的新特征、新要求做出的重大战略决策。秦巴山集中连片特殊困难地区(以下简称“秦巴山片区”)是全国14个集中连片特殊困难地区之一,其中包括河南、湖北、重庆、四川、陕西、甘肃等6省市75个县(市、区),十堰市丹江口市、郧县、郧西县、房县、竹山县、竹溪县等6个县市被纳入其中。交通建设扶贫是秦巴山片区扶贫开发工作的重要内容之一,这给十堰市打造鄂豫陕渝毗邻地区区域性交通中心,进一步改善区域交通运输条件,促进全市交通运输事业跨越式发展带来了重大历史机遇,也为服务全市生态文明建设和转型发展提供了坚实的交通基础。

一、全力争取项目　夯实发展基础

从十堰市情况来看,影响和制约经济社会发展的因素很多,但对内对外交通不畅是瓶颈制约和突出矛盾。秦巴脱贫,交通必须先行。十堰市交通运输部门围绕交通运输部确定的“外通内联、通村畅乡、班车到村、安全便捷”集中连片特困地区交通建设扶贫总体目标,紧紧抓住机遇,认真研究国家有关政策,在十堰市委、市政府领导下全力争取有关政策和重大项目,使得一系列重大交通项目进入国家规划。

按照国家交通运输部编制印发的《秦巴山片区交通建设扶贫

规划》,十堰市“十二五”期间交通扶贫项目总投资为164.75亿元,其中公路项目159.02亿元,水运项目3.6亿元,站场项目2.13亿元。这些项目主要包括七个方面:一是郧县至十堰高速公路67公里,估算总投资64.79亿元。二是一级公路共有G 316丹江口市土关垭至武当山段、S305襄关公路竹溪县城绕城段、G 316西部复线、G316武当山至白浪、G209郧县双庆桥至十堰城区土门、G316千字沟至艳湖、G209郧县城关镇至柳陂、G209郧县城关至杨溪镇、G242郧西土门至天丰、G346竹山县城至潘口河口段、G346房县八里村至军马铺、G346竹溪县县河至关垭、孟土线丹江口至土关垭、竹山县潘口河至县河铺、丹江口城区段、G316柏林至黄龙、孟土线丹江口城区至老河口、郧漫线郧县城关至大堰等升级改造项目18个,总里程308公里。三是二级公路共有郧西县天河坪至将军河段、丹江口库区环库公路等41个项目共计880公里,其中升级改造16个项目404.7公里,路面改善25个项目475.5公里。四是县乡道改造项目总里程170公里。五是通村公路项目总里程685公里。六是汉江白河至丹江口段航道整治项目209公里。七是县级客运站改造项目4个,等级客运站建设项目55个,汽车停靠点建设1127个。

这些项目的实施,将从根本上改善十堰市交通运输条件,为推动秦巴山片区脱贫致富、全面建成小康社会提供坚强有力的交通运输保障。预计到2015年底,十堰市将初步建设成为鄂豫陕渝毗邻地区区域性中心。全市公路总里程将达到27692公里,其中二级以上公路里程3441公里,100%的县市通高速公路,95%的建制乡镇通二级以上公路,100%的建制村通沥青(水泥)路,60%的自然村通沥青(水泥)路。水运方面,基本形成以汉江航道为主线和各支流为辐射网的绿色环保、安全通达的水运网络。站场方面,新建、改建一批客货运站场,整合资源发展农村物流产业,力争40%的乡镇建有农村综合服务站。

二、凝聚发展合力全面推进建设

对于秦巴山集中连片特困地区交通扶贫开发，部、省高度重视，在规划编制、目标定位、资源投入、政策保障上给予了前所未有的支持。十堰全市上下形成共识，合力推进，集中力量打一场十堰秦巴山交通扶贫攻坚战，全力保障交通扶贫攻坚目标顺利实现。

一是组织领导保障到位。十堰各级党委、政府对交通扶贫项目建设工作非常重视，市、县分别成立了交通扶贫建设领导小组，由市、县政府主要领导担任领导小组组长，政府相关职能部门为成员单位，领导小组负责扶贫项目的领导、指挥、协调工作，研究解决项目建设中遇到的重大问题。市政府将交通扶贫项目建设任务纳入县市区政府目标考核体系，分解了任务，明确了责任，做到考核奖惩兑现，有效确保了建设的顺利推进。各县市区按照“保进度、保质量、保安全、保廉洁”要求，实行“一个交通建设项目、一名县级领导牵头、一个工作专班负责、一套推进措施落实”的管理机制，对交通扶贫项目建设一抓到底。同时，建立了定期召开调度会制度，统计通报交通扶贫项目的建设进展情况，分析研判形势，安排布置施工计划，制定优化施工方案，及时查找排除存在的问题，保障交通扶贫项目顺利推进。

二是前期工作有序推进。项目前期工作关系到项目的立项审批、建设方案、资金来源和计划安排，是项目建设的“龙头”。十堰市采取有力措施抓好项目前期工作，由市交通运输局对全市交通扶贫项目的前期工作进行统一领导、统筹安排、分级负责，每月召开一次碰头会布置工作计划，研究解决相关问题，对前期工作进展情况定期通报，保证了项目前期工作有序推进。按照“2013 年上半年完成所有项目工可批复，下半年完成 80% 项目的初设批复，2014 年上半年完成所有项目初设批复”的总体进度要求，对交通扶贫项目分轻重缓急，按实施先后顺序将工可、初设完成时间根据时间节点划分到月、到旬,要求在规定期限务必完成,保证了前期工作的时间进度要求。

三是积极出台优惠政策。面对全市交通扶贫建设任务艰巨、建设资金缺口大、建设压力前所未有等难题,十堰市积极拓宽筹资融资渠道,最大限度地实施优惠政策,全力支持交通扶贫项目建设。各县市区政府把交通建设视为发展大计,制订出台了《关于加快推进"十二五"交通项目建设的意见》,竭尽全力地对包括秦巴山片区扶贫项目在内的交通项目建设给予支持。

丹江口市政府采取资金捆绑、BT 模式等,三年来累计投入交通项目建设资金达 50 多亿元,建设 40 多公里的丹土和东环一级路、凉习环库公路等。

郧县政府优先保证交通建设所需的土地、林地;交通建设需要动迁的电力、通信、水利等构筑物由权属单位负责迁移,所产生的费用由权属单位负责;交通建设所需的砂、石料场由交通运输部门提出申请,县政府划定范围,无偿提供使用权;每年整合移民、扶贫、农业开发、以工代赈等资金不少于 5000 万元用于交通项目建设。

竹山县委、县政府对交通项目建设前期工作所需的各种审批要件,由县发改、林业、国土、环保、水务、住建等相应的职能部门为主办单位负责办理到位,费用自理;交通建设确需缴纳的耕地占用税、建设营业税,税务部门先征收后再由县政府纳入预算内列支,全部返还用于交通项目建设;县政府各职能部门办理交通建设手续一律免收相关费用。

竹溪县政府整合国烟、扶贫、库区、移民、农业综合开发、以工代赈等资金,每年捆绑调节资金不少于 3000 万元统筹用于交通项目建设;对交通项目建设沿线的重要区域和周边的土地实施适量储备,通过土地储备收益筹集交通基础设施建设资金。两年来,竹溪县政府累计配套投入了 3.2 亿元资金用于交通项目建设。

房县除整合资金用于交通建设外,还在全市率先组建交投公司,已完成城关镇莲花375亩出让地征收工作,启动了十房高速连接线沿线150亩土地征收,将8处新建站房按照出让方式打包到交投公司进行融资。

四是量质并重推进建设。严格执行交通基本建设程序。要求各项目必须按照工程可行性研究、初步设计、施工图设计顺序推进,必须做到设计文件审批、质量安全监督、施工许可、设计变更、竣(交)工验收手续全面办理到位。强化交通建设项目"五制"管理,认真落实项目法人制、招标投标制、工程监理制、合同管理制和廉政责任制,切实规范管理程序,保障工程建设任务优质、高效完成。加强项目现场管理,重点加强项目建设的质量、安全管理,严把施工放样后设计图纸现场复核关、原材料与自采材料质量检验关、质量通病治理关等重要环节。切实加强安全生产教育,不断完

环库生态环保公路—丹江段

善各项安全措施,认真落实安全生产管理制度,确保施工安全。

截至2014年年底,十堰市列入交通扶贫规划的项目已经全面启动建设,累计完成投资107亿元,占项目估算总投资的65%。其中:郧十高速公路已建成通车;列入规划的18个一级公路项目已完成路基260公里,武当山至白浪段、郧县至十堰城区段、竹山县城关至潘口河段、竹溪县绕城段、房县城关至军店段等已建成通车;列入规划的16个二级公路改造项目已经全面开工建设;列入规划的170公里县乡公路改造项目已经完成119公里;列入规划的685公里通村水泥路已全面完成;丹江口至白河航道整治工程全长209公里2014年基本完工,站场项目已开工30个。

三、正视困难问题强化措施提质提速

虽然十堰市秦巴山交通扶贫项目整体推进比较顺利,但也面临着一些困难和问题:

一是普通公路建设形象进度总体滞后。郧十高速公路已经建成通车,县乡道完成70%,通村公路建设任务全面完成。但一二级路由于受规划调整落地和前期工作程序复杂,以及资金等诸多因素影响,总体形象进度与规划要求的完成时间节点还有一定差距。按交通运输部《秦巴山片区交通建设扶贫规划》要求,2015年年底前全部完成所有项目建设还有一定难度,还需要强化措施,加大推进力度,迎头赶上。

二是地方自筹资金压力巨大。由于十堰市位于秦巴山片区核心区,所属六县市均为国家级贫困县,地方政府财力十分有限。要完成秦巴片区的交通建设项目,一级公路每公里需地方自筹1500万元以上,二级公路每公里需自筹500万元,交通建设扶贫项目普通公路投资约94.23亿元,部省投资补助为35.34亿元,仅占总投资的37.5%,地方配套资金约为60亿元。尽管各县市区政府整合各渠道资金,利用土地等资源进行置换,但仍存在巨大资金缺口,成为影响整体项目推进的最大制约因素。

三是国家交通扶贫规划项目补助政策与十堰市各县市区社会经济发展需求和发展战略定位存在矛盾。比如国家交通扶贫项目中的一二级路仅对原有国省道和拟升国道的未达到技术标准的才能进入项目库。由于湖北省前后三年和“十一五”期间尽管改造了不少项目,但受当时“258”投资政策的限制,实际上十堰市大多数国省道干线未达到标准。但在交通运输部统计报表中这些国省道干线是已达标路段,不能纳入交通建设扶贫项目库。另外十堰市通村公路建设已报送完成了通行政村的公路建设,交通运输部就不再按每公里补助50万元资金了。

推进秦巴山交通扶贫项目建设,机遇与挑战并存,压力和困难同在。为此,十堰市将锁定目标不动摇,强化措施不放松,攻坚克难,全力推进,确保各项任务圆满完成。

一是以解放思想为先导,进一步理清发展思路。在下一步工作中,十堰市更新观念,理清思路,围绕“一个目标”,准确把握“三个关系”,紧紧抓住“四个重点”,推进交通建设。围绕“一个目标”,就是紧紧围绕十堰建设鄂豫陕渝毗邻地区中心城市和建设国家生态文明示范区总体目标,统筹交通扶贫建设各项工作。准确把握“三个关系”,就是在推进交通扶贫建设工作中,统筹处理好集中连片特困地区交通建设规划与“十二五”交通发展规划的关系、项目建设与生态保护及转型发展的关系、交通基础设施建设与发展县域经济的关系。紧紧抓住“四个重点”,就是全力抓好以环丹江口库区生态环保公路为重点的交通建设扶贫项目建设;推进城乡物流一体化建设;加快新形势下交通建设筹融资平台建设;加强行业监管确保项目建设安全优质。

二是以突破瓶颈制约为基础,进一步拓宽筹融资渠道。建设资金筹集是影响项目推进最为关键的因素,也是贫困地区面临的最大困难。因此,必须创新融资工作思路,拓宽资金来源渠道,提高有限的建设资金使用效益。第一,争取部省补助资金到位,密切跟踪部省资金计划,争取规划内的补助资金快速到位。第二,通过各种形式做好各县市区政府沟通工作，落实各县市区政府的建设筹资主体责任，督促各地通过财政投入、税收返还、优质资源划转等多种方式多渠道筹集建设资金，全力推进融资平台建设，落实融资平台的资本金，注入优质资源，建立土地储备机制，对普通公路沿线主要节点、重要区域国有建设用地实施规划储备，整合资源，放大资金。第三，深化与金融机构的合作，利用所储备的土地取得抵押贷款，采取 BT 方式吸引社会资本投资。

三是以强化措施为保障，全面推进秦巴山交通扶贫项目建设。第一，统筹推进。打破县市区区划界限，把全市作为一个整体通盘设计，加强县域间的沟通与协调，统一考虑，统筹推进，消除断头路，实现互联互通，促进区域共同发展。2014 年 9 月召开了全市普通公路建设推进会，安排部署了秦巴交通扶贫项目推进工作，要求倒排工期，全力攻坚，掀起大干热潮，按时完成投资和形象进度目标。第二，强化项目建设质量安全监管。市局质量监督站开展全面拉网式质量安全大检查大督办，督促项目建设单位落实市局关于桥梁、隧道各项工作指导意见，加强施工现场管理，治理质量通病，提高工程的耐久性和可靠性。第三，创优项目建设环境。督促各县市区落实支持秦巴交通项目建设的各项优惠政策，协调发改、公安、国土、扶贫、住建、林业等部门倾斜支持交通项目建设，在各自的职责范围内尽力提供优惠条件，形成政府主导、部门联动、合力办交通格局，为项目顺利推进创造良好条件。

四是以建设生态交通为方向，抓好环库生态旅游公路等重点项目建设，积极推动十堰交通运输转型发展。认真落实十堰市委、市政府推进生态文明建设、“外修生态，内修人文”的要求，着力推进绿色发展、循环发展、低碳发展，构建资源节约型、环境友好型低碳环保绿色交通体系。在秦巴交通扶贫建设方面，坚持节约优先、保护优先、自然恢复为主的原则，大力倡导集约节约利用资源，优化设计方案，加强水土保持，避免高填深挖，减少土地、能源、建材等消耗。积极推广材料循环利用技术和清洁能源技术，提高资源利用效率。注重生态恢复和山体保护,美化绿化路域环境,实现工程防护、景观塑造、环境保护的统一。环丹江口库区生态环保公路项目建设是十堰绿色交通重点示范项目,各级领导和人民群众高度关注。在推进中,始终以保护丹江口库区生态水质安全为前提,按照统一规划设计,分县市区实施,全力推进建设,力求把环库公路建成生态环保特色路和凸现地域文化的历史人文之路。截至2015年6月底,环库公路建设已取得了阶段性成果,累计完成投资30.4亿元,完成路基343.2公里、路面193.1公里,分别占总里程的80%和45%。其中郧阳天马段、长岭段和丹江口市东环段、江南段等已建成通车,一路湖光山色、一路历史人文、路景相融的生态环保公路已见雏形。“十二五”期末,环库公路主要路段将全面建成通车。

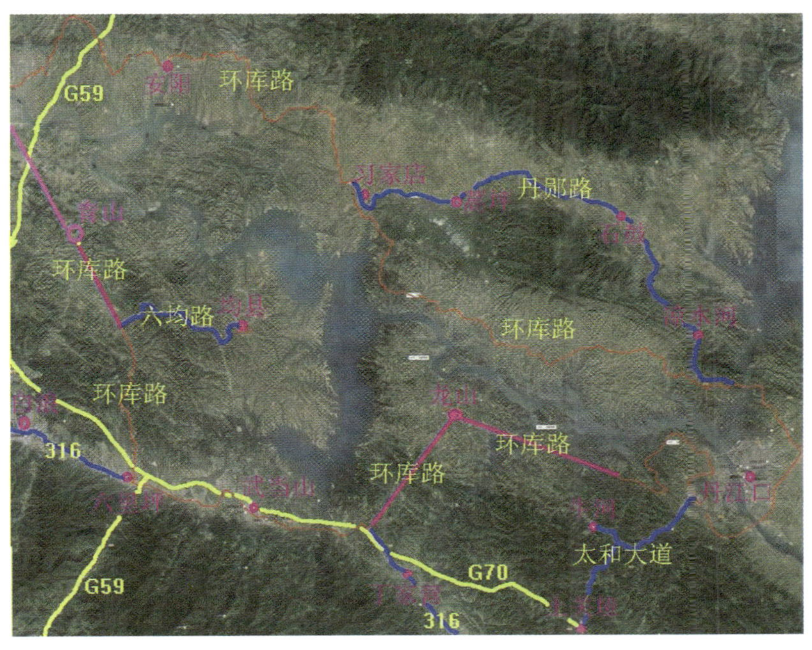

十堰市秦巴山区环库路示意图

总之，在秦巴山交通建设扶贫项目推进中，十堰市将按照规划，对照目标，强化措施，真抓实干，提速提质，全力改善秦巴山贫困地区交通环境，解决十堰市交通运输发展的瓶颈制约和突出问题，力争使十堰市交通运输发展基本适应经济社会发展的要求，为十堰秦巴山脱贫奔小康和全市经济社会又好又快发展提供强有力的交通运输保障。

（作者系十堰市交通运输局局长）

构建小三角　筑梦幕阜山

——全力推进幕阜山生态旅游公路“金腰带”建设

陈跃明

咸宁市幕阜山片区是湖北省四个集中连片特困地区之一，地处江西、湖南等省际交界处，集革命老区、贫困山区于一体，经济发展长期滞后。交通是制约经济发展的重要因素之一，亟需加大建设力度。近年来，咸宁交通部门高度重视幕阜山片区扶贫开发工作，率先提出建设幕阜山生态旅游公路构想。在省交通运输厅和省公路局的大力支持下，幕阜山生态旅游公路由概念变成现实，在“中三角”结合部镶嵌出一条“金腰带”，打通了沉寂山区与外界的阻隔，顺应了山区人民的热切期盼。

一、幕阜山生态旅游公路概况

咸宁市幕阜山生态旅游公路由“一主一支（九宫山支线）”构成，连接了通山、崇阳、通城等3个县。项目规划总里程229.91公里，其中主线165.51公里，支线64.4公里，总投资14.53亿元，省交通运输厅补助5.41亿元，平均每公里补助235.3万元（含桥梁、隧道建安费全额补助），地方自筹9.12亿元。

通山段主线78.6公里，起于与阳新县接壤的阳辛，途经慈口、大畈、通羊、厦铺、杨芳林，止于与崇阳县接壤的界头塘。支线64.4公里，起于通山县城通羊镇，经九宫山镇，止于铜鼓包九宫山国家级风景名胜区（4A）。崇阳段47.95公里，起于港口乡塘口，途经金塘镇、高枧乡，止于与通城县接壤的白蜗。通城段38.96公里，起于塘湖镇白蜗，止于麦市镇天岳关，对接湖南省平江县。项目计划于2015年12月底全线完工。

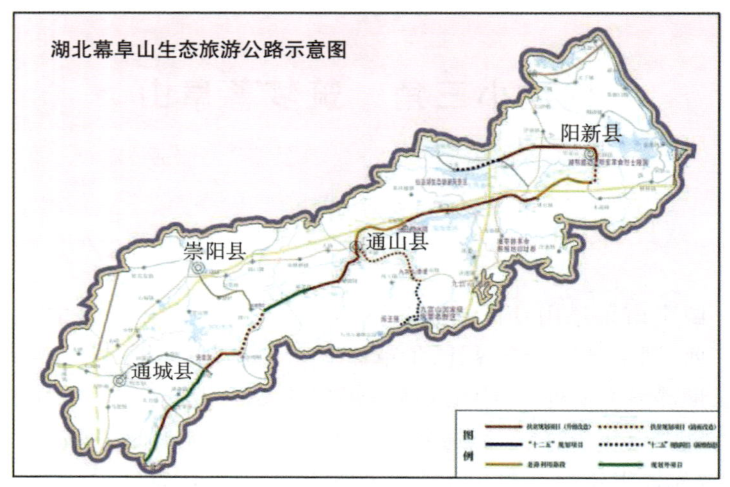

二、幕阜山生态旅游公路对咸宁市的意义

一是生态旅游公路建设是贯彻落实扶贫开发的首要途径。习近平总书记在湖南湘西调研时指出:“贫困地区要脱贫致富,改善交通等基础设施条件很重要,这方面要加大力度,继续支持”。这充分体现了党中央对贫困地区各族群众的深切关怀,充满了对交通运输加快发展、助推贫困地区脱贫奔小康的殷切期望。实现全面小康的目标,集中连片特困地区经济发展任务最艰巨。省委、省政府统筹决策,将咸宁市幕阜山片区纳入全省四个集中连片扶贫攻坚区,王晓东常务副省长亲自挂点幕阜山片区,多次指示交通在扶贫开发中要走在前列。省交通运输厅结合区域发展实际,借鉴大别山红色旅游公路建设的成功经验,通过规划建设一条特色公路,把特色旅游公路建设作为片区扶贫开发的切入点和重要抓手,从而带动地方扶贫开发。机遇难得,影响深远,打好新一轮扶贫攻坚战,首要的任务就是建设好幕阜山生态旅游公路。

二是生态旅游公路建设是我市实施区域发展与扶贫攻坚的重要前提。近年来,扶贫标准逐步提高,扶贫开发投入大幅度增加,国家和省各部门财政资金将优先安排连片特困地区,这些将为咸宁市经济社会发展和扶贫开发带来难得的发展机遇。交通是保持经济发展的基础产业和重要保障,改善交通落后面貌是集中连片特困地区脱贫致富的基础条件。“要致富,先修路”,“路通则百通”。幕阜山生态旅游公路建设在扶贫攻坚中处于优先地位。

三是生态旅游公路建设是幕阜山片区的民生工程。咸宁市幕阜山片区人口稠密,生存环境较差,经济发展滞后,生产生活困难。该片区产业发展滞后,基础设施薄弱。虽然经过多年的建设,通城、崇阳、通山三县交通基础设施得到了快速发展,但受地形、历史、自然条件、经济社会等因素的影响,交通基础设施建设仍然欠账多,三县的交通运输方式单一、落后。省委、省政府主要领导在不同的场合都强调,幕阜山扶贫事关经济发展和社会稳定全局,而扶贫的重点是搞好幕阜山交通等基础设施建设。幕阜山生态旅游公路连接南三县 12 个乡镇,是片区居民出行的主要通道,项目的建设将有效提升该片区交通服务水平,提高片区公路覆盖范围,切实解决片区居民出行和经济发展问题,是一项民生工程、德政工程。

三、省地共建,合力推进项目建设

一是省级主管部门“搭台”,保障项目落地生根。省交通运输厅、省公路局从全省经济社会发展的全局出发,支持将幕阜山生态旅游公路列入《湖北省集中连片特困地区特色公路规划》。省交通运输厅厅长尤习贵、省公路局党委书记范建海、局长熊友山多次深入大山深处,督导项目建设,落实项目补助政策,现场研究解决项目建设难题,加快项目建设推进。

二是地方党委政府“唱戏”,保障项目顺利实施。为加强对幕阜山生态旅游公路建设的组织领导,市县两级分别成立了由咸宁市委书记任振鹤任政委、市长丁小强任指挥长，分管副市长任副指挥长，市直相关部门的主要负责人为成员的幕阜山生态旅游公路建设协调指挥部，由专职领导协调解决交通建设中的问题，涉及的重大问题由书记、市长亲自协调。5 月 29 日，咸宁市委书记、市长等市领导专门就幕阜山生态旅游公路召开项目推进会，要求精心打造公路沿线绿色经济带，形成幕阜山区“一带多点”“一线串珠”的经济发展布局。市指挥部副指挥长闫英姿、周勇多次深入项目建设现场，协调项目建设过程中的征地拆迁、杆线迁移存在的突出问题，为加快项目建设创造了条件。在咸宁市委市政府主要领导的亲自挂帅与推动下，县级政府、交通公路部门和施工队伍充分调动各方优势力量和资源，参加项目协调与建设。目前全市 7 个项目全部开工建设，通山砂垅口至铜鼓包公路项目 38.4km 路基路面工程已全面完成，其他项目也正在抓紧推进。

四、克难攻坚，营造良好建设环境

一是前期工作发力。市政府牵头成立了交通公路重点项目前期工作领导小组及办公室，由分管副市长任组长，市直相关部门及相关县市区政府的主要负责人为成员。项目前期工作凡是涉及的部门，由交通提供相关研究文本或资料后，相关部门共抓共管，形成合力，全力争取省直相关部门支持，及时完成各项批复，从而化解了交通单方面推进的难度，为项目前期工作的快速推进奠定了良好基础。

二是政策支持给力。一方面政府配套资金。咸宁市委、市政府把幕阜山生态旅游公路建设作为推动扶贫地区经济发展的先导性工程，要求南三县优先配套建设资金，以达到“四两拨千斤”的效果。目前地方政府采取多种措施，分阶段分期落实项目配套资金，出台相关优惠政策。另一方面政策倾斜。市委、市政府明确，幕阜山生态旅游公路项目建设征地拆迁参照咸宁经济开发区和各县市区开发区的标准，对片区交通项目建设中涉及的行政事业性收费全免。涉及乡镇征地拆迁的，由相关乡镇负责协调；杆线迁移权属在市内的一律实行“谁家的孩子谁家抱”的政策；涉及交通建设占用土地、山林等权属办证的，由相关部门从简从快办理，费用全免，全力支持。还有区域协调推进。市委市政府协调推进经济较发达的“北三县”（咸安区、嘉鱼县、赤壁市）对口扶持“南三县”（通城县、崇阳县、通山县），促进区域共同发展。

三是部门协作助力。市县两级交通运输主管部门充分发挥牵头和参谋作用，对项目建设中带有方向性、全局性的问题，充分调查研究，尽量把困难和问题估计得充分一些，多汇报、多衔接，积极争取上级更多的支持。发改、国土、林业、水利、环保、电力等部门对交通项目涉及的问题，均不计得失，全力支持配合，及时予以解决，保证交通项目建设的顺利推进。

四是作风建设助推。咸宁交通部门将项目建设与党的群众路线教育实践活动有机结合起来。在学习教育、听取意见的基础上，提出了“工作服从项目，项目服从工期”的建设方针，积极解决项目建设难题，协调各级政府和相关部门全力以赴支持扶贫交通项目建设，简化办事程序，提高工作效率，打造扶贫项目建设的“绿色通道”，确保做到服务项目“零距离”，调处纠纷“零拖延”，施工现场“零阻工”，为扶贫项目建设营造良好的外部环境。同时要求参与项目建设的交通公路干部职工，要坚定建设信念不缺位、增强防范意识不错位、端正工作行为不越位，打造一支勤奋廉洁的公路建设“铁军”。

五、创新思路，丰富建设管理模式

充分考虑幕阜生态旅游公路建设的难点和各县的实际情况，创新工作方式方法，鼓足干劲，雷厉风行，全力加快工程建设步伐。

一是把好进门关。通过公开招标，吸引信誉好、力量强、资质高的设计、施工和监理队伍，从而保证项目前期工作和建设的质量。加强对中标单位的管理，按照招标文件要求、投标文件承诺，以及合同约定，检查机械和人员的到位情况，并制定相应的奖惩措施，杜绝转包和违法分包。

二是把好质量关。始终把工程质量作为工程建设的灵魂，将质量监督贯穿于工程建设的始终。一是对施工所有进场的材料坚持严格检验，严把材料“准入关”。二是加强施工现场质量监督，每一个施工工地派驻一个质检员，主动巡查工地，对每一个关键施工点、每一道工序实行全过程监督，做到不留死角、不留质量隐患。三是加强监督检查力度，采取多种检查方式（抽检、巡检和飞行检查），对施工过程进行全方位检查，实行规范监督。

三是把好工期关。大力推行“七个一”工作推进机制，即一个项目制订了一套建设方案，指定了一名党委班子成员负责，明确了一个专班实施，倒排了一张工期表，每天一巡查，每周一检查，半月一通报。全力抢抓晴好天气，放弃节假日休息，采取“白＋黑、晴＋雨、5＋2”工作法，与时间赛跑，向速度要效益，全力加快工程建设，确保旅游公路能够快建设、早受益。

幕阜山生态旅游公路功在当代，利在千秋。咸宁人民的热切期待，使咸宁交通部门深感责任重大、任务艰巨、使命光荣。咸宁交通人将倍加努力、克难攻坚，优质高效如期完成幕阜山生态旅游公路建设，让“金腰带”激活“聚宝盆”，早日惠及地方经济，造福人民群众。

（作者系咸宁市交通运输局局长）

攻坚扶贫　交通先行

李清华

交通困难，一难变万难。孝感市大悟、孝昌两县都位于大别山区，远离中心城市，多为山大沟深丘陵之地，基础设施条件薄弱，公路运输成为当地最主要甚至是唯一的运输方式，改善特困地区群众的基本出行条件成了当务之急。按照“交通发展带动扶贫开发”的基本思路，湖北省交通运输厅把重点项目建设作为扶贫攻坚的重中之重，全力抓好片区对外通道、旅游公路网、农村公路网、水运项目和农村客货运输场站建设，夯实经济发展的大底盘。为了顺应连片扶贫工作的展开，孝感市交通部门也对山区连片扶贫开发的交通发展进行了分析与总结。

一、把握大局抓扶贫

从全省范围看，湖北省委、省政府高度重视大别山革命老区经济社会发展，决定建立湖北大别山革命老区经济社会发展试验区，出台了《关于推进湖北大别山革命老区经济社会发展试验区建设的意见》，包括孝昌县、大悟县在内的8个大别山老区县市纳入建设范围。同时省委、省政府强力推进武汉城市圈两型社会建设，孝昌、大悟作为武汉城市圈的成员之一，是重要的农产品供应、承接加工企业转移的重要基地，这为两县在更广领域内争取更多政策和资金支持带来新机遇。

从自身优势看，孝昌、大悟县拥有丰富的矿产、生物，具有明显的资源、产品优势，为加快发展奠定了坚实基础。同时，在历届县委、县政府的正确领导下，各级政府和群众形成了协作发展的共同愿望，广大干部群众思发展、谋发展的氛围浓厚，积累了一定经验，为地域经济长远发展提供了强有力的保障。

实施连片特困地区区域发展与扶贫攻坚，是在新世纪头十年扶贫开发取得显著成绩的前提下做出的重大决策，是对新阶段扶贫开发所处的历史地位科学判断基础上采取的重大举措，是有组织、有计划开展扶贫开发以来扶贫模式的重大创新，是贫困地区科学发展、跨越式发展的重大机遇。

（1）实施连片特困地区区域发展与扶贫攻坚是大别山人民发展的需要。孝昌、大悟县是集老区、山区、库区、贫困地区于一体的国家扶贫开发工作重点县。两县人民实施连片特困地区发展与扶贫攻坚和改变贫困现状的愿望十分强烈。连片特困地区发展与扶贫攻坚，体现了党和政府的关怀，符合老区人民的意愿。

（2）实施连片特困地区发展与扶贫攻坚是加快经济、社会发展和生态环境建设的需要。目前，孝昌、大悟县经济社会发展相对落后，工业化、城镇化、农业现代化程度低，靠资源、环境、廉价的劳动力支撑经济发展，资源环境受到不同程度的破坏。实施连片特困地区发展与扶贫攻坚，转变发展方式，实现科学发展，实现绿色发展，可有效发挥孝昌、大悟县的生态经济功能，促进区域发展，还可以有效防治水土流失，为建设武汉提供重要的生态屏障，意义重大而深远。

（3）实施连片特困地区发展与扶贫攻坚是孝昌、大悟县建设“两型社会”的需要。此外，对服务孝感建设武汉城市圈副中心城市具有积极影响和重大意义。

（4）实施大别山片区发展与扶贫攻坚是实现全面建成小康社会的需要。目前，大悟县、孝昌县贫困乡镇、贫困人群仍然相对集中，这些地方和特定人群是否能够脱贫奔小康是影响全县小康建设目标能否实现的关键因素。没有这些地方和特定人群的小康就不能称两地为小康之城。

（5）实施大别山片区发展与扶贫攻坚是两地难得的发展机遇。

省委、省政府相继出台了一系列支持区域发展的政策,实施大别山片区发展与扶贫攻坚必将带来政策的叠加,对孝昌和大悟而言是难得的发展机遇。

湖北孝感市集山区、库区、湖区于一体的扶贫公路

二、细化目标抓扶贫

为促进大别山革命老区孝昌县跨越式发展,打好孝昌县新阶段的扶贫攻坚战,实现省委、省政府提出的"红色大别山、绿色大别山、发展大别山、富裕大别山"建设目标,孝昌县交通局提出了明确思路与推进工作方案。

总体目标是:按照"建设四个路网,构筑两个中心,建立一个体系,实现城区107国道外迁"的发展目标推进交通扶贫项目的发展。

"建设四个路网"即:一个循环线,八条放射线,六条旅游路,八条出口路。"两个中心"即:一个观音湖水上应急救援中心,一个观音湖水上旅游客运中心。"城区107国道外迁"即:孝昌县城区107国道外迁。

具体目标是：到 2014 年年底，完成 107 国道外迁一级公路开工建设、王店至肖港二级路改造、丰山至肖港二级路改造、丰山至小河二级路改造、松林岗至姚家集二级路改造、夏小线二级路改造、观音湖至双峰山旅游公路和通村公路 240 公里的建设目标。全县等级公路网总里程达到 3000 公里以上，其中二级以上公路里程 500 公里，县道全部达到三级以上标准，乡道达到四级以上标准，所有行政村通等级公路。

“十二五”时期，是大悟县交通大投入、大发展的关键时期。大悟县将抢抓全省脱贫奔小康试点县和大别山试验区建设机遇，以全力构建鄂北区域性现代交通枢纽为战略定位，进一步完善和优化交通布局，全面加快交通基础设施建设，逐步建成以高铁、高速公路为主骨架，以高速铁路连接线为纽带，以二级公路为通道，以三级公路为脉络的干线公路网，加快实现所有乡镇半小时上高速公路、到火车站和 1 小时到武汉的“通勤圈”目标。重点规划的一级公路有：京广高速铁路孝感北站连接线、宋长线国道改造；二级公路有：芳新线红色旅游公路、大别山红色旅游公路大悟段、宋长线大悟县黄土岗至白庙段改建工程项目，S260 大悟县高店至刘集公路、S473 大悟县乔店至吕王公路、大天线改造工程；三级公路有：张界线公路改造。

三、强化措施抓扶贫

为确保连片扶贫开发工作扎实有序推进，孝昌县成立了连片扶贫开发工作领导小组，具体负责分年度项目实施、建设进度和质量监管、资金报账与管理、资料收集及汇总、情况信息反馈等工作。该县还注意加强资金筹措。一是纳入项目投资计划，确保项目计划落实到位。二是无计划的项目，主动争取上级主管部门及政府投入，使项目有序推进。此外，还注意加强信息反馈。为准确把握和加快推进实施进度，连片扶贫开发项目实行一月一专报制度。具体举措有：

(1)紧盯目标,大力推进交通项目建设。按照全省三年攻坚战下达的计划和目标,将花姚线、王杨线等5条公路、1个站场项目列入2013年全县重大建设项目,实行一个项目“一名县级领导挂帅、一个工作专班负责,一套推进措施落实”的管理机制,对交通项目建设一抓到底。县政府每月召开一次项目建设督办会,研究解决项目建设中遇到的重大问题。交通部门根据目标制定施工方案和计划,倒排工期,挂图作战,确保工程建设顺利推进。

(2)打捆申报,协力推进项目前期工作。建立了项目前期费制度,2013年项目前期费1000万元列入财政预算。县交通局成立项目办,专班推进交通项目的前期工作。对技术标准、建设方案等情况相近的项目同步开展前期工作,实行打捆申报,实现前期工作提速。同时,县政府要求将列入规划项目的前期工作要做“熟”,实行“一张表”制度,明确工作内容、责任人、完成时限,实现项目前期工作的适度超前。

(3)政府兜底,全力支持交通项目建设。建立了地方配套资金落实机制,实行政府兜底政策,除上级项目补助资金外,缺口由县政府补足。仅京珠联络线一个项目,政府配套资金就达8000多万元。县政府制定了普通公路建设优惠政策,在征地拆迁、税费减免、手续办理等方面给予最大限度支持。同时,整合扶贫、水利、建设、土地等相关项目资金共计1000多万元用于公路建设。2014年,6207万元用于普通公路建设的地方债券资金全部落实到位。

省交通运输厅牵头省直有关部门帮扶大悟县脱贫奔小康试点工作,长期对大悟县给予大力支持。该县县委、县政府也高度重视交通建设,特别是重大项目成为县主要领导的重中之重的工作。大悟县将紧紧围绕基础设施建设抓扶贫,突出路网建设,打造以高铁站为圆心的交通枢纽,提升聚集功能。具体举措表现在:

(1)加强组织领导,合力推进项目建设。重大项目成为县主要领导的重中之重的工作。G346国道、大别山红色旅游公路、吕高线、刘四线等县内八大交通重点项目都成立由县“四大家”领导担任指挥长,相关部门主要负责人和沿线乡镇党政主要负责人为成员的工程建设指挥部。交通重点项目建设明确实行分级负责制,各部门分别对涉及本部门的行政许可事项和支持保障工作负责,大大加快了各项前期工作进度。

(2)建立督办机制,加大力度抓狠落实。县重点建设项目管理办公室专门制定了重大交通项目建设目标责任制,细化年度目标任务,明确每个项目的进度和阶段控制节点,责任到人,任务到月、到周、到天,层层分解目标,倒排工期,实行挂图作战、节点控制。

(3)整合部门资源,集中财力办大交通。县委、县政府树立办大交通的理念,着眼长远、超前谋划。2014 年尽管全县财政困难,仍整合发改、扶贫、国土、林业、水利、危改等项目 1.5 亿元资金,支持交通项目建设。

(4)搭建融资平台,破解建设资金难题。按照现行交通公路项目投资体制,项目建设资金来源一般由省级(含中央)补助和地方配套两部分组成。在省交通运输厅的帮助和支持下,省级(含中央)补助资金得到了保障。由于孝昌县属国家级贫困县,地方财政困难,配套资金难以到位,资金紧缺成为制约交通项目建设的“瓶颈”。据初步统计,目前该县在建交通项目资金缺口达 10.82 亿元。为了破解这一资金难题,在县政府的支持下,2014 年初该县成立了大悟县交通建设投资有限公司,由县长任董事长,常务副县长、分管副县长任副董事长、交通局长任董事兼总经理。有了融资平台,大悟县迅速启动多方融资。一方面盘活国有交通资产(如城区老客运站)予以开发或抵押贷款;一方面启动土地收储,对新建等级公路沿线有升值潜力的土地予以收储,寻找合作企业联合开发等,吸纳资金弥补建设资金的不足。

孝昌县在项目征地拆迁过程中多方协调作战,由分管领导挂帅亲自抓项目进展,并积极动员各方力量参与推进项目落实工作。此外,该县范围内的普通公路建设、养护与管理工作,实行统一领导、条块结合、分级负责的原则。县政府、交通行政主管部门负责全县普通公路建设养护管理的业务指导。乡道由乡（镇）人民政府负责建设、养护和管理工作；村道由村民委员会负责养护和管理工作。普通公路实行分级建设养护责任制，各乡（镇）、村层层分解落实责任，签订建设养护管理责任书。每条普通公路明确责任单位及责任人，建立责任人档案，并在醒目位置设立建设养护责任牌。县政府还按国家有关规定积极建立国家扶持引导、地方主体投资、群众自愿投入相结合的普通公路建设养护资金筹措体制。

大悟县的征地拆迁工作历来是交通项目建设中的老大难问题。工作人员在G346国道项目征地拆迁实行挂图作战，将各乡镇土地征收、房屋拆迁和坟墓迁移工作制作形象进度图，在县政府大楼前予以公示，每天更新；同时每周将各乡镇完成情况汇总，以手机短信形式编写工程快报发送县“四大家”领导和沿线乡镇书记、镇长。这些举措极大地激励了镇、村征地拆迁工作的积极性，取得了很好的成效，在短短的一个月时间内就完成了全线坟墓迁移和大部分房屋拆迁工作，这在大悟交通工程建设史上是绝无仅有的。

（作者系孝感市交通运输局局长）

项目篇

武 陵 山 区

一、概况

(一)规划范围

规划区域范围包括恩施土家族苗族自治州恩施市、利川市、建始县、巴东县、宣恩县、咸丰县、来凤县、鹤峰县,宜昌市秭归县、长阳土家族自治县、五峰土家族自治县,共计 11 个县市,辖 120 个乡镇 3028 个行政村,国土总面积 3.23 万平方公里,其中:耕地面积 64.8 万公顷,林地面积 225.5 万公顷,牧草地面积 6.9 万公顷,荒山荒坡面积 13.9 万公顷。

(二)自然条件

1. 地理区位

湖北武陵山片区位于湖北省西部山地,主要由巫山、武陵山、大娄山等山脉组成,总面积 3.23 万平方公里。其西北部系巫山山脉南缘分支,东南部和中部系武陵山脉北缘分支,西部系大娄山山脉的北延部分,北部系大巴山山脉与神农架毗陲。西毗重庆市,南邻湖南省,东北接神农架林区,东部连宜昌市,区域南北最长处约 260 公里,东西最宽处约 320 公里。

2. 地形地貌

湖北武陵山片区地处我国第二阶梯东缘,属云贵高原东部延伸部分,境内有四大山脉,即武陵山脉、巫山山脉、大娄山山脉、大巴山山脉。区域内最高海拔 3032 米,平均海拔 1000 米以上。海拔

1200米以上的高山地区占29.4%,800～1200米的高山地区占43.6%,800米以下的低山地区占27.0%。境内地表切割深,沟壑纵横,地形地貌复杂,大河、小溪成树枝状分布。深谷、伏流、溶洞、冲、槽、漏斗、石林等常见。整个地势西北、东北部高,中部相对较低,阶梯状地貌发育。除东北部有海拔3000米以上山地外,普遍分布着海拔2000～1700米、1500～1300米、1200～1000米、900～800米、700～500米等5级面积不等的夷平面,并存在1～3级河谷阶地,呈明显层状地貌。河流切割明显,长江横贯巴东,切割穿巫山形成雄壮的巫峡。清江、酉水、娄水、唐崖河、郁江等河流及其支流,多沿断裂发育,形成程度不等的深切曲流。

3. 气候气象

武陵片山区属亚热带山地季风性湿润气候,冬少严寒,夏无酷暑,春迟秋早,雾多湿重,雨量充沛,四季分明。气候垂直分异明显,小气候特征突出,有阴雨、洪涝、低温冷害、冰雹、大风等气象灾害。实际日照时数平均为1160～1600小时,日照百分率为26%～7%。多年平均年降水量1118～1900毫米,雨热同期,春夏多于秋冬,春秋多阴雨,夏季强度大,冬季雨量小。降水区域总体是南多北少,高山多于低山,长江河谷最少,南部鹤峰最多。年均气温14.5℃,年均无霜期261天。

4. 资源状况

片区资源富集度高,优势度强,开发潜力大。有长江、清江、澧水、酉水等主要河流,水能理论蕴藏量743万千瓦,可开发利用量550万千瓦。风能、太阳能、生物质能蕴藏丰富。矿产资源富集,已探明高磷铁矿、硅石矿、煤矿、天然气、高岭土、硒矿、石膏矿、磷矿、铅锌矿等矿产种类75种,其中硒矿储量世界第一,有“世界硒都”之誉。旅游资源品位高,组合性强,开发前景广阔,有长江三峡、八百里清江画廊、巴东神农溪、建始直立人遗址、恩施大峡谷、利川腾龙洞、咸丰坪坝营、来凤仙佛寺、秭归屈原祠、五峰柴埠溪、长阳武落钟离山、宣恩七姊妹山等一批武陵山生态文化旅游圈的核心景区,是古人类文化、巴文化的发祥地,土家族、苗族等少数民族文化绚烂多彩,“红色文化”、“抗战文化”极为丰富。生物物种多样,有陆生脊椎动物350余种。其中兽类60余种、鸟类200余种、爬行类40余种、两栖类30余种。有金丝猴、云豹、金钱豹、华南虎等国家一级保护动物8种,有猕猴、黑熊、大鲵、穿山甲、大灵猫等国家二级保护动物61种。森林树种多达171科645属1264种,约占全国树种的七分之一。国家重点保护的珍稀树种有红豆杉、水杉、珙桐、银杏、木莲等40余种,约占全省列入国家重点保护树种的90%。有党参、天麻、当归、贝母、杜仲、厚朴、黄柏、丹皮、半夏、百合等药用植物186科854属2088种,比《本草纲目》中记载的还多200多种。特别是中国板党、湖北贝母、巴东独活、利川香连、宣恩竹节参、长阳资丘木瓜、鸡爪黄连、紫油厚朴、江边一碗水、头顶一颗珠等数十种名贵中药材,量大质优,国内外久负盛名。片区森林覆盖率高达66%,是我国亚热带森林系统核心区,长江流域重要的水源涵养地和生态屏障。这里素有“鄂西林海”、“华中药库”、“华中动植物种质基因库”之称。

5. 人口状况

湖北武陵山片区是一个以土家族、苗族聚居,侗族、白族、蒙古族、回族等少数民族散杂居为主要特征的少数民族地区。据2010年11月1日第六次全国人口普查统计,全片区总人口497.8万人,乡村人口341.5万人。其中,汉族184.2万人,占总人口的37%;土家族223.9万人,占总人口的44.9%;苗族78.75万人,占总人口的15.82%;侗族8.86万人,占总人口的1.78%;其他少数民族2.5万人,占总人口的0.5%。

(三)经济社会发展状况

经济发展。到2010年,片区生产总值487.6亿元。人均生产总值9795元,三次产业结构比为29.7:30:40.3。地方财政一般预算收入24.6亿元,全社会固定资产投资总额386.38亿元,社会消费品零售总额164亿元,城镇居民人均可支配收入11189元,农村居民人均纯收入3326元。城乡基础设施建设取得明显进展,城镇化率31.4%。产业结构进一步优化,特色农业初具规模,生态旅游产业已成为经济发展的重要增长点。

社会事业。片区内教、科、文、卫等社会事业得到长足发展,群众看病难、就业难、上学难等民生问题得到较大缓解。2010年,7~15岁儿童入学率达到98.3%,农村劳动力文盲、半文盲率下降到9.7%;医疗卫生条件逐步改善,所有乡镇设立了卫生院,82.6%的村建立了村级卫生室,新型农村合作医疗参合率达到90%。农村低保率达到8.67%,养老保险覆盖面逐步扩大,城区95%以上,农村91%以上。

民族文化。片区内民族融合和文化开放程度高,形成了以巴文化、屈原文化和土家族、苗族、侗族等文化为特色的多民族地域性文化,民俗风情浓郁,民间工艺和非物质文化遗产丰富。恩施女儿会、土家摆手舞等传统文化得到进一步传承与发扬,各民族团结和睦,社会和谐稳定。

(四)战略定位

扶贫攻坚示范区。以贫困农民收入增长为核心,立足片区资源优势,大力发展畜禽、林果、蔬菜、药材等特色优势产业。以基础设施建设为突破口,着力解决片区交通、水利等基础设施难题,实现片区农村生活环境优美化、生活方式城镇化。以扶贫机制创新为支撑,探索区域发展与扶贫攻坚相结合、整村推进与新农村建设相结合、扶贫搬迁与特色民居改造相结合、“以奖代补、先建后补”的新方式。探索扶贫到户差异化扶持新措施。把建立产业覆盖、项目直补、技能培训、贷款贴息、资金互助作为到户扶贫的重要手段,建立健全工作到村、扶贫到户工作机制,为新阶段扶贫开发工作创造和积累经验,努力使武陵片山区成为全国扶贫攻坚先行先试的示范区。

跨省协作创新区。积极开展跨省、跨区域协作,加强武陵山片区内黔江市、铜仁市、吉首市、张家界市、怀化市的经济联系,加强与省域副中心城市宜昌市的经济合作,充分发挥各自比较优势,促进合理分工,实现优势互补。突出重点,集中力量办好龙山来凤经济协作示范区和利川石柱特色优势产业协作示范区。统筹建立武陵山片区政务、商务和公共服务信息资源共享平台,共同推进社会管理和公共服务领域的一体化建设。充分利用片区的后发优势,统筹城乡发展,推动城乡一体化建设,缩小城乡发展差距,促进农村扶贫攻坚。

特色农业发展区。以农民增收为目标,以市场需求为导向,按照产业发展生态化、生态建设产业化的理念,进一步加大农业产业结构调整力度,稳步发展粮食生产,扎实推进生态畜牧业、特色果业、蔬菜产业、茶叶产业、烟叶产业、中药材产业等六大特色农业产业发展,加快形成一批集中连片、规模经营的种植(养殖)基地,一批农产品加工园区,一批农产品批发专业市场,一批农产品名优品牌,努力把湖北武陵山片区建设成为优质特色农产品生产和供给基地。

绿色风力发电——利川齐岳山风电产业

生态文化旅游区。以交通干道为纽带,以长江三峡、清江画廊、秭归屈原祠、巴东神农溪、恩施大峡谷、利川腾龙洞等主要旅游景区为依托,充分利用鄂西南地区丰富独特的山水生态、独特神秘的民族文化,打造核心旅游景区和精品旅游线路,培育旅游品牌和新型旅游业态,促进旅游产业转型升级和发展方式转变,推动武陵山片区旅游业一体化发展,建成国内外具有重大影响力的生态文化旅游胜地。

生态安全屏障区。按照《全国主体功能区规划》要求,统筹经济社会发展与生态环境保护,推进生态文明建设。坚持绿色、低碳发展模式,严格落实土地管理、资源节约、生物多样性保护、水资源管理等制度,创建生态补偿机制,建成全国重要的生态文明示范区和长江流域重要的生态安全屏障。

民族团结模范区。紧紧围绕民族经济发展、民族团结进步、民族繁荣稳定的主题,在民族区域自治框架下,广泛开展民族团结进步创建活动,在民族政策保障、民族理论创新、民族文化繁荣、民族法制建设、民族经济发展、民族教育振兴、少数民族干部培养等方面大胆尝试,让改革发展成果更好地惠及各族群众,把湖北武陵山片区建设成为全国民族团结进步的示范区,为加快全国少数民族地区经济社会发展提供典型示范。

二、武陵山区交通扶贫项目

(一)高速公路

“十二五”期间,片区内国家高速公路建设的主要任务是,打通主要通道的瓶颈路段,加快推进 G65 茶洞至通道、G55 常德至邵阳、G56 凤凰至遵义、新增国高丰都至石柱、南川至涪陵高速公路武隆段、丰都至忠县、忠县至石柱、黔江至恩施等路段建设;开工建设新增国高奉节至恩施、利川至万州高速公路湖北段等。“十二五”建设规模约 1063 公里,静态投资约 710 亿元。

"十三五"期间,基本建成新增国家高速公路和国务院批准的区域规划内明确的高速公路。

(二)国省干线公路

国省干线公路建设的主要任务是,着力提高国省道中二级及以上公路比例,改善国省干线公路路面状况,全面完成通县二级公路建设,重点推进制约贫困地区经济发展的瓶颈路段建设。

"十二五"期间,重点对片区内 G207、G209、G211、G318、G320 和 G326 等路段进行升级改造和路面改造,进一步提高通行能力,提高路面等级。加快推进新增国道巴东至秭归、溆浦至山塘驿、松桃孟溪至印江等路段改造建设。推进贵州 S304 思南至凤冈、湖南 S317 古丈至保靖、重庆 S406 老场口至彭水等一批现有省道项目改造建设。"十二五"建设规模约 3012 公里,总投资约 270 亿元。

"十三五"期间继续推进普通国道和一批重要省道的建设改造,强化片区内部连通。继续加大危桥改造力度,加强安保设施建设,提升干线公路抗灾能力。到"十三五"期末片区形成较为完善的"外通内联"干线公路网络,其中调整后的国道二级及以上比例达到 85%。

(三)农村公路

1. 乡镇、建制村通达通畅工程

农村公路建设的主要任务是,重点推进建制村通沥青(水泥)路建设,同步建设必要的安全防护设施和中小桥涵。

"十二五"期间,结合扶贫整村推进、易地搬迁、生态移民等政策,重点提高具备条件的乡镇和建制村通沥青(水泥)路比例,建设通乡油路约 766 公里,通村油路 4.6 万公里,使 25 个乡镇、7876 个左右的建制村通上沥青(水泥)路(详见表 1),并同步实施安保工程,提高农村公路网抗灾能力和设施安全水平,逐步提高保障客运班车安全通行的能力。

武陵山区"十二五"期农村公路通畅工程建设规模　　表1

省　份	解决通油路乡镇个数	建设里程（公里）	解决通油路建制村个数	建设里程（公里）
湖北	6	384	1228	6951
贵州	6	71	1855	10143
重庆	—	—	827	6997
湖南	13	311	3966	21967
合计	25	766	7876	46058

"十三五"期间，继续推进剩余具备条件的建制村通沥青（水泥）路建设，继续加强农村公路安保工程和灾害防治工程，提高农村公路网络整体安全水平和抗灾害能力。

2. 县乡公路改造工程

以加强县乡连通、促进资源和旅游开发为重点，加快推进一批对贫困地区经济社会发展有重要作用的县乡公路改造工程，为提高片区自我发展能力提供交通保障。

"十二五"期间，重点建设改造一批具有县际出口通道功能，连接重要产业园区、旅游景区、矿产资源开发基地等主要节点，对当地经济发展和扶贫开发有重要作用的县乡公路建设。建设规模约1830公里。

"十三五"期间，继续加大县乡公路建设改造的支持力度，进一步扩大对产业园区、旅游景点、资源开发区等节点的覆盖，逐步消除断头路。

（四）客货运输场站

加快县城老旧客运站改造，依托农村公路建设同步推进乡镇、建制村客运站（点）建设，尽快形成以县级客运站为龙头、以乡镇客运站为重点、以建制村汽车停靠点（招呼站或候车亭牌）为辅助，多层次、高效率的农村客运站场体系。

"十二五"期间，支持一批建成10年以上，亟须改造或迁建，且具备建设用地条件的老旧县级客运站建设，合计 34 个。按照 95% 以上的乡镇建有一个等级客运站、70% 的建制村建有招呼站或候车亭牌的目标，重点建设 846 个乡镇等级客运站和 14350 个建制村汽车停靠点（招呼站或候车亭牌）（详见表 2）。加强乡镇客运站、农村货运站与农村邮政局所的有机结合，适当拓展农村交通基础设施服务功能。

武陵山区"十二五"期农村客运站点建设规模（单位：个）　表 2

省　份	县（区）	县级客运站改造规模	乡镇	等级客运站建设规模	建制村	汽车停靠点建设规模
湖北	11	6	121	73	2960	2035
贵州	15	8	245	147	3401	2770
重庆	7	4	222	133	1615	975
湖南	31	16	822	493	15790	8570
合计	64	34	1410	846	23766	14350

武陵山区乡镇渡口

“十三五”期继续推进具备条件的县级客运站改造和乡镇等级客运站、建制村汽车停靠点(招呼站或候车亭牌)建设。结合县乡客运站和邮政配送体系建设,统筹协调,建立起功能较为齐备的货运服务体系,实现乡镇物流节点的广泛覆盖。

(五)内河水运

“十二五”期,加强片区对外水运通道建设,进一步完善区域内重要航道及库(湖)区水运基础设施,推进内河港口规模化、专业化发展,适应片区物资水上运输需要,方便人民群众安全便利出行。

大 别 山 区

一、概况

(一)区域范围

大别山集中连片特困地区(以下简称“大别山片区”)位于我国中部,地处皖、豫、鄂三省交界处,具有承东启西、纵贯南北的区位优势,是承接皖江城市带、中原城市群和武汉城市圈的重要纽带。大别山片区包括安徽省12个县、河南省16个县和湖北省8个县(市)(详见表3),总面积6.7万平方公里。截至2010年年底,区域总人口3566万人,其中农村人口3058万人,占总人口比重为85.8%。片区革命老区县达29个,是全国革命老区县集中的地区之一。

大别山区行政区划一览表 表3

省份	地市名	县数	县(市、区)名
安徽省	安庆市	5	潜山县、太湖县、宿松县、望江县、岳西县
	阜阳市	3	临泉县、阜南县、颍上县
	六安市	3	寿县、霍邱县、金寨县
	亳州市	1	利辛县
河南省	信阳市	6	光山县、新县、固始县、淮滨县、商城县、潢川县
	驻马店市	1	新蔡县
	开封市	1	兰考县
	商丘市	3	民权县、宁陵县、柘城县
	周口市	5	商水县、沈丘县、郸城县、淮阳县、太康县
湖北省	孝感市	2	孝昌县、大悟县
	黄冈市	6	团风县、红安县、罗田县、英山县、蕲春县、麻城市
合计		36	

(二)自然条件

地形地貌多样。大别山片区纵贯大别山腹地,除小部分山地外,多为低山丘陵。山间谷地宽广开阔,并有河漫滩和阶地平原,适宜农耕。山地多深谷陡坡,地形复杂,坡向多变。南北两侧水系较为丰富,中心地带海拔多在 500 ~ 1000 米之间,主要山脉群峰林立,山势挺拔,千米以上的高峰有一百多座。

自然资源丰富。大别山片区内部分县地处黄淮平原,是我国粮食主产区所在地,多数县市是国家或省级粮油作物生产基地。大别山片区动植物资源丰富,拥有 3 个国家级自然保护区及 9 个国家森林公园。盛产板栗、泡桐、茶叶、茧丝、药材等经济作物,产量高,品质优良。矿产资源丰富,拥有煤炭、铁、钼、石英石、花岗岩、萤石等 30 余种矿产。其中,钼矿储量居世界第二、亚洲第一;铁矿储量居全国前列;萤石矿为全国三大萤石矿之一;石英石、花岗石、天然红金石等储量大、品质高。

旅游特色鲜明。大别山片区旅游资源类型多样,特色明显,尤以绿色生态旅游和红色文化旅游而闻名。绿色生态游方面,片区拥有风景名胜型、森林公园型、自然保护区型等多种类型;文化旅游方面,片区人文景观分布广泛,既有国家历史文化名城,又有以革命历史为主线的近代人文景观;红色旅游方面,作为鄂皖革命根据地的重要组成部分,红色旅游景点遍布,是全国著名的红色旅游景区。

生态环境脆弱。大别山区是淮河中游、长江下游的重要水源补给区,土壤侵蚀敏感程度高,是国家级水土保持生态功能区。长期以来,大别山区水土流失已造成土壤切割破碎、石漠化面积扩张、自然植被退化、生物多样性破坏、生态功能退化等问题,增加了片区滑坡、泥石流、洪涝等灾害的发生率。

(三)经济社会发展状况

1. 经济社会发展水平

大别山片区经济发展普遍滞后,经济总量整体偏小。2010 年生产总值 3276 亿元,地方财政一般预算收入 102 亿元,人均生产总值、人均财政收入分别为 9187 元、286 元,仅为全国平均水平的 30.6%、4.6%。(详见表 4)

大别山区主要经济社会指标(2010 年)　　表 4

省份	面积(万平方公里)	总人口(万人)	农村人口(万人)	人均收入2300 元以下农村人口(万人)	GDP(亿元)	人均 GDP(元)	地方财政一般预算收入(亿元)	农民人均纯收入(元)
安徽	2.8	1396	1254	209	1027	7357	41	4006
河南	2.4	1617	1372	279	1716	10612	38	4646
湖北	1.5	553	432	146	533	9638	23	4011
合计	6.7	3566	3058	634	3276	9187	102	4294

2. 贫困状况

2010 年大别山片区农民人均纯收入 4294 元,为全国平均水平 5919 元的 72.5%。收入在 2300 元以下的农村贫困人口约 634 万,占农村人口的 20.7%。贫困人口多居住在生产生活条件较差的革命老区和边远山区,依然存在行路难、吃水难、用电难、就医难、上学难、社会保障水平低等问题。二元结构明显,城乡差距较大。

3. 产业发展状况

大别山片区产业以农业和农副产品加工为主,兼有矿产资源加工、煤电能源、机械电子、服装纺织、医药化工、旅游等产业。经济发展方式仍以传统农业为主导,农业产业化、集约化程度不高;工业规模较小、产业链条较短;服务业尚处于起步阶段,体系尚不完善。此外,受自然条件、土地资源等因素制约,自我发展能力不强,经济外向程度较低,招商引资困难。

未来大别山片区将以皖江城市带、中原经济区、武汉城市圈建设为契机,依托优势资源,优化产业布局,大力发展特色农业、新型工业和现代服务业,建设特色明显、竞争力较强、生态环境友好的现代产业体系,推动区域发展和贫困人口脱贫致富。

特色农业方面,大别山片区作为我国重要的粮食主产区,将在保障粮食安全的前提下大力发展现代农业,重点推进区域性特色农产品基地建设,加快形成一批现代农业示范园区,推动特色农畜产品加工业的规模化、优质化发展;依托丰富的林业资料,大力发展现代林业,重点扶持优质茶叶、药材等林产品生产和加工基地。

矿产资源开采和加工业方面,大别山片区将着力延长矿产开发和加工业产业链,提升矿产资源开采利用效率,大力发展下游精深加工产品和高附加值产品,打造金属冶炼产业基地、能源基地,促进工业经济由粗放型向集约型转化。

文化旅游方面,大别山片区将加快片区红色旅游与绿色旅游资源联动开发,积极开发利用片区内国家级风景名胜区、自然保护区、森林公园、革命遗址遗迹等旅游资源,形成历史文化、红色旅游、休闲度假等旅游产品多元化发展的格局,推进区域旅游产业快速发展。

现代物流业方面,大别山片区以中心城市、产业园区为核心,大力推进现代物流体系,构建连接东部与西部、覆盖全区的综合性物流网络。重点完善与物流相配套的运输场站、仓储、商品配送、信息网络服务等设施,加强物流中心建设。

二、大别山区交通扶贫项目

(一)大别山黄冈片区交通扶贫项目

1. 高速公路

“十二五”期间,大别山片区内国家高速公路建设的主要任务

拂袖长舞大别山红色旅游公路—黄梅段

是，打通重要通道的瓶颈路段，加快推进 G35 周集至六安、G35 望东长江大桥及其北岸接线等路段建设，开工建设新增国家高速公路岳西至武汉高速安徽段。“十二五”建设规模约 215 公里，总投资约 117 亿元。

“十三五”期间，基本建成新增国家高速公路和国务院批准的区域规划内明确的高速公路。

2. 国省干线公路

大别山片区国省干线公路改造建设的主要任务是，着力提高国省道中二级及以上公路比例，强化制约贫困地区经济发展的瓶颈路段建设；积极推进重点经济区干线公路建设，加强皖江城市带、中原经济区及武汉城市圈等重点经济区内部及其与周边区域之间的干线公路建设。

"十二五"期间,重点对大别山片区内的 G105、G106、G107、G220、G312、G318 等国道进行升级改造和路面改造,进一步提高通行能力。加快推进新增国道安庆至望江、阜阳至颍上等项目的建设。推进安徽 S328 南照至杨桥等一批省道项目的改造建设。"十二五"建设规模 4644 公里,总投资约 563 亿元。

"十三五"期间,继续推进普通国道和一批重要省道的改造建设;继续加大危桥改造力度,加强安保设施建设,提升干线公路抗灾能力。到"十三五"末形成较为完善的"外通内联"干线公路网络,其中调整后的国道二级及以上公路比例达到 95% 以上。

3. 农村公路

(1)乡镇、建制村通达通畅工程

大别山片区农村公路建设的主要任务是,重点推进建制村通沥青(水泥)路建设,同步建设必要的安全防护设施和中小桥涵。

"十二五"期间,实现所有建制村通沥青(水泥)路,建设通村油路 341 公里,使 97 个建制村通上沥青(水泥)路(详见表 5),进一步提高农村公路抗灾能力和设施安全水平,逐步提高保障客运班车安全通行的能力。

大别山区"十二五"期农村公路通畅工程建设规模 表 5

省 份	解决通油路乡镇个数	建设里程(公里)	解决通油路建制村个数	建设里程(公里)
安徽	—	—	—	—
河南	—	—	97	341
湖北	—	—	—	—
合计	—	—	97	341

"十三五"期间,加强农村公路安全防护设施建设,提高农村公路网络整体安全水平和抗灾能力。

(2)县乡公路改造工程

大别山片区以加强县乡连通、促进资源和旅游开发为重点,加快推进一批对贫困地区经济社会发展有重要作用的县乡公路改造工程,为提高自我发展能力提供交通保障。

"十二五"期间,重点建设改造一批具有县际出口通道功能,连接重要产业园区、旅游景区、矿产资源开发基地等主要节点,对当地经济发展和扶贫开发有重要作用的县乡公路建设。建设规模约1540公里。

"十三五"期间,继续加大县乡公路建设改造的支持力度,进一步扩大对产业园区、旅游景点、资源开发区等节点的覆盖,逐步消除断头路。

4.客货运输场站

加快县城老旧客运站改造,依托农村公路建设同步推进乡镇、建制村客运站(点)建设,尽快形成以县级客运站为龙头、以乡镇客运站为重点、以建制村汽车停靠点(招呼站或候车亭牌)为辅助,多层次、高效率的农村客运站场体系。

"十二五"期间,支持一批建成10年以上、亟须改造或迁建,且具备建设用地条件的老旧县级客运站建设,合计18个。按照95%的乡镇建有一个等级客运站、具备条件的建制村建有招呼站或候车亭牌的目标,重点建设360个乡镇等级客运站和11447个建制村汽车停靠点(招呼站或候车亭牌)(详见表6)。加强乡镇客运站、

大别山区"十二五"期农村客运站点建设规模(单位:个)　表6

省份	县(区)	县级客运站改造规模	乡镇	等级客运站建设规模	建制村	汽车停靠点建设规模
安徽	12	6	291	175	3865	2889
河南	16	8	321	90	7173	5618
湖北	8	4	130	95	3712	2940
合计	36	18	742	360	14750	11447

农村货运站与农村邮政局所的有机结合，适当拓展农村交通基础设施服务功能。

“十三五”期间，结合县乡客运站和邮政配送体系建设，统筹协调，建立起功能较为齐备的货运服务体系，实现乡镇物流节点的广泛覆盖。

5. 内河水运

“十二五”期，加强大别山片区对外水运通道建设，进一步完善区域内重要航道及库(湖)区水运基础设施，推进内河港口规模化、专业化发展，适应物资水上运输需要，方便人民群众安全便利出行。

(二)大别山大悟县交通扶贫项目

京广高速铁路孝感北站连接线，按一级公路标准设计，全长12.525公里，主体工程已于2012年11月份完工，实现全线通车。

芳新线红色旅游公路，全长24.1公里，按二级公路标准设计，于2012年10月份通车运行。

宋长线大悟县黄土岗至白庙段改建工程项目，起于宋应线老路与京港澳高速公路分离式交叉，沿老路改建至与省道大天线平面交叉处后走新线跨澴水河，至泉水寨山下新建隧道穿越泉水寨，在熊家冲水库上游出隧道，至双河村，全长5.913公里。该项目于2013年7月份完成了建设任务。

张界线公路改造，全长31公里，按三级公路标准设计。按2014年省厅下达的计划安排，2013年就已完成4公里施工任务。

大别山红色旅游公路大悟段，西端起于广水市和大悟县交界的大新镇江山村，东端在黄站镇刘河村接大别山红色旅游公路黄冈段，沿线经过大悟县大新、东新、丰店、黄站4个乡镇，全长69公里，按二级公路标准建设，设计时速60公里/小时，路基宽12米，路面宽10米。该工程于2014年10月1日竣工通车。

S260大悟县高店至刘集公路，经高店、新城、彭店、四姑4个乡镇，止于刘集镇，全长39.319公里，按二级公路标准建设。刘集至四姑段2014年10月1日竣工通车。

S473大悟县乔店至吕王公路，经彭店乡乔店村，止于吕王镇S108，全长16.337公里，按二级公路标准建设。

G346宋长线大悟县河口至大悟县城关段国道改造项目，起于河口镇北侧（大悟与红安界），经刘集镇、夏店镇、新城镇、高店乡、大悟城关，终点在大悟县与广水交界的白庙对接京港澳高速至107国道连接线广水段项目起点，全长54.9公里，按一级公路标准设计，路基宽21.5米，工程预算总投资约12亿元。县委、县政府将国道改造项目作为2014年大悟县的“一号工程”，2月13日成立了由县长任指挥长，常务副县长、人大常委会副主任、分管副县长为副指挥长，各相关单位、沿线乡镇主要负责人为成员的指挥部。明确了具体的工作时间节点和工作任务。项目前期专题按照鄂政发〔2014〕4号《关于支持重点项目建设的意见》要求，实行“谁家的孩子谁抱走”，由相关部门在5月份以前负责完成前期要件工作。目前，9个部门项目前期16项专题已完成13项（国土部门的地质灾害评估、矿产压覆、用地预审正在加紧审报中），工作进展较快，效果较好。沿线乡镇也在紧锣密布开展征地、房屋拆迁和迁坟等，已完成全线坟墓迁移920座，完成5个乡镇房屋拆迁10560平方米，征地工作已全面启动。

大天线一级公路改造，大悟段长21.946公里，按2013年12月12日省委召开的支持大悟县脱贫奔小康试点县项目建设现场办公会要求，由省厅纳入了一级公路改造范畴。计划上半年完成G346河口至大悟段一级公路前期工作后，下半年立即启动前期工作。

秦巴山区

一、概况

(一)区域范围

秦巴山集中连片特殊困难地区(以下简称"秦巴山片区")包括河南、湖北、重庆、四川、陕西、甘肃六省市的75个县(市、区)(详见表7),集革命老区、大型库区和汶川地震灾区于一体,内部差异大,贫困问题复杂,是国家新一轮扶贫开发攻坚战主战场中涉及省份最多的片区。全区总面积约22万平方公里。2010年年末,区域总人口3522万人,其中农村人口2863万人。

秦巴山区行政区划一览表　　表7

省份	地市名	县个数	县(市、区)名
河南省	洛阳市	4	嵩县、汝阳县、洛宁县、栾川县
	平顶山市	1	鲁山县
	三门峡市	1	卢氏县
	南阳市	4	南召县、内乡县、镇平县、淅川县
湖北省	十堰市	6	丹江口市、郧县、郧西县、房县、竹山县、竹溪县
	襄阳市	1	保康县
重庆市		5	城口县、云阳县、奉节县、巫山县、巫溪县
四川省	绵阳市	2	北川羌族自治县、平武县
	广元市	6	朝天区、元坝区、剑阁县、旺苍县、青川县、苍溪县
	南充市	1	仪陇县
	达州市	2	宣汉县、万源市
	巴中市	4	巴州区、通江县、平昌县、南江县

续上表

省份	地市名	县个数	县(市、区)名
陕西省	西安市	1	周至县
	宝鸡市	1	太白县
	汉中市	10	南郑县、城固县、洋县、西乡县、勉县、宁强县、略阳县、镇巴县、留坝县、佛坪县
	安康市	10	汉滨区、汉阴县、石泉县、宁陕县、紫阳县、岚皋县、平利县、镇坪县、旬阳县、白河县
甘肃省	商洛市	7	商州区、洛南县、丹凤县、商南县、山阳县、镇安县、柞水县
	陇南市	9	武都区、文县、康县、宕昌县、礼县、西和县、成县、徽县、两当县
合计	75		

(二)自然条件

地形地貌多样。秦巴山片区西起青藏高原东缘,东至华北平原西南部,跨秦岭、大巴山,地貌类型以山地丘陵为主,间有汉中、安康、商丹和徽成等盆地,地形地质复杂,自然灾害易发多发。

水系发达,森林覆盖率高。秦巴山片区气候类型多样,垂直变化显著,有北亚热带海洋性气候、亚热带—暖温带过渡性季风气候和暖温带大陆性季风气候,年均降水量 450 ~ 1300mm。地跨长江、黄河、淮河三大流域,是淮河、汉江、丹江、洛河等河流的发源地,水系发达,径流资源丰富,森林覆盖率达 53%,是国家重要的生物多样性和水源涵养生态功能区。

生物资源丰富。秦巴山片区具有经济价值的植物 3000 余种,野生动物 400 多种,是我国重要的"物种基因库"和"天然药库"。大熊猫、朱鹮、金丝猴、羚牛等许多国家级珍稀动物栖息于此。

矿产资源品种多样。秦巴山片区是我国重要的成矿带,矿产资源品种多样，已探明具有工业开采价值储量的有60多种，有色金属、贵金属、黑色金属储量较大，钼、钒、钛、锑、重晶石储量位居全国前列，金红石、钾长石储量亚洲第一。

旅游资源丰富。秦巴山片区内风景名胜区、历史文化古迹分布广泛，是全国著名的绿色生态、历史文化、红色旅游胜地。如武当山、大小三峡、古蜀道闻名世界，以朱德故居纪念馆为代表的众多“川陕苏区”红色旅游景区是重要的爱国主义和革命传统教育基地。

（三）产业发展状况

秦巴山片区产业以特色农业、汽车和装备制造业、矿产资源加工业和文化旅游业为主。其中，特色农业主要以木本油料、茶叶、干鲜果品、中药材、畜禽等农产品加工为主；汽车和装备制造业以十堰汽车产业、汉中飞机制造和大型数控机床产业为主；矿产资源加工业以特种钢材、铝材、铅锌、钒、钼、镍、钛等冶炼加工为主；文化旅游以世界文化遗产、国家风景名胜区、重要历史文化古迹为依托，以武当山、大小三峡、古蜀道为重点。

未来秦巴山片区将利用特色资源，积极承接产业转移，延伸拓展产业链条，构建特色产业体系，提高经济发展质量，推动片区又好又快发展和贫困人口脱贫致富。

特色农业方面，将重点推进农业产业结构调整，结合生态特点，稳定粮食生产，扩大经济作物和林果种植面积，发展特色畜牧业，按照规模化、标准化、品牌化的要求，建设特色农业基地，发展设施农业，推进农业机械化。

工业方面，将依托十堰汽车产业基础，发展商用车整车制造，尤其微型车、新能源汽车、专用汽车制造和关键汽车零部件生产，建设国内重要的商用车产业基地。依托汉中装备制造业产业基础，以飞机制造和大型数控机床为重点，全力打造具有较强竞争力的航空等装备制造产业基地。

旅游与文化产业方面，以世界文化遗产、国家风景名胜区、重要历史文化古迹等为依托，以武当山、大小三峡、古蜀道等为重点，大力发展绿色生态、历史文化、红色旅游。依托丰富的文化资源，大力挖掘先秦两汉三国等历史文化、红色文化、道教文化、河洛文化、跟亲文化、民俗文化的内涵，加快文化产业的发展。

（四）未来城镇布局

秦巴山片区将依托铁路、高速公路等综合运输通道，加快中心城市、重点城市和产业集聚区建设，提升辐射带动功能，增强片区与关中—天水经济区、成渝经济区、武汉城市圈和中原经济区等国家重点经济区和南阳、襄阳、万州、达州等周边城市的经济联系，构建“一带三中心五走廊”经济发展格局，形成发展要素集聚、产业特色突出、区域联系紧密、城镇体系完善的主体空间结构。

“一带三中心五走廊”空间结构

“一带”：汉江—陇南经济带。以国家高速公路十堰至天水（G7011）和襄渝、阳安、兰渝铁路等骨干交通及沿线十堰、安康、汉中、陇南等城市为依托，发挥科技优势，重点发展汽车制造业、高端装备制造业、生物产业、旅游业、矿产品深加工业、新材料产业、设施农业，建成循环经济发展带。

“三中心”：十堰、汉中、巴中。

“五走廊”：南阳—商洛—西安经济走廊。以国家高速公路上海—西安（G40）、宁西铁路为依托，重点发展汽车配件制造业、新材料产业、机械加工业、生态旅游业、现代中药、特色农业；宜昌—万州—达州—巴中—广元经济走廊。以川气东送沿线公路、铁路为依托，重点发展天然气精细化工业、机电产业、旅游业、特色农业；洛阳、三门峡—南阳—十堰、襄阳经济走廊，以国家高速公路二连浩特至广州（G55）、焦柳铁路为依托，重点发展汽车制造业、机械加工业、精细磷化工业、旅游业、现代农业;西安—安康—达州、万州经济走廊。以国家高速公路包头至茂名(G65)和西康、襄渝铁路为依托,重点发展生物产业、农产品加工业、旅游业、新材料产业、能源产业、特色农业;西安、宝鸡—汉中—广元、巴中—绵阳、南充经济走廊。以国家高速公路北京至昆明(G5)、高速公路汉中至南充和宝成铁路为依托,重点发展装备制造业、新能源、生物产业、现代物流业、旅游业、特色农业。

二、秦巴山区交通扶贫项目

(一)高速公路

“十二五”期间,秦巴山片区内国家高速公路建设的主要任务是,打通重要通道的瓶颈路段,加快推进G5广元至川陕界、G65达州至川陕界、G75川甘界至南充、G75渭源至武都、G7011白河至安康、G7011汉中至略阳、G7011徽县至天水等路段建设;开工建设新增国家高速公路郧阳至十堰高速公路郧县段、保康至宜昌高速公路保康段、麻城至竹溪高速公路保康段、巫溪至镇坪、奉节至建始、桃园至巴中、巴中经广安至重庆、汉中至陕川界、安康至平利、宝鸡至汉中等路段。“十二五”建设规模约1902公里,总投资约1628亿元。

“十三五”期间,基本建成新增国家高速公路和国务院批准的区域规划内明确的高速公路。

(二)国省干线公路

秦巴山片区国省干线公路建设的主要任务是,着力提高国省道中二级及以上公路比例,加强通县二级公路建设,强化制约贫困地区经济发展的瓶颈路段建设。

“十二五”期间,重点对片区内G108、G207、G209、G210、G212、G311、G312、G316的瓶颈路段升级改造,进一步提高通行能力。加

山清水秀交通添彩

快推进新增国道内乡县大桥乡至淅川县豫鄂省界、卢氏县淤泥河至河口等路段建设。推进河南 S243（汝阳县纸坊至刘伶路）等一批现有省道项目改造建设。“十二五”建设规模约 4736 公里，总投资约 485 亿元。

“十三五”期间继续推进普通国道和一批重要省道的建设改造，加大危桥改造力度，加强安保设施建设，提升干线公路抗灾能力。到“十三五”期末形成较为完善的“外通内联”干线公路网络，其中调整后的国道二级及以上比例达到 90% 以上。

（三）农村公路

（1）乡镇、建制村通达通畅工程

秦巴山片区农村公路建设的主要任务是，重点推进建制村通沥青（水泥）路建设，同步建设必要的安全防护设施和中小桥涵。

“十二五”期间，结合扶贫整村推进、易地搬迁、生态移民等政策，重点提高具备条件的乡镇和建制村通沥青（水泥）路比例，建设通乡油路约1181公里，通村油路约4.3万公里，使56个乡镇、8700多个建制村通上沥青（水泥）路（详见表8），进一步提高农村公路抗灾能力和设施安全水平。

秦巴山区“十二五”期农村公路通畅工程建设规模　　表8

省　份	解决通油路乡镇个数	建设里程（公里）	解决通油路建制村个数	建设里程（公里）
河南	2	17	224	531
湖北	—	—	264	685
重庆	—	—	437	3732
四川	1	61	2455	10885
陕西	26	638	3723	19820
甘肃	27	465	1630	7089
合计	56	1181	8733	42742

注：湖北解决通油路建制村数为受南水北调中线工程影响新建的移民安置点。

“十三五”期间，继续推进剩余具备条件的建制村通沥青（水泥）路建设，加强农村公路安全防护设施建设，提高农村公路网络整体安全水平和抗灾能力。

（2）县乡公路改造工程

以加强县乡连通、促进资源和旅游开发为重点，加快推进一批对贫困地区经济社会发展有重要作用的县乡公路改造工程，为提高自我发展能力提供交通保障。

“十二五”期间,重点建设改造一批具有县际出口通道功能,连接重要产业园区、旅游景区、矿产资源开发基地等主要节点,对当地经济发展和扶贫开发有重要作用的县乡公路。建设规模约2470公里。

“十三五”期间,继续加大县乡公路建设改造的支持力度,进一步扩大对产业园区、旅游景点、资源开发区等节点的覆盖,逐步消除断头路。

(四)客货运输场站

加快县城老旧客运站改造,依托农村公路建设同步推进乡镇、建制村客运站(点)建设,尽快形成以县级客运站为龙头、以乡镇客运站为重点、以建制村汽车停靠点(招呼站或候车亭牌)为辅助,多层次、高效率的农村客运站场体系。

“十二五”期间,支持一批建成10年以上、亟须改造或迁建,且具备建设用地条件的老旧县级客运站建设,合计40个。按照80%的乡镇建有一个等级客运站、80%的建制村建有招呼站或候车亭牌的目标,重点建设688个乡镇等级客运站和16580个建制村汽车停靠点(招呼站或候车亭牌)(详见表9)。加强乡镇客运站、农村货运站与农村邮政局所的有机结合,适当拓展农村交通基础设施服务功能。

秦巴山区“十二五”期农村客运站点建设规模(单位:个)　表9

省份	县(区)	县级客运站改造规模	乡镇	等级客运站建设规模	建制村	汽车停靠点建设规模
河南	10	5	173	68	3598	2444
湖北	7	4	141	64	2101	1314
重庆	5	3	149	44	1558	556
四川	15	8	619	127	6998	4731
陕西	29	15	612	283	7360	5179
甘肃	9	5	195	102	3237	2356
合计	75	40	1889	688	24852	16580

“十三五”期继续推进具备条件的县级客运站改造和乡镇等级客运站、建制村汽车停靠点(招呼站或候车亭牌)建设。结合县乡客运站和邮政配送体系建设,统筹协调,建立起功能较为齐备的货运服务体系,实现乡镇物流节点的广泛覆盖。

(五)内河水运

“十二五”期,加强对外水运通道建设,进一步完善区域内重要航道及库(湖)区水运基础设施,推进内河港口规模化、专业化发展,适应物资水上运输需要,方便人民群众安全便利出行。

幕 阜 山 区

一、概况

幕阜山片区咸宁境内包括通山、崇阳、通城三县，面积5789平方公里，共辖35个乡镇，总人口约160万。

（一）自然条件

幕阜山片区属中亚热带季风气候，具有温暖湿润、四季分明、日照充足、雨量充沛、无霜期长的特点。按地形和气温变化的特点，大致分为中部丘陵平贩温暖湿润区、南北低山丘陵温和阴湿区、南部中低山温凉多雨多雾区。由于雨热同季，时空分布不匀，降水量春夏多于秋冬，山区多于丘陵平畈区。全年平均日照数1845小时，平均日照率42%。

（二）地理范围

幕阜山片区位于鄂南边陲，幕阜山脉北麓，长江中游南岸，鄂湘赣三省交界处，东邻黄石市阳新县，南界江西省修水县、武宁县，西接湖南省临湘市，北接咸安区、赤壁市。境南幕阜山脉绵亘约160公里，为湘鄂赣界山，平均海拔800米，千米以上山峰10余座，最高点是太阳山主峰老鸦尖，海拔1656.7米。幕阜山片区东北、西南山区为喀斯特地貌区，石灰岩发育造成地下河及溶洞分布广，地下水及地热温泉资源丰富，特别是以泉眼多而著名全省。

(三)资源禀赋

幕阜山片区峰峦叠嶂,生态资源富集。山地800米以上有成片台湾松林及山胡椒、胡枝子等,大部山地为锥栗、化香、抱树次生林;800米以下有大面积毛竹林、马尾松林,沟谷有钩栗、大叶青冈、云山桐、南方红豆杉、穗花杉、南方白兰花混交林。黄龙山附近的石岭有石壁温泉,水温62℃。境内矿产众多,品种分布集中,已发现和初步探明的矿藏有金、锑、钒、黄铁、白钨、钴、铅锌、铀及煤、石煤、磷、大理石、黑滑石、石板材、石灰石、白云石等,一般呈带状分布,尤以石煤、石灰石、铀等开发价值位居全省前列,潜力巨大。

(四)历史沿革

咸宁境内各县(市、区)历史悠久,源远流长。区域周为楚地,隶属南郡,汉属荆州江夏郡,东汉末属东吴。汉初置沙羡县,咸宁、嘉鱼、蒲圻属之;崇阳、通城属南郡下隽县。三国时属吴,吴黄武二年(223年)置蒲圻县。唐代宗大历三年(768年)置永安镇,南唐保大十三年(955年)升为永安县,宋景德四年(1007年)易名咸宁县。南唐保大十一年(953年)置嘉鱼县。北宋乾德二年(964年)置通山县。北宋开宝八年(975年)置崇阳县。北宋熙宁五年(1072年)置通城县。公元1135年崇阳、通城复并,1145年复析。元代时,咸宁、嘉鱼、通城、蒲圻、崇阳属湖广行省武昌路,通山隶江淮行省蕲黄道,不久改隶湖广行省兴国路。明、清时期,辖区均属武昌府。

民国21年(1932年),通山属湖北省第二行政督察区,其他县属第一行政督察区。1936年,通山改属第一行政督察区。1949—1952年,咸宁、崇阳、通山、通城属大冶专区;嘉鱼、蒲圻属沔阳专区,1951年改属大冶专区。1952年撤销大冶专区,咸宁、嘉鱼、通山、通城、蒲圻、崇阳改属孝感地区;1959年12月,隶属武汉市;1961年改属孝感地区。1965年6月咸宁专区成立,辖咸宁、嘉鱼、蒲圻、通山、崇阳、通城、阳新、鄂城、武昌9县。1968年咸宁专区改称咸宁地区。1975 年 11 月和 1979 年 11 月，武昌、鄂城分别划属武汉市、黄冈地区。1983 年 8 月，撤销咸宁县，设咸宁市，1986 年 5 月，撤销蒲圻县，设蒲圻市。1996 年 12 月，阳新改属黄石市。1998 年 6 月，蒲圻市经国务院批准更名为赤壁市。1998 年 12 月 6 日，经国务院批准，撤销咸宁地区和县级咸宁市，设立地级咸宁市。

（五）文化特色

幕阜山原称天岳山，相传三国时吴将太史慈在此扎营拒寇，因以为名。据考古记载，墩头山出土的石斧、石刀，郭家岭出土的甬钟，磨盘山出土的铜剑等证明早在新石器时代就有人类在这里繁衍生息。幕阜山区还有独具地方特色的汉戏、采茶戏、山鼓、民歌或民间故事传说。幕阜山还出产众多名特优产品，如绣花鞋垫、杨芳酱油、大畈麻饼、横石豆腐、通山粑坨、九宫云雾茶、燕厦火烤鱼、贲沙苦荞酒等。独特的乡土风味，深厚的文化底蕴，广受外地客商青睐。

（六）旅游资源

幕阜山片区人文深厚，地理景观独特。以商代铜鼓为主要标志的江南商周原生态农耕文化，绵延不息，传承创新。以“古八景”（桃源春霁、云峰朝阳、瀛潭秋月、壶头雪浪、金城墨沼、文昌晓钟、中洲返照、葛洪丹井）和“新四绝”（青山平湖、金沙胜地、桂花林涛、洪下竹海）为主要标志的自然景观，胜名远扬。境内黄龙山素有“一脚踏三省”（湘、鄂、赣）、“一山发三水”（修水、陆水、汨罗江）、“一山藏两教”（佛教、道教）、“一山观两湖”（鄱阳湖、洞庭湖）之称，佛教“黄龙宗”发祥于此，为佛教五禅七宗之一（与杨岐宗并列），至今在国内和日本有着广泛的影响力。登临黄龙，流泉飞瀑宛如白练，云海林涛仿若仙境，山上奇花异草、珍禽稀兽不可胜数，是一处不可多得的旅游、休闲、度假胜地。药姑山雄伟险峻、风景秀丽，资源丰富，曾经是瑶族文化的发祥地，如今山中遗留有石寨、石洞、石庙、石墓、石台、梯地、茶园等。据初步考证，药姑山中草药多达111科1700多种,人间九大仙草之一的"救命仙草"——铁皮石斛产于此山,贵重药材有天麻、地精、一点红、两面针、八角莲、七叶一枝花、阔叶十大功劳等,被誉为"江南药库",名满神州。境内还有黄袍山、锡山森林公园、大溪湿地公园等多个生态旅游资源,是一个待开发的处女地。

二、幕阜山区交通扶贫项目——公路建设项目

(一)普通国道项目

1. 确保项目

(1)G106通城段

106(G106)是湖北省连接湖南的交通主干道。由于通城县经济发展迅速,G106通城路段车流量密集,已远超其设计承载量,路面破损严重。加之部分路段街道化严重,已失去快捷便利的作用,同时还不利于人民群众的出行安全,改造升级已迫在眉睫。项目改造后,将极大改善两省人民交通出行环境,还会形成长株潭、武汉城市圈两个改革试验区快速通道的无缝对接。该项目已列入湖北省公路水路交通运输发展"十二五"规划纲要。

(2)G106崇阳县路口至石城段

G106横贯崇阳县境东西,是境内的交通要道,连通了路口、白霓、天城、石城、沙坪、肖岭等6个乡镇。近年来,由于县域经济发展迅速,公路交通量大幅增长,已远超其设计承载量,路面破损严重。特别是集镇路段街道化严重,道路拥塞日趋严重,沿线人民生产生活带来极大不便。交通事故频发,严重危及人民生命财产安全,改造升级已迫在眉睫。项目建成后,对改善公路沿线人民出行交通条件,加快崇阳县脱贫致富步伐,促进经济社会快速发展,都将具有重要的作用。

2. 重点项目

(1)G316通山段

G316通山段全长1.13公里,是连接江西省武宁县、湖北省黄

农村扶贫致富路

石市的重要道路，也是代表湖北省公路状况的形象路。同时它还是一条经济发展之路，沿线商铺云集。因此，该项目的升级改造是非常必要的。

（2）S214 仙崇线崇阳段

S214 仙崇线是湖北省一条重要省道干线，起于仙桃市，途经洪湖、赤壁市，止于崇阳县，全长 149.488 公里。仙桃至洪湖段已建成一级公路，赤壁市境内赤壁镇至赤壁市区段 35.06 公里于 2009 年建设成旅游一级公路。赤壁市区至崇阳县城段 26 公里仍为二级公路，但所处交通地位十分重要，西通京港澳高速公路，东连杭瑞高速公路，对赤壁、崇阳、通城三县经济拉动非常显著。特别是近年来道路交通量迅速增长，大型载重车辆上路行驶日益增加，对道路的通行能力提出了更高要求。该路改建成一级公路、升国道后，既能将京港澳高速与杭瑞高速公路连接成一条快速互通通道，全面完善国家高速公路网络，又可使崇阳更好地融入武汉城市圈，促进崇阳经济社会快速发展。

(3)G353 南大线

省道南大线是一条跨越鄂、湘、赣三省的主要过境交通干线，拟升为国道。由于县域经济发展迅速，该路段车流量密集，已远超其设计承载量，路面破损严重。加之部分路段街道化严重，失去快捷便利的作用，同时还不利于人民群众的出行安全，改造升级已迫在眉睫。改造后，将极大改善两省人民交通出行环境，对促进三省的区域经济整合有深远影响。

3. 一般项目

(1)G106 通山段

G106 在通山县境全长 88.67 公里，贯穿通山县东西方向 7 个乡镇，是县内的一条重要主干道，通往国家级风景名胜区九宫山、道教名山太平山。随着通山县经济的快速发展和城区规模的扩大，大量客货车辆的超载、超限行驶，造成 G106 新桥至横石段路面破损严重，导致道路运行环境差，车辆行驶缓慢，交通事故频频发生。路面改善项目既促进区域旅游开发，又满足了当地经济发展的需要。

(2)G106(G106)崇阳县桃树窝至路口、石城至铁柱港段

G106 国道横贯崇阳县境东西，是境内的交通要道，连通了路口、白霓、天城、石城、沙坪、肖岭等 6 个乡镇。近年来，由于县域经济发展迅速，公路交通量大幅增长，已远超其设计承载量，路面破损严重。特别是集镇路段街道化严重，道路拥塞日趋严重，沿线人民生产生活带来极大不便。交通事故频发，严重危及人民生命财产安全，改造升级已迫在眉睫。项目建成后，对改善公路沿线人民出行交通条件，加快崇阳县脱贫致富步伐，促进经济社会快速发展，都将具有重要的作用。

(二)普通省道项目

1. 确保项目

(1)咸安至崇阳生态旅游公路(崇阳段)

该公路北起咸安古田,途经星星竹海风景区,于潘油岭处进入崇阳辖区,然后经金沙至浪口温泉旅游度假区,终点连接崇阳县天城镇,是咸宁市咸安至崇阳的又一条干线公路,也是咸宁南部生态旅游区的重要旅游通道。本项目作为咸宁市旅游宣传的重要媒介,担负着观光游览、串联各个景区、景观节点的重任。本项目的建设,将进一步改善景区交通环境,有利于完善咸宁南部路网结构,尤其是旅游公路网结构,对于提升区位经济,促进咸宁旅游经济的发展有着重要的意义。

(2)幕阜山生态旅游公路

幕阜山生态旅游公路起于通山县九宫山风景名胜区,经九宫山镇、闯王镇、厦铺镇、杨芳林乡,崇阳县港口乡、金塘镇、高枧乡,通城县塘湖镇、麦市镇,止于天岳关,全长 182 公里,拟按二级公路标准建设。目前已建成二级公路 19 公里,剩余 163 公里已列入湖北省省道调整规划,其中 105 公里列入"十二五"期二级公路建设计划,项目实施后对完善南三县交通路网布局,改善通山、崇阳、通城幕阜山区交通状况,加强幕阜山区通山、崇阳、通城三县的交通联系,整合和开发"南三县"旅游资源,带动幕阜山区人民脱贫致富,促进通山、崇阳、通城三县经济持续快速发展,推进城乡一体化和新农村建设等具有十分重要的意义。

(3)通山县乌岩洞至坳下公路

通山县乌岩洞至坳下公路,东起慈口乡与阳新县交界的乌岩洞,西至黄沙铺镇与咸安区交界的坳下,全长 37.458 公里,通通山县黄沙铺镇,连接两县一区,对带动革命老苏区、库区的经济以及周边县市区域的经济起着举足轻重的作用。该项目列入省道网调整规划,并列入"十二五"二级公路建设计划。

(4)通山县大畈至慈口公路

通山县大畈至慈口公路全长18.05公里,是通往富水水库的道路,通通山县大畈镇、慈口乡。慈口乡群众舍家、舍田建设富水水库,围绕水库建设家园,柑橘和水产成为本区的重要经济来源,该路同时也成为慈口乡库区群众的经济发展之路。该项目已列入省道网调整规划,并列入“十二五”二级公路建设计划。

(5)通山县甘港至燕厦公路

通山县甘港至燕厦公路全长5.90公里,与大广高速平交,距离大广高速互通仅10公里,通通山县燕厦乡,对带动燕厦乡的经济有很大的促进作用,同时也是通往阳新县的便捷之路。该项目已列入省道网调整规划,同时并列入“十二五”二级公路建设计划。

(6)通城县隽水至四庄公路

该项目通城县沙堆镇、四庄乡。沙堆镇是通城县特色产业发展大镇,也是湖北省十大茶叶名镇之一。该路段车流量密集,已远超其设计承载量,路面破损严重,急需升级改造。该项目完成后,不仅能促进县域经济发展,同时能为当地人民提供更加便利的出行环境。该项目已列入省道网调整规划,同时列入“十二五”二级公路建设计划。

(7)通城县S320南大线至大坪乡公路

该项目通通城县大坪乡,主要连接湖南省临湘市,是省际出口路,由于县域经济发展迅速,该路段车流量密集,已远超其设计承载量。加之修建杭瑞高速公路,长期遭受运料车的履压,路面破损严重,改造升级已迫在眉睫。该项目列入省道网调整规划同时列入“十二五”二级公路建设计划。

(8)崇阳县天城至高堤公路

该路通崇阳县铜钟乡,目前,铜钟乡人出入县城都走县道白古线,绕道白霓镇经G106再折返到县城,全程约20公里。修建崇阳县天城至高堤公路,铜钟乡至县城的行车里程仅8公里,缩短里程12公里,极大地改善了沿线人民交通快速出行条件。同时,崇阳东南部高枧、金塘、港口 3 个乡镇到县城的车辆也不再经白霓集镇，可彻底消除省道白界公路金龙山地段通行拥塞的瓶颈。“十二五”期，崇阳县将着力打造“一刻钟经济圈”，要求在 15 分钟内以天城镇为中心到达白霓、铜钟、青山、桂花泉、石城等 6 乡镇。修建该公路，既是构建“一刻钟经济圈”公路交通网络的需要，又是崇阳县经济社会发展总体规划布局的需要。该项目列入省道网调整规划，同时并列入“十二五”二级公路建设计划。

(9)崇阳县天城至青山公路

该路通崇阳县青山镇，是青山镇人民外出的唯一通道，现有公路等级低，线形指标差，交通事故频发，经常堵塞，给沿线人民生产生活带来极大不便，严重制约了地方经济健康发展。改建已势在必行。另外，青山工业园区有卫生材料用品、钒铁、化工等十多家企落户，对外运输频繁，唯一运输通道交通不畅，大批货物不能及时输运导致大大降低了园区企业生产效益。影响了崇阳投资环境。该项目已列入省道网调整规划，同时列入“十二五’二级公路建设计划。

2. 重点项目

(1)S246 白界线

白界线于“十五”期列入全省路网改造项目，是利用老路进行 S246 改建，其走向受山区地形限制，线形较差，个别路段平曲线半径严重超标，交通通过能力低。特别是近几年来，随着公路交通车辆的不断增加，道路拥塞状况日益彰显，交通事故频发，给沿线人民生产生活带来极大不便。因此对该路进行裁弯取直、加宽路基、提高设计行车速度，对改善公路沿线人民交通出行条件、加快对外交通运输、促进地方经济发展、保障人民生命财产都具有十分重要的意义。

(2)通山县城至大畈公路

通山县城至大畈公路全长 20.3 公里，既是连接杭瑞高速公路的通道，也是连接华中第一洞隐水洞的必经之路，更是连接在建项目大畈核电站的道路。不久的将来要承担核电站大件运输的重要任务。因此,该路的建设非常必要。

(3)通山县新桥至厦铺公路

新桥至厦铺公路是老 G106 的部分路段,全长 13 公里,路段沿线石灰石、硅矿、大理石、林木资源非常丰富,是通往闯王陵的必经之路。同时也是通山县的一条资源开发路。该项目已列入省道网调整规划。

3. 一般项目

(1)S209 咸通线通山段

S209 咸通线通山段全长 20.7 公里,是通山县通往武汉市、咸宁市的省级大通道,也是通山县连接京珠高速杭瑞高速的通道。通山县大部分矿产、林木由此通道运输。

(2)S319 崇赵线崇阳段

S319 崇赵线崇阳段于“十五”期列入全省路网改造项目,是利用老路进行改建,其走向受山区地形限制,线形较差,路基较窄,个

S246 白界线升级改造

别路段平曲线半径严重超标，交通通过能力低。特别是近几年来，随着公路交通车辆的不断增加，道路拥塞状况日益彰显，交通事故频发，给沿线人民生产生活带来极大不便。因此对该公路裁弯取直、加宽路基、提高设计行车速度，对改善公路沿线人民交通出行条件、加快对外交通运输、促进地方经济发展、保障人民生命财产都具有十分重要的意义。

(3)S208 横路线崇阳段

S208 横路线崇阳段是鄂南崇阳、通城两县进入省会武汉、温泉的一条重要省道干线，所处交通地位十分重要，西通京港澳高速公路，东连杭瑞高速公路。目前该路起点至马桥段已建成一级公路，马桥至终点路口段仍为二级公路。近年来道路交通量迅速增长，大型载重车辆上路行驶日益增加，道路拥塞状况日益彰显，难以满足崇阳、通城两县人民交通出行要求。该路改完成后，能改善地方干线公路网络，提高公路通行能力，能积极促进崇阳、通城两县经济社会快速发展。

(三)经济干线项目

1. 确保项目

(1)通城县戴家坳至黄袍公路

黄袍是老苏区，是中共第一个红色县级政权通城县劳农政府所在地，目前正在申报 4A 级旅游景区。通城县戴家坳至黄袍公路的建成，不仅能解决苏区人民的交通出行问题，而且能深入开发通城县旅游资源，丰富咸宁市旅游项目。该项目为 2010 年计划项目。

(2)通山县板桥至富有公路

该路起于通山县大畈镇板茶(核电公路与板茶大桥北岸引线平交处)，接杭瑞高速公路通山县隐水连接线，经洞下、消水，止于通山县 G106 富有，全长 9.86 公里。该项目将杭瑞高速公路、隐水洞和九宫山国家级风景名胜区联成一体，比现在道路节约 31 公里，是上述两个景区相连最近的道路。项目完成后对改善通山县旅游交通条件，带动沿线旅游发展，促进通山县社会经济快速发展有十分积极的作用。

(3)崇阳县天城至杨家湾公路

崇阳县天城至杨家湾公路是崇阳县县城天城镇唯一直达武深高速的捷径，也是北上武京、南下广深的经济通道。该路途经天城镇香山、柏峦、寺前、西庄和石城镇学官、石城、石壁、虎爪、神口等2镇9村，区域内人口稠密，有居民4.2万人，这一路尚未建设等级公路，群众多年奔走呼吁，要求建路。可推进城西工业园区建设和城市建设，改善崇阳投资环境，完善崇阳西部公路网络。

(4)通山县富水湖南岸公路

通山县富水湖南岸公路全长38公里，是通山县扶贫工作的重点，既是富水湖区群众的经济发展路，也是一条环湖旅游路。在建的板茶大桥连通了富水湖南北两岸。项目完成后对改善通山县旅游交通条件，带动沿线旅游发展，促进通山县社会经济快速发展都有十分积极的作用。

(5)通山县城至黄沙铺公路

通山县城至黄沙铺公路全长36.43公里，是通山县城通往老苏区黄沙铺镇的重要道路，也是通山县城连接阳新县的一条捷径。该路段沿线竹木资源丰富，大理石矿产资源甚多，项目完成后对改善通山县旅游交通条件，带动沿线旅游发展，促进通山县社会经济快速发展都有十分积极的作用。

(6)崇阳县沙坪至通城县七里山公路通城段

该路段是连接塘湖镇、麦市镇的交通干线。麦市镇是崇阳县经贸发展重镇，是全省“口子镇”、“窗口镇”；塘湖镇是我县工业重镇，石灰石、石煤、钒等蕴藏量大，全镇共拥有资源型企业198家。该路段建成后将对拉动地方经济发展起到极大促进作用，同时能更好地服务当地人民。

(7)崇阳县港口至佛岭公路

崇阳县港口至佛岭公路起于港口乡港口村,向西途经油榨、墩上、石岭、北程,终于铜钟乡佛岭村,路线长9.38公里。由于投入不足等原因,公路技术等级低,现有路况较差,严重影响了行车安全和路网畅通,制约了当地经济发展。改造工程完成后将有效改善现有公路的通行状况,完善区域城乡路网结构,提高公路整体服务水平,提高乡镇农村社会文明程度,有力推进城乡一体化进程。

(8)崇阳县石城至桂花泉公路

崇阳县石城至桂花泉公路南至石城镇,与G106相接,北至桂花泉镇,与省道崇赵线相接。公路沿线人口密集,自然资源丰富,公路交通量较大。建成后可将G106与省道崇赵线织成干线公路网,成为中部干线路网的有力补充,改善公路沿线3万余人出行的交通条件,有力地促进地方经济发展。

2. 重点项目

(1)通山县唐家地至高坑公路

通山县唐家地至高坑公路全长10公里,也是通山县的一条绕城路,既可以缓解通山县城交通拥挤,也可以极大限度地避免交通事故发生。随着绕城北路的建成,该公路的衔接环绕功能将更加完备。

(2)通城县五里至保定关公路

通城县五里至保定关公路是连接通城县和湖南省的省际出口要道。随着沿线产业的开发和城镇规模的发展,省际、城乡之间贸易往来加强,该路交通量快速增长。而该路部分路段路况较差,交通拥堵现象时有发生,严重影响到区域内正常的生产、生活、交通秩序,存在较大的安全隐患,已经很难满足区域发展的要求,迫切需要进行改造升级。该路改造升级项目完成后,将有效改善公路通行能力,提高公路整体服务水平,完善区域城乡路网结构,改善农民的生产、生活条件和投资环境,加强省际、城乡之间的联系与交流,促进经济社会发展。

(3)崇阳县天城至高枧公路

目前,崇阳南部高枧、金塘、港口、铜钟、青山库区等6个乡镇11万人口的出行,只能依赖于省道S246或等级较低的乡村公路,路径单一且通行能力低,通过效率不高。崇阳县天城至高枧公路项目路线沿中南部布线,途经铜钟、佛岭、东流、盘山、尺冲,终点连接高枧乡,项目完成后,作为崇阳中南部的又一条交通要道,进一步完善崇阳公路网络,改善革命老区和库区人民对外出行条件,带动青山平湖、湖北崇阳百泉省级地质公园等沿线旅游资源开发,改观沿线村镇建设面貌,促进项目区域经济多元化发展,带动沿线农民增收。

(4)通城县麦市至黄袍林场公路

黄袍林场是老苏区,辖区内有罗荣桓元帅纪念馆、湘鄂赣黄袍山革命烈士陵园、英雄母亲黄菊妈陵园、湘鄂赣党校旧址、通崇修县政府旧址、红军洞、八百壮士墓群等景点。通城县麦市至黄袍林场公路建成后,不仅能解决苏区人民的交通出行问题,而且能深入开发通城县旅游资源,丰富咸宁市旅游项目。

(5)官石线崇阳段

该路起于崇阳县与赤壁市分界处板坑,经路口镇金鸡坪、祖龟寺,至终点石家祠,连接省道S208,路线长23.39公里。由于投入不足等原因,公路技术等级低,现有路况较差,严重影响行车安全和路网畅通,制约了当地经济发展。本官石线崇阳段完成后,可改善现有公路的通行状况,完善区域城乡路网结构,提高公路整体服务水平,促进星星竹海、金沙避暑山庄等当地旅游开发,有效降低区域内物流成本,增强经济发展后劲。

(6)咸安区苏家坊至通山县南林桥公路通山段

咸安区苏家坊至通山县南林桥公路通山段全长6.24公里,既连接G106,又连接咸安、崇阳、通山的小三角地区,极大地方便了群众的出行,也带动当地竹木资源的运输销售。

(7)崇阳县青山至铜钟公路

崇阳县青山至铜钟公路东连铜钟乡,与天城至高堤公路平交,南至青山镇,与崇阳至青山公路平交,建成后可将“青山平湖”与大泉洞旅游景区连成一条方便快捷的旅游热线公路,极大地改善公路沿线人民出行的交通条件,成为该地区两乡人民相互交流的重要通道。该路还是中南部干线路网的有力补充,将有力地促进地方经济发展。

(8)崇阳县团头咀至沙坪公路

崇阳县团头咀至沙坪公路是连接崇阳青山镇和沙坪镇的交通要道,升级改造后将有效改善行车环境和通行能力,提高整体服务水平,完善区域城乡路网结构,有效促进乡镇农村社会文明程度的提高,有力推进城乡一体化的进程。该项目完成也有力地促进了沿线农业经济发展,并成为落实新农村建设、贯彻科学发展观和构建和谐社会的具体体现。

(9)崇阳县沙坪至里港公路

崇阳县沙坪至里港公路是崇阳县沙坪镇连接通城县沙堆镇的县际交通要道,随着沿线产业的开发和城镇规模的发展,公路交通量快速增长,限于公路等级低,路基狭窄,交通拥堵现象时有发生,严重影响到公路沿线人民正常的生产、生活、交通秩序,且存在较大的安全隐患,已经很难以满足区域发展的要求,迫切需要进行改造升级。本项目完成后,将有效改善该路通行能力,提高整体服务水平,完善县际之间路网结构,促进沿线乡镇农村社会文明程度的提高,推进城乡一体化的建设进程。

3. 一般项目

(1)通山县富有至黄桥公路

通山县富有至黄桥公路全长 38 公里,是连接通山县 G106 至阳新县的重要道路,既可以带动沿线几个乡镇矿产及水产品的销售,也可以带动通山旅游业的发展。同时也开辟了一条通往阳新县的快捷通道。

(2)通山县刘家桥至黄沙铺公路

通山县刘家桥至黄沙铺公路全长 45 公里,是咸安区刘家桥至通山县老苏区黄沙铺镇的通道。该路沿幕阜山脉通往黄沙铺镇,大幕山林场在该路段内,极大地推动竹木产品的开发和销售,同时,它是阳新县通往咸安区快捷路。

(3)崇阳县肖岭至源口公路

崇阳县肖岭至源口公路是崇阳肖岭乡连接湖南省临湘市羊楼司镇的一条省际出口公路,路线长约 30 公里。本项目完成后,将有效改善公路通行能力,提高公路整体服务水平,完善区域城乡路网结构,改善农民的生产、生活条件和投资环境,加强省际、城乡之间的联系与交流,促进经济社会发展。

(4)通山县朦胧岭至岭下公路

通山县朦胧岭至岭下公路全长 8 公里,是闯王镇通往县城的一条快速通道,建成后可以缩短闯王镇通往县城 27 公里的里程,既是一条资源节约路也是矿产运输路。

(5)通山县慈口至富水公路

通山县慈口至富水公路全长 20 公里,是连接慈口乡和阳新县的资源开发路。慈口乡盛产的柑橘、水产可以通过此通道快捷方便的运往黄石、阳新等地,也可以极大地方便了库区群众出行。它既是一条扶贫路也是一条经济发展路。

(6)崇阳县白螺坳至塔坳公路

崇阳县白螺坳至塔坳公路是连接崇阳石城镇和湖南省临湘市羊楼司镇的省际出口要道。随着沿线产业的开发和城镇规模的发展,省际、城乡之间贸易往来加强,公路交通量快速增长,该路部分路况较差路段,交通拥堵现象时有发生,严重影响到了区域内正常的生产、生活、交通秩序,且存在较大的安全隐患,已经很难满足区域发展的要求,迫切需要进行改造升级。二是促进沿线农业经济发展、建设社会主义新农村、构建和谐社会的需要。本项目沿线两侧多为果蔬和农业基地,然而现状交通条件一定程度上制约了农产品外运以及新农村建设，阻碍了农业经济发展。

（7）通山县凤池山公路

通山县凤池山公路全长8公里，山上有三个风景点及一个林场一个村委会，现有道路等级低，转弯半径小，纵坡大，给行车带来不安全因素，山腰的第二招待所也是通山县接待重要贵宾的场所。凤池山公路的建成将带动沿线群众的出行安全，将林场和村委会及景点相连接，也可带动群众的脱贫致富。

（8）崇阳县葵山至盘山公路

崇阳县葵山至盘山公路是现有省道S246与在建的崇阳天城至高枧公路之间的重要连接线，是金塘镇与铜钟乡、青山库区等三地人民交通联系的主要道。随着沿线产业的开发和城镇规模的发展，公路交通量快速增长，由于该路等级低，路基狭窄，交通拥堵现象时有发生，严重影响到公路沿线人民正常的生产、生活、交通秩序，且存在较大的安全隐患，已经难以满足区域发展的要求，迫切需要进行改造升级。本项目完成后，将有效改善公路通行能力，提高公路整体服务水平，完善区域城乡路网结构，有效地促进乡镇农村社会文明程度的提高，有力地推进城乡一体化的进程。

（9）通山县南林至厦铺公路

通山县南林至厦铺公路全长68公里，起点于南林桥镇咸通高速互通，途经南林桥镇、杨芳林乡、厦铺镇，止于209省道厦铺镇交界处。本项目是通山县南林桥镇、杨芳林乡、厦铺镇的连通公路。该路的建设将对3个乡镇重要农业产粮乡镇连接G106、209省道、咸通高速公路提供非常便捷的条件。

（10）崇阳县铜钟至青山公路

崇阳县铜钟至青山公路是省道S246与S416之间的重要连接线，是铜钟乡与青山镇两地人民交通联系的主要道。随着沿线产业的开发和城镇规模的发展，公路交通量快速增长，由于公路等级低，路基狭窄，导致该路交通拥堵现象时有发生，严重影响公路沿线人民正常的生产、生活、交通秩序,且存在较大的安全隐患,已经很难以满足区域发展的要求,迫切需要进行改造升级。本项目完成后,将有效改善公路通行能力,提高公路整体服务水平,完善区域城乡路网结构,促进乡村旅游事业发展,推进城乡一体化的建设进程。

(四)航道建设项目

1. 确保项目

陆水航道疏浚整治工程

陆水航道历来是崇阳县的黄金水道,船舶运输较为繁忙。但因长年未疏浚,河床抬高,给过往船舶、两岸人民群众生产生活等带来诸多不便,存在严重的水上交通安全隐患。为消除安全隐患,加强港航安全管理,对航道疏浚整治已势在必行。

2. 重点项目

(1)通城县隽水航道疏浚整治工程

隽水航道通过陆水水系,直接连接长江港口。该项目建成后,将进一步丰富通城县交通运输方式,对促进长江中下游区域经济整合都有深远影响。

(2)崇阳县隽水航道疏浚整治工程

陆水航道历来是我县的黄金水道,船舶运输较为繁忙。但因年久未疏浚,河床抬高,给过往船舶、两岸人民群众生产生活等带来诸多不便,存在严重的水上交通安全隐患。为消除安全隐患,加强港航安全管理,对航道疏浚整治已势在必行。

3. 一般项目

(1)大畈至富有航段疏浚、南门桥至鹿眠塘航段

以上两段航道途径通山县通羊、大畈、慈口、九宫四个涉水乡镇,由于历史原因,长时间的监管缺位,导致部分航段无法通航。近年来,通山县大力发展旅游经济,隐水洞、各大漂流景点等陆续建成,对以上两段航道进行疏浚对发展我县水运、促进通山县域经济发展十分重要。

(2)燕厦至洪港航段、燕厦至畅周航段疏浚

燕厦乡是通山县重要的涉渡乡镇,乘船是部分村组必要的出行方式。由于历史原因,近年来该乡采砂船肆意采挖,影响船舶安全航行,亟须对以上航段进行疏浚。

(五)港口建设项目

1. 确保项目

(1)石龟战备码头

崇阳县是湖北省的南大门,自古以来就是兵家必争之地,其战略地位极为重要,本项目周边有赤壁官塘驿"七七五"战备仓库、山坡军用机场和崇阳天城至堰市战备公路、咸安"一三一工程"国防公路等战略工程,是咸宁市战备交通网建设的重点地区之一。本工程建成后既可解决部队战时军用车辆快速过河的问题,也可作为战时部队调运军用物资运输战略转运据点,满足战时每昼夜通过一个摩托化步兵师的要求,将有效改善鄂东南地区水陆交通保障条件和战区部队机动条件,提高交通整体保障能力,缓解本地区交通战备瓶颈问题,保持战备交通线的畅通,具有重要的国防意义。

(2)核电旅游码头

核电旅游码头已被我市列为港航"十二五"规划十大项目之一,同时也列入湖北省"十二五"规划重点项目库,它对促进通山县核电旅游观光乃至通山县旅游经济的发展将发挥重要作用。

2. 重点项目

(1)海事办公场所和水上安全监管设施、救助系统建设

1997 年通山县航管站撤销后,通山县水上交通安全工作无专门机构管理,水上交通安全工作硬件设施已落后于其他兄弟县市。通山县地方海事处于 2007 年 4 月成立至今,仍然没有属于自己的办公场所,水上安全监管设施和救助系统严重匮乏,已严重制约水上交通安全工作的开展,亟须建设海事办公场所、水上安全监管设

施和救助系统。该项目是确保必须列入扶贫规划的项目。

(2)航标

1997 年通山县航管站撤销后至 2007 年我处成立时,由于长时间的监管缺位,库区渔民无序养殖以及库区群众非法采砂,通山县富水库区航道上非法设置的障碍物比比皆是。2011 年通山县新建了 75 个航标,但还不能满足全长 89 公里的航道的需求。该项目是确保必须列入扶贫规划的项目。

(3)渡口改造

通山县大畈镇鹿眠塘渡口、慈口乡慈口渡口、燕厦乡燕厦渡口分别是通山县三大涉渡乡镇最为重要的旅客集散地。“十一五”期间,我们已对以上三个渡口进行改造达标,但由于部分设施损毁和无法满足当地水运的发展亟须进一步改造。该项目是确保必须列入扶贫规划的项目。

(4)新建渡口 52 处

通山县现有政府批文渡口共 82 处,全部由各涉水乡镇政府请求通山县政府批准设置。“十一五”期间已改造达标 30 处,为了方便群众出行,亟须新建剩余 52 处渡口。该项目是力争列入扶贫规划的项目。

(5)旅游码头

通山县富有、燕厦、慈口、五指山、大畈、隐水六处旅游码头是为了发展通山县旅游经济的拟建项目。届时,各地游客可游玩隐水洞之后,从隐水旅游码头出发,途径大畈、慈口、五指山旅游码头,至燕厦旅游码头可游玩水上乐园和航天馆,至富有旅游码头可上九宫山景区或银河谷、太阳溪漂流。

3. 一般项目

(1)大畈核电站港口

新建的大畈核电站港口位于通山县大畈镇大堋村附近的狮子岩,富水水库中段北岸,计划年吞吐量 20 万吨。该港口将为核电站的建设以及发展起到重要作用。该项目是确保必须列入扶贫规划的项目。

(2)七里冲港口

新建的七里冲港口位于县城东侧、距县城5公里处，计划年吞度量10万吨。由于该港口属迴水变化，水位升降不定，港口建设需与航道疏浚配套进行。届时新建的七里冲港口将充分发挥与县城距离近的地理优势，成为连接县城与各库区乡镇的重要码头，为通山县水上客货运输和旅游业的发展壮大奠定基础。该项目是确保必须列入扶贫规划的项目。

(3)慈口港口

新建的慈口港口位于富水水库下游的慈口乡，该乡东接阳新县龙港镇，西连大畈镇，南邻燕厦乡、九宫山镇，北与黄沙铺镇及阳新县东源乡交接，辖区面积154平方公里，其中水域面积5万亩。该乡出产丰富的柑橘、甜橙和淡水鱼等农副产品，水产业和林产业是当地的支柱产业。慈口港口计划年吞吐量20万吨，该港口将为慈口乡支柱产业的发展和人民群众的安全出行起到重要作用。该项目是确保必须列入扶贫规划的项目。

(4)燕厦港口

新建的燕厦港口位于县城东南端，距县城陆路80公里、水路69公里，为燕厦河上游的集镇港口。该港口与阳新、江西武宁县交界，背靠太平山，是通山县的主要港口，计划年吞吐量15万吨，将为燕厦乡群众出行和水路运输发挥至关重要的作用。该项目是确保必须列入扶贫规划的项目。

(5)核电战备码头

湖北咸宁大畈核电站位于通山县境内，因通山县的地理优势和近几年的路网发展，建设核电战备码头既是推动通山水运建设事业的需要，又是适应交通战备运输的需要，具有十分重要的国防意义。该项目是确保必须列入扶贫规划的项目。

(6)升船机改造工程

通山县富水大坝的建造一方面促进了通山县水运事业的发

展，但另一方面也对库区船舶和长江船舶之间设置了人为屏障。目前各类船舶通过富水大坝只有靠升船机的升降来完成，因升船机年久失修，亟须进行升级改造。该项目是力争列入扶贫规划的项目。

（六）站场及物流建设项目

1. 确保项目

（1）崇阳货运站

崇阳县现有杭瑞高速公路、在建的咸通高速公路，即将修建的武深高速嘉鱼至通城段，还有106国道（G106）、S214省道（S214）。崇阳货运站对崇阳乃至咸宁市的交通起着举足轻重的作用，加之近年来崇阳旅游业的快速发展，该货运站场对崇阳的经济至关重要，建设崇阳货运站场可以辐射到崇阳全县，既发展崇阳经济，又使崇阳的运输市场的管理提高一个层次，同时该项目也是湖北省“十二五”规划重点项目之一。

（2）天成物流园

崇阳县是国家级商品粮基地和省级优质稻基地县，优质稻面积40.27万亩，年产优质稻15.6万斤，“香丝”牌优质米享誉省内外。有雷竹面积10万亩，年产鲜笋5000多万公斤。雷竹笋肉嫩味美。营养丰富，含有18种人体必需的氨基酸、4种矿质营养元素和6种微量元素，对糖尿病、高血压等病患者具有保健效果，是畅销国内外的绿色食品。茶叶面积3万亩，年产茶叶1200吨。“十二五”期间，要依托崇阳县区位优势、交通条件、产业基础和物流需求，着力建设物流圈，形成与武汉、长沙大市场相连的物流圈和以县城为中心、以京广铁路、京珠高速、杭瑞高速、106国道（G106）为纽带，构建面向全国的物流圈。本项目建成后，将为实现“发挥崇阳县家业区位优势，加快区域物流业发展”做出贡献。崇阳县天成物流项目按照“统一规划、集中建设、公司化运作”的原则进行建设、经营和管理，是一个与县域农产品交易需求、物流配送需求以及农产品区位优势相适应的建设项目。本项目有利于促进崇阳县农产品资源价值的提高,有利于促进崇阳县农产品综合生产力水平的提高,有利于崇阳县强化有地方特色的支柱产业建设。该项目是湖北省“十二五”规划重点项目之一。

(3)通山县货运站

通山县现有人口46.6万,现有杭瑞高速公路、即将通车的大广高速公路、在建的咸通高速公路,以及106国道(G106)、316国道(G316)、209省道(S209)。对通山的交通起着举足轻重的作用,加之核电站的建设,通山旅游业的快速发展。货运站场对通山的经济至关重要。但是目前通山县内尚无货运站场,建设通山货运站场可以辐射到通山12个乡镇及一个管委会,既发展通山经济,又对通山的运输市场的管理提高一个层次。该项目也是湖北省“十二五”规划重点项目之一。

2. 重点项目

(1)通山县客运东站

通羊镇是通山县政治、经济、文化中心,镇域面积240平方公里,G106贯穿全境,北距武汉130公里,南距国家级风景名胜区九宫山55公里,但目前洪港、九宫山、闯王、九宫山管委会等乡镇的车辆以路代站现象严重,新建通山县客运东站可大大缓解通羊镇东城区交通拥挤的压力,同时也将改善人民群众的出行条件,对建设社会主义新农村具有重要意义。

(2)通城县麦市客运站

麦市镇位于湘、鄂、赣三省交界处,是湖北省定重点“口子镇”和首批小城镇建设试点“窗口镇”,也是湖北省第二届、第四届小城镇规划建设与管理“楚天杯”获奖乡镇,全镇辖18个村、1个社区,人口3.5万,目前该镇无客运站。该站建成后,将为该地区人口提供更便利舒适的服务。

(3)通山县大畈客运站

大畈镇位于富水库区,现有人口3万余人,该镇拥有丰富的大理石、柑橘、水产等自然资源。近年来,随着隐水洞旅游景区的开发,柑橘产业经济规模发展及通山至大畈核电公路动工,带动了当地的人流和物流。预测年客运量在 70 余万人次,新建大畈客运站将大大改善人民群众候车条件,方便群众出行,促进镇域经济发展,解决“三农”问题有着重要的意义。

通山客运进乡村

(4)通山县通羊镇综合运输服务站

通羊镇是通山县政治、经济、文化中心,镇域面积 240 平方公里,G106 贯穿全境,北距武汉 130 公里,南距国家级风景名胜区九宫山 55 公里,但目前大畈、慈口、南林、黄沙等乡镇的车辆无规范的站点可进,以路代站现象严重,新建通山县通羊镇综合运输服务站可大大缓解城区交通拥挤的压力,同时也将改善人民群众的出行条件,对建设社会主义新农村具有重要意义。

3. 一般项目

(1)崇阳客运总站

崇阳县可以总站位于崇阳县天城镇,由于县域经济的迅速发展,崇阳县客运站已不满足当前该县的交通客运运输要求,加之近年来崇阳旅游业的快速发展,新建一座一级客运站对崇阳的经济至关重要,建设崇阳客运总站既发展崇阳经济,又可促进崇阳县旅游资源的开发。

(2)通城县井峰客运站

通城县沙堆镇位于县城东北部,是湖北省十大茶叶名镇之一,辖1个居委会、9个村委会,总人口2.4万人,目前该镇无客运站。该站建成后,将为该地区人口提供更便利舒适的服务。

(3)通城县城东客运站

由于县域经济的迅速发展,通城县原城东客运站已不适应当前通城县的交通运输,主要表现在站场规模较小,硬件设施不到位、地理位置较差,群众要求新建的呼声大。新建城东客运站,将能为县城人民提供更方便便利的出行条件。

(4)通城县五里客运站

五里镇位于通城县西南,全镇有16个村,辖区人口3.1万人,是我县知名农业大镇,特色产业油菜基地是国家项目的示范基地,目前该镇无客运站。该站建成后,将为该地区人口提供更便利舒适的服务。

(5)通山县杨芳客运站

杨芳林乡位于通山县西南边陲,现有人口3万余人,乡镇府驻地距县城28公里,东连夏铺、南邻三界、西接崇阳、北接南林,交通便利。特别是近年来引进外地资金投资开发、豆类加工和养殖业带动了小水电带动了当地人流和物流,同时劳务输出人员多,人员流动频繁,年客流量在20万人次。多年来客运班车以路代站;造成交通堵塞,致使客秩序混乱,危害交通安全,影响投资环境,制约了当地经济的发展。新建杨芳客运站,可日发班车35班次,将大大改善候车条件,方便群众出行,促进镇域经济发展,解决“三农”问题有着重要的意义。

(6)通山县夏铺客运站

夏铺位于原G106夏铺镇,现有人口4万余人,该镇拥有丰富的水电、大理石、楠木、煤等自然资源。特别是近年来引进外地资金投资开发小水电带动了当地人流和物流,同时劳务输出人员多,人员流动频繁,年客流量在20万人次。多年来客运班车以路代站,造成交通堵塞,致使客秩序混乱,危害交通安全,影响投资环境,制约了当地经济的发展。建夏铺客运站,可日发班车35班次,将大大改善候车条件,方便群众出行,促进镇域经济发展,解决"三农"问题有着重要的意义。

(7)通山县南林客运站

南林镇位于G106南林桥路段,与崇阳接邻,现有人口3.5万人,该镇地势平坦,拥有丰富的大理石、楠竹等自然资源。G106经过南林可直达崇阳、赤壁、通城、嘉鱼等地,由于交通便利,人流和物流频繁,年客流量在25万人次左右。多年来南林客运班车以路代站;造成交通堵塞,致使客运市场秩序混乱,危害交通安全,影响城镇交通环境,制约了当地经济的发展。建南林客运站,可日发班车35班次,将大大改善人民群众候车条件,方便群众出行,促进经济发展,解决"三农"问题有着重要的意义。

(8)通山县大路乡综合运输服务站、闯王镇综合运输服务站、慈口乡综合运输服务站、畈泥综合运输服务站、湄港综合运输服务站

大路乡、闯王镇、慈口乡、畈泥、湄港等几个乡镇多年来客运班车以路代站,造成交通堵塞,致使客运程序混乱,危害交通安全,影响投资环境,制约了当地经济的发展,在该地新建综合运输服务站将大大改善候车条件,方便群众的出行,促进乡镇经济发展,解决"三农"问题有重要的意义。

舆论篇

红色之路　引领旅游经济新征程

——黄冈市大别山红色旅游交通示范区公路建设启动纪略

记者　胡　丹　通讯员　罗先进

2009 年 9 月 25 日　《黄冈日报》

逶迤大别山，巍然一屏障。多少年来，为打通这个屏障，黄冈交通人付出了常人难以想象的艰辛。

眼下，红色旅游交通示范区公路建设在大别山腹地正如火如荼地展开。从北部与孝感市大悟交界的红安县土库店，到南部沿江的黄梅城关，沿线掀起了新一轮建设热潮。

这股热潮，承载着黄冈人振兴旅游、培植新的支柱产业和经济增长点的梦想，更是老区人抢抓机遇，以国家扩大基础设施建设的政策导向为动力，构建县域、市域交通骨架网，积极与武汉城市圈和省际交通网对接的有力举措。

规划中的红色旅游公路穿越红色遗迹、绿色山川、古色禅宗三大旅游片区。

省委书记罗清泉、省长李鸿忠高度重视鄂东大别山旅游开发，他们强调指出：大别山是湖北旅游资源中的极品，是提升湖北旅游形象的龙头品牌，是红色旅游、生态旅游、民俗旅游资源最集中的地区。

市委、市政府主要领导积极推进大别山红色旅游交通示范区公路建设。市委书记刘善桥、市长刘雪荣多次调研督办项目进展；市长刘雪荣亲自担任大别山红色旅游交通示范区公路建设领导小组组长，带领专班大力推进大别山旅游公路建设。市委常委、副市长龙福清等领导多次到省交通运输厅汇报、衔接大别山旅游公路工作,积极争取政策支持。大家团结一致,共同努力,为启动黄冈大别山旅游公路项目建设赢得了主动。

在省委、省政府和省交通运输厅、省公路局的大力支持下,黄冈交通公路部门超前谋划,迅速组织设计单位对全线进行踏勘和调研、比选,明确了建设总体目标、线路走向、技术标准、利用段改扩建方案。

从 2009 年 6 月 3 日,李鸿忠省长在英山主持召开大别山旅游开发现场办公会议起,大别山红色旅游交通示范区公路建设全面提速,一支支公路建设队伍挺进大别山,一场特殊的战斗打响——

这是继鄂黄长江大桥、江北一级公路后,黄冈交通建设史上又一个里程碑式的大项目。

一、这是一条感情路

这条路凝聚了省委、省政府、省交通运输厅和省直各个部门对老区人民深厚的感情。

省委书记罗清泉、省长李鸿忠、副省长田承忠、段轮一等先后就黄冈大别山旅游公路建设做出批示。交通运输部副部长翁孟勇亲自过问项目进展。省交通运输厅厅长林志慧、省公路局局长范建海深入实地调研、踏勘。

2009 年 6 月 3 日的英山现场会上,田承忠说:老区黄冈在战争年代做出了巨大贡献和牺牲,我们对她怎么支持都不为过! 动情的话语,在会上激起了广泛的共鸣。

老区黄冈人,抢抓机遇,巧妙策划。

2008 年 3 月,北京。参加十一届全国人大二次会议的人大代表、市长刘雪荣向新华社记者介绍说,黄冈山好水好,旅游资源丰富,但因为交通条件差,只能养在深闺人未识,如一颗颗散落的珍珠,没有成串,不能抱团形成产业群,资源优势不能得到充分发挥,需要更多的人关注老区经济建设。

同年 8 月 6 日,刘雪荣赴麻城、罗田、英山等县市调查研究大别山腹地公路建设前期工作。他指出,交通建设必须与经济发展紧密结合,最大限度地发挥公路的经济效益、社会效益和生态效益。大别山腹地公路建设规划要与沿线的旅游景点开发规划相衔接,通过路网建设促进大别山旅游经济带的整体开发,共同打造大别山旅游品牌。

全市交通、公路部门紧密跟进。在市委、市政府的直接关心下,市交通局从 2008 年 6 月起,联合省交通规划设计院历经一年时间组织完成了《黄冈大别山红色旅游公路布局及建设规划》,为争取大别山红色旅游交通示范区项目打下了坚实基础。

从大别山腹地公路的设想,到大别山红色旅游交通示范区,对用交通改变鄂东北部山区经济落后面貌,黄冈人筹划了十多年。为旅游"吆喝",这是我市整体谋划包装大别山旅游公路建设的一个缩影。

每年的全国、省、市的两会,我市人大代表、政协委员都反复以建议、提案的方式,呼吁修通这条路。历届市委、政府领导也不遗余力地努力,倾注了许多心血,各县市、相关乡镇积极配合,将修通这条路作为一项非常重要的工作进行谋划。

诸多努力与心血,在于从资源禀赋、交通条件等方面出发,充分发掘大别山南麓的自然资源优势,解决发展不够的问题。

来自市旅游局的资料显示,旅游交通示范区沿线有 4 个 AAAA 级景区。大别山雄奇壮美,河谷幽深,四祖、五祖海内驰名。将星云集的红安、麻城被列为国家 12 大红色旅游区之一。中共中央办公厅、国务院办公厅也将主题形象为"千里跃进,将军故乡"的"黄冈大别山红色旅游区"定为全国重点培育的红色旅游区。

2004 年 10 月,时任省长的罗清泉同志在罗田主持召开了旅游现场办公会,提出要把黄冈建设成为全国红色旅游的基地。时隔 5 年,英山会议以红色旅游交通示范区的概念,囊括了大别山腹地公路的前期谋划成果,以及旅游基地建设的目标设想,从更高层次进一步明晰了旅游产业大发展的"路线图",那就是——要旅游,先修路!

英山现场会后,黄冈在前期工作的基础上迅速启动,多方落实,省直部门给予了大力支持。

省交通运输厅厅长林志慧紧接着召开会议进行相关部署。在开完英山现场会后不到两小时,她不顾两天来实地踏勘的劳累,召集职能部门对黄冈大别山旅游公路具体“把脉问诊”。她明确指出,开发大别山是省委、省政府做出的一项重大战略决策,交通部门要在旅游开发中做好“先行”,要用感情、用责任、用政策做好交通服务保障工作,要“上下结合、突出重点、长远结合、多元结合”建好大别山旅游公路,要将大别山红色旅游主线公路纳入武汉城市圈交通发展规划。

省交通运输厅、省公路局等职能部门,以较快的速度落实省政府7月2日专题会议纪要精神,为黄冈红色旅游交通示范区建设项目的审批开设“绿色通道”。

省公路局局长范建海多次调研、检查、督办红色旅游交通示范区公路建设工作,并提出了指导性意见。7月中旬,省公路局副局长章征春、省交规院院长詹建辉带领省公路局相关处室负责人和省交规院、武汉、十堰、黄冈等四家设计单位近20名专家,对大别山红色旅游交通示范区公路规划主线进行了全线踏勘和调研,明确了建设总体目标、线路走向、技术标准、利用段改扩建方案,明确了工作责任、设计安排和下一步要求。

二、这是一条致富路

“昔日关险路阻峻道难行人人怨,今朝路通车畅鄂皖互惠代代欢”。这是2005年1月,罗田九资河风景区至金寨县天堂风景区公路通车时群众自作的对联,它表达了景区群众对路通景和的欢欣喜悦。

大别山红色旅游交通示范区公路规划主线经红安、麻城、罗田、英山、浠水、蕲春、黄梅等7个县市23个乡镇,连接大别山旅游经济带三大片区和大别山南麓重要景区，全长 458.65 公里。这里不少是贫困乡镇和贫困村，贫困人口面较大，公路交通已经成为制约当地经济社会发展的瓶颈。

从与旅游直接相关的公路状况看，38 个主要旅游景区点至县（市）城公路 869 公里，其中二级公路占 41%，二级以下公路占 59%；景区内公路 278 公里，尚无二级公路，等外级公路比重达到 59%，70% 的景区旅游大巴车难以直接到达。公路技术等级低，晴通雨阻，交通不便，致使大别山旅游资源迟迟没有得到全面开发，进入大别山主要旅游景区的，造成景点分散割裂，线路单一重复，挖掘包装不足，内涵拓展不丰，严重影响着红色旅游资源、生态旅游资源、文化旅游资源的联合开发和老区经济社会发展。有路，才能迎来山外客，才能让养在深闺中的美景彰显其本来价值，帮助农民增收致富。修通修好这条路将惠及 230 多万群众。

在 2008 年麻城召开的全市旅游工作会上，刘雪荣指出，黄冈旅游面临着走“小发展”还是“大发展”之路的问题。小发展就是景点的创 A，加强一些小的旅游基础设施的建设和市场营销工作，干得热火朝天却只有小的进步；大的发展就是实现黄冈大别山旅游超常规地快速发展，但它取决于两个因素：修通道路和整合资源。

现在，黄冈大别山红色旅游交通示范区公路建设，不仅是以打通“梗阻”来实现黄冈旅游业跨越式大发展和突破性提升，同时对沿线脱贫致富，助推全市经济社会发展有着非常重大的现实意义。

三、这是一条发展路

交通基础设施建设对拉动内需有着重要的促进作用。大别山红色旅游交通示范区公路建设总投资 10 亿元，这不仅可以拉动红色旅游、机械、建材、物流、餐饮等相关行业的发展，而且还可以直接拉动沿线各县市国民经济增长，促进大别山区加快经济社会发展步伐。

大别山红色旅游交通示范区公路是鄂东公路网重要组成部

分,是大别山腹地的一条重要通道。黄冈大别山地区现有公路总里程约 17526.6 公里,其中高速公路 468 公里,一级公路 201.3 公里,二级公路 1409.9 公里,三级、四级公路 12923.5 公里。从道路等级结构、面积密度指标、人口密度指标等方面看,大别山地区的公路发展均远远落后于全省平均水平。

公路技术标准低,严重影响大别山区旅游资源的开发和实现全面建设小康社会目标,还直接影响到鄂东公路网的布局。建设大别山红色旅游交通示范区公路,加快与国省道和高速公路的对接,完善全市路网布局,具有非常重要的战略意义。

英山会议短短两个月来,交通示范区公路建设取得快速进展。

6 月 11 日上午,刘雪荣市长召集有关部门,就落实全省旅游现场会精神进行了部署安排。

紧接着,全市农村交通工作会、大别山红色旅游交通示范区建设动员大会、市政府常务会相继召开,大大小小的座谈会议不下几十次,进一步凝聚了各方力量,全面掀起了红色旅游交通示范区公路建设热潮。

7 月 21 日,市政府召开常务会议,研究落实加快推进大别山红色旅游交通示范区公路建设,全面启动大别山红色旅游交通示范区建设实施工作。

8 月 6 日,市委、市政府召开大别山红色旅游交通示范区公路建设动员会,出台了《市人民政府关于加快大别山红色旅游交通示范区公路建设的意见》。刘雪荣强调,要充分认识修建大别山红色旅游公路的重要意义,加强领导、创新机制、抢抓机遇、克难奋进,抓紧抓好前期工作及开工建设,打好工程建设的攻坚战。

全市交通、公路部门围绕中心,只争朝夕。

市公路局主要负责人带领工程技术人员,对武神公路十堰段公路改扩建工程项目前期工作、组织实施、设计理念、工程管理、筹融资情况的经验和做法等方面进行了实地考察学习。

7 月 31 日,市交通局批复组建黄冈市大别山红色旅游交通示范区公路建设项目部,市公路局成立了由主要负责人挂帅的项目专班,并安排了办公场地和前期工作经费。

积极配合省公路局、省交通规划设计院,对全线进行了较详细的勘察,在充分听取沿线县市意见的基础上,对多条线路进行了现场比选,形成了规划方案并报省厅。

对全线情况进行了分段摸底,分别提出了初步实施方案。主线原则按二级公路标准建设,先期开工建设 400 多公里主线,支线列入规划分步实施。

8 月 18 日,项目规划通过省交通运输厅审定;工可、立项、设计陆续完成中;国省干线利用段 30 公里大修提前启动;沿线征地拆迁、路基土石方及桥涵建设启动;一期路基工程建设启动;沿线各县(市)均成立了以县(市)政府主要领导为指挥长的公路建设指挥部,分段建设工作全面拉开。

大别山下,引领红色旅游经济发展的新征程,已然壮观拉开。

中通外直的红色旅游路

一路穿7县　全线连3区38景

2011年12月19日　《湖北日报》

【引子】

大雾笼罩着蕲春、黄梅交界的云丹山。

临近中午，梅定珍走出自家的农家乐，朝山下望了望，搓了搓冻僵的双手，转身进入屋内。天太冷了，今天应该没有游客上山。

一年前，看到大别山红色旅游公路进山，梅定珍说服丈夫回家开办了这家农家乐。如今，像她家这样有点规模的农家乐，山上已有5家。

红色旅游公路，穿越云丹山几代人的梦想，逶迤而来，影响改变着大别山地区人们的生活。

“红旅路”撬动大别山旅游板块

一个重大决策串起7县市38个景点

巍峨磅礴的大别山，延绵黄冈境内数百公里。

山奇，水秀，绿色大别山在黄冈境内孕育了一路风光：龟峰山，薄刀峰，天堂寨，桃花冲，吴家山，三角山……

人杰，地灵，红色大别山留下了一个又一个精神家园：红安、麻城、罗田、英山4家革命烈士陵园，被列入全国100家经典红色旅游景区。

光辉灿烂的革命传统，交相辉映的自然人文，让黄冈背上了全国十二大红色旅游区的盛名，被列入全国30条红色旅游精品线路之一。

不仅如此，“千里跃进，将军故乡”的黄冈大别山旅游区还是国家重点培育的红色旅游区。

然而，丰富的旅游资源，一度被落后的交通条件尘封。

“一日二三里，停车四五回；看了黄冈景，永远不想走；走了黄冈路，暂时不想来。”流传民间的顺口溜，曾是黄冈大别山旅游交通落后面貌的真实写照。

2008年3月，北京。参加十一届全国人大二次会议的人大代表、黄冈市市长刘雪荣发出呼声：受制于交通，秀丽的黄冈山水如同一颗颗散落的珍珠，正在失去光华。

次年，省政府在黄冈专题召开大别山旅游开发现场办公会，将黄冈大别山旅游开发摆在了与“一江两山”（长江三峡、武当山、神农架）同等重要的位置。省政府全力支持黄冈修通大别山旅游公路，并以红色旅游示范区的概念，勾画了黄冈旅游大发展的宏伟蓝图。省交通运输厅、省公路管理局给予了鼎力支持，并亲自为红色旅游公路建设“把脉问诊”。

大别山红色旅游公路，因此从730万老区人民的梦想走向现实。

2009年8月6日，黄冈市委、市政府谋划几十年、山区人民盼望已久的大别山红色旅游公路正式启动,项目总投资13.89亿元。

这是继鄂黄长江大桥、江北一级公路后,黄冈交通建设史上又一丰碑式项目。

“先动手,不伸手,干中求助”生动诠释老区精神

“小小红安,人人好汉。铜锣一响,四十八万。男将打仗,女将送饭。”革命战争年代红军“特别能吃苦、特别能战斗、特别能奉献”的精神,在大别山旅游公路的建设中得到了很好的诠释。

大别山红色旅游公路被誉为“天路”。建设这条路,工期短、任务重,施工环境恶劣,资金筹措难度大,重重困难。在工程建设的每一个路段,建设者都用“精神的海拔”与“物理的海拔”进行着日复一日的特殊较量。

大别山红色旅游公路全长458.65公里,“一路穿七县、全线连三区”,横贯红安、麻城、罗田、英山、浠水、蕲春、黄梅7个县市。7个县市中有5个是国家级贫困县,有限的财力难以承受地方自主投资的8.22亿元,资金成了推进工程进度的拦路虎。

“没有钱,先干起来,把自己逼到绝路,再想办法筹钱。”市长刘雪荣在建设督办会上铿锵有力的话铭记在每一位建设者的心中。沿线各县市不等不靠,在干中想办法,各显神通,寻求多元化的融资渠道。

红色旅游公路罗田段全长114.01公里,需地方投资1.26亿元。这对于山区小县罗田来说,是个不小的数字。面对稍纵即逝的建设机遇,罗田不等不靠,用赤胆忠心、赤膊上阵、赤手空拳的“三赤”精神,由县政府分三年投资7000万元,县公路部门自筹5000余万元,巧破资金难题。

蕲春、黄梅也紧跟而上,各自筹资达到1个多亿……

资金问题解决了,新的困难摆在了面前。这条路是黄冈唯一一条全线处于山岭重丘区的二级路工程,沿线山岭险峻、岩石坚硬、峡谷密布。全线要建大中小桥66座、涵洞1310道,开挖土石方

723 万立方米,砌筑防护工程近 50 万立方米。

为快速推进项目建设,市委书记刘善桥、市长刘雪荣多次督办项目进展,市委、市政府还牵头先后组织了“百日攻坚”、“四比一创”等 19 次大型活动,为项目的快速推进提供了有力的保障。

市交通公路部门推行“一线工作法”,全面实施精细管理,用“坚守新理念、坚守新目标、坚守高质量、坚守五个精、坚守创示范”的“五坚”精神统揽全局。

蕲春以铁的信念、铁的纪律、铁的手腕、铁石心肠“四铁”精神,狠抓工程质量,打造出了标杆工程!

蕲春南天河到黄梅下鸣水村,是大别山旅游公路最艰难的一段,人们称其为“天路”。这段路跨越云丹山大大小小 68 个山头,沿线坡陡林深,连一条羊肠小道也没有。一边是峡谷,一边是近 60 度仰角的峭壁。工程需要的几百吨柴油、水泥等材料只有靠人工肩挑背驮。但苦难压不垮人们对路的渴盼。工地上有一位年过花甲的王爹爹,每天都要挑 50 多公斤的汽油,往返山上两三次。几天下来,肩膀磨破了,脚上起了血泡,没有半句怨言。在地势最险要的鹰岩咀,路基填挖总高程达到了 120 米。200 米路段,施工人员足足用了 6 个月时间,才一点点“啃”下来。

一支队伍诠释一种精神,沿线各地努力培养和塑造各具特点的“红路”精神,让这条“神奇的天路”更添神采。

一条生态路折射老区科学发展新理念

红色旅游公路贯穿大别山核心生态区。科技、生态、环保、人文等综合效应成为这条路建设的首要目标。

建设开始,市委书记刘善桥在动员会上就定下了基调:把大别山红色旅游公路建成“内优外美、路景相容、生态环保、红绿相映”的示范公路。

湛蓝的天空,清澈的河水,参天的古树,碧绿的植被——大别山的一山一水、一草一木牵动建设者们的心。

英山桃花冲风景区，被誉为新世纪湖北第一缕曙光升起地。为减少工程建设对生态的破坏，交通建设者反复研究方案，尽量让路线走向与山川、河流、大地的走势吻合。

罗田河铺牌形地村的独尊山，过去通往景点老路因在山的阴面，弯多急陡，一到雨雪天气，10 多天不能通行。为让游客坐在车上就能欣赏到独尊山那"笑傲苍天"的美景，公路部门反复请专家踏勘定夺，将路线绕道改到山体阳面。

红安、蕲春、黄梅针对红色旅游、生态旅游、宗教旅游的不同特色，因"地"制宜，依势"造景"。云丹山沿线原来有南天河、云丹山两个孤立的景区，蕲春邀请业内专家在沿线重新规划了 9 个风景点，将它们连成一片。

逢河架桥梁，有景就绕道，顺应自然，淡化人工痕迹，红色旅游公路营造出了"路随景出、景由路生、景路相依"的和谐意境。

大别山红色旅游路起于红安土库站。设计之初，从麻城到罗田胜利，走的是省道胜麻线。为尽量利用老路基，最大可能地节约资源，在反复踏勘、分析后，指挥部及时将线路改走武麻高速。仅此一举，工程不仅少修 45 公里，节约近 800 万元的资金，而且还优化了通车环境。

"自然就是最美的、适用就是最好的、优质就是最省的"，"最大程度的保护、最大程度的恢复、最低程度的破坏"，这是交通建设者对于"和谐"最真诚的理解。

一串"经济项链"映衬黄冈弯道赶超新希望

穿 7 县，连 38 景，大别山红色旅游公路，如一串"经济项链"让黄冈旅游业熠熠生辉。

今年"十一"，大别山红色旅游公路全线贯通的第一个黄金周，黄冈共接待国内外游客 700 万人次，实现旅游综合收入 40 亿元，同比增长 20% 和 21%。"红旅路"打通了黄冈旅游的"肠梗阻"，深闺中的美景开始彰显其本来价值。

过去,38 个主要旅游景区点有 70% 大巴车难以直接到达,交通不便,造成景点分散割裂,线路单一重复,严重影响着红色、生态、文化旅游资源的联合开发。

如今,“红旅路”的开通,让黄冈旅游资源的整合提上议事日程。黄冈开始全力打造“红色、绿色、古色”三色旅游胜景,让红色之魂、绿色之景、古色之韵交相辉映。

黄冈首度从丰富的旅游资源中提炼归纳了八大千年品牌:古赤壁(东坡赤壁),古杜鹃(麻城龟峰山),古黄杨(罗田天堂寨黄杨群落),古名刹(黄梅五祖寺),古兵寨(红安九焰山 10 平方公里古兵寨遗址),古名镇(罗田古鸠镇),古名人(苏东坡、李时珍、毕昇),古州府(黄州、蕲州)等。

以红带绿,黄冈着力打造红色旅游目的地,相继规划了“鄂豫皖”和“大别山”两大红色旅游板块,布局了 11 个重点景区。

以绿衬红,黄冈将绿色生态资源与红色资源有机融合,高起点规划了天堂寨、吴家山、薄刀峰、龟峰山、三角山、天台山的综合开发方案。

景路相随之和谐路

红绿相映，黄冈锁定了红色旅游综合收入达到100亿元的目标，时间节点是2015年。

此外，彰显古色之韵，黄冈以黄梅、蕲春为核心，在鄂东打造中国最大的禅文化旅游区和国际知名禅修圣地。

黄冈的旅游市场在不断升温，吸引了国内外投资商的高度关注。来自黄冈旅游局的统计资料显示，截至11月，黄冈旅游产业今年引进资金近40亿元，一批重大旅游项目相继开工。

大别山红色旅游公路的建成通车，不仅搅活了鄂东旅游市场一池春水，更对优化鄂东路网布局，推进大别山革命老区经济社会发展试验区建设，促进黄冈经济社会又好又快发展，具有极其重要的意义。

大别山老区迎来了经济社会跨越发展的春天。

大别山红色旅游公路之最：

◆ 性价比最好：每公里花费300多万元

黄冈大别山红色旅游公路总投资13.89亿元，全长458.65公里，省补助5.67亿元，地方自筹8.22亿元。

◆ 施工最艰巨：一个山头炮眼深度累计2000余米

黄梅段是全线最难修的路段，爆破坚石方工程量大。有个山头一次性用炸药6吨，爆破量2.8万立方米，炮眼深度加起来达2000多米，投资120万元，创造了黄冈一炮之最。

◆ 配套工程最完善：一路50多处园林景点

"路随景出，景由路生"。红旅路沿线观景设施达50多处，沿途处处是景观，配套工程完善之多创全省之最。

◆ 建设最给力：工期仅为两年

大别山旅游公路是黄冈唯一一条全线处于山岭重丘区的二级路工程，全线建大中小桥66座、涵洞1310道，开挖土石方723万立方米，砌筑防护工程50多万立方米。两年时间完成458.65公里二级公路，创黄冈交通公路建设之最。

◆ 地方政府自筹资金最多：8.22亿元

大别山旅游路沿线7县中有5个县被列为国家级贫困县,资金成了推进工程进度的拦路虎。地方政府在财力有限的情况下,自筹资金投资8.22亿元。

大别山红色旅游公路景点分布:

◆ 红安段全长42.25公里,重要景点有:天台山、老君山、红四方面军诞生地、七里坪长胜街文物群、对天河漂流、爱河谷、香山湖、秦基伟故居、抗日军政大学。

◆ 麻城段全长101.38公里,沿线有著名的大别山革命圣地——乘马会馆、红军饭店、红军桥、红军医院、红军兵二厂、红军被服厂等红色景点、红色遗迹40多处。

◆ 罗田段全长114.01公里,途经胜利革命烈士陵园、胜利老街、薄刀峰、天堂寨、九资河、圣仁堂等景点。

◆ 英山段全长91.41公里,连接段氏府、县烈士陵园、乌云山茶叶公园、红二十七军纪念地、大别山主峰风景区等旅游景点。

◆ 浠水段全长19.5公里,连接三角山、白莲河、斗方山3个景区。

◆ 蕲春段全长55.84公里,沿途经过西周古文化遗址、达城庙(宋初大乘禅寺)、三角山风景区、刘邓大军高山铺战斗指挥部、桐梓温泉、云丹山景区、南天河漂流等历史文化景点景区。

◆ 黄梅段全长34.26公里,将黄梅戏《过界岭》中的界岭、黄梅挪步园、老祖寺、红二十五军纪念碑考田丰碑、四祖寺、五祖寺等景点串珠成链。

一路春光一路歌

——全国农村公路建设与管理养护现场会代表参观侧记

2012 年 3 月 30 日 《黄冈日报》

2012 年 3 月 29 日，出席全国农村公路建设与管理养护现场会的交通运输部部长李盛霖（右二），在市委书记刘善桥（右三）和市长刘雪荣（右一）的陪同下，在罗田县薄刀峰，察看大别山红色旅游公路建设现场。

3 月 29 日，参加全国农村公路建设与管理养护现场会的近 300 名代表，赴红安、进麻城、到罗田等地，行程 410 公里，考察我市农村公路建、管、养、运现场。

省委书记李鸿忠专程看望交通运输部部长李盛霖、副部长翁孟勇、冯正霖及与会代表。省委常委、常务副省长王晓东，省政府资政段轮一，市委书记刘善桥，市长刘雪荣陪同。

上午8时，与会代表前往李先念故居纪念园、黄麻起义烈士陵园接受革命传统教育。

上午10时，参观车辆像一条长龙驶入宽广平坦的大别山红色旅游公路。淡淡的薄雾，将远山近水、农田农舍映衬得更富柔美诗意，与路旁整洁有序的路肩绿化、鲜亮醒目的标志标牌、规范统一的候车棚、招呼站及南来北往的车辆一静一动，相得益彰，赢得宾客满眼醉。代表们边看、边问、边议，赞声不断。

在偌大的红安七里坪农村公路养管站，公路执法车、养护专用车、路面清扫车等公路养护设施一字排开，办公楼内各种规章制度上墙，一目了然，吸引了许多代表驻足观看，并兴致勃勃地与站里工作人员交流取经。当得知该站负责本县农村公路养护管理时，代表们惊叹：一个农村公路养护管理站这么规范，配套设施、养护机制这么完善，真不简单！

走红色旅游公路，逛绿色生态公园。在大别山红色旅游公路罗田薄刀峰段，听完工作人员对大别山红色旅游公路建设情况的介绍后，李盛霖部长满意地点点头。"一条路连接七个县市，非常壮观，令人振奋！"甘肃的阮文易由衷地赞叹道。广西的潘巍说："这条路设施完善、质量好、造价低，值得我们学习。"北京的孟桥连声称赞："黄冈的农村公路非常好、档次高，这一路走来，亲眼目睹了这条路给当地百姓带来的实惠，这是当地党委政府办的一件大事喜事。"

下午4时许，代表们来到罗田九资河综合运输服务站时，宽敞的停车场、舒适明亮的候车大厅、进出有序的车辆，令代表们眼前一亮。工作人员详细地为代表们介绍了该站的建设、管理、运营、发展等情况。李盛霖部长关切地问："每天发多少班次？都通达哪些地方？""每天110班次，到全县所有乡镇，到武汉、上海等地在这里买票转到县城上车。"听到这里，李部长露出了满意的笑容。代表们对这里的镇村公交一体化，方便群众出行的好经验赞叹不已。

浙江的李良福说:“我们浙江是个发达地区,去年才达到村村通。黄冈一个老区,前年就实现了村村通,而且公路质量这么好,尤其是养护管理非常规范,看了很受教育,很令人惊叹!”

在罗田县圣人堂,与会代表一边品尝着这里的特色农产品板栗、柿子等,一边对农村公路促进发展旅游,带动农民致富的成效感叹不已。

一路春光旖旎,一路红歌飞扬,一路赞声不断。一天来,我市农村公路建、管、养、运现场给领导和代表们留下了深刻印象。

全国农村公路建设与管理养护现场会在黄冈市召开

2012 年 3 月 31 日　交通运输部网站

3 月 29 日至 30 日，全国农村公路建设与管理养护现场会在大别山区湖北省黄冈市召开。会议提出，农村公路网是全国公路网的重要组成部分，打造好农村公路交通网直接关系到全国公路网整体效益的发挥，更关系到全面建设小康社会目标的实现。今后一个时期农村公路发展要“突出一个重点，实现三个转变”，即突出集中连片特困地区的农村公路发展，实现由规模速度型向质量安全效益型转变、由整体推开向重点突破转变、由以建设为主向建管养运并重转变。

交通运输部部长李盛霖出席会议并作重要讲话,副部长翁孟勇主持会议并作总结讲话,副部长冯正霖做工作报告。湖北省省长王国生、常务副省长王晓东出席会议并讲话。中央农村工作领导小组办公室、国务院扶贫开发领导小组办公室、国家发改委、财政部、农业部有关负责人应邀参加会议。湖北省、重庆市、陕西省、宁夏回族自治区、江苏省和河南济源市、云南临沧市交通运输主管部门作了经验交流。会议期间,与会代表现场考察了黄冈市农村公路发展情况。

一、10 年新增农村公路 220 万公里

党的十六大以来,全国交通运输系统认真贯彻中央决策部署,把加快农村公路发展作为交通运输工作的重中之重,掀起了农村公路建设的新热潮,农村公路发展步入了“快车道”。

10 年间,全国新改建农村公路 272 万公里,新增通车里程 220 万公里,新增农村客运线路 5 万余条,新增日发班次 60 余万个。截至目前,全国农村公路通车里程已达 353. 7 万公里,农村公路列养里程已经占总里程的 96. 1% ,97. 17% 的乡镇和 83. 89% 的建制村通了沥青(水泥)路,98. 12% 乡镇和 91. 47% 的建制村通了客运班车。

农村公路的发展为加快社会主义新农村建设发挥了重要作用,集中体现在“六个改变、六个促进”上。一是改变了农村交通落后面貌,促进了农民生活宽裕。二是改变了农村消费结构,促进了经济增长。三是改变了农村产业结构,促进了农业现代化。四是改变了乡风村容,促进了农村文明。五是改变了农村干群关系,促进了基层管理民主。六是改变了二元结构,促进了城乡一体化。

二、主战场转移到集中连片特困地区

会议指出,在新的历史阶段开展扶贫开发工作,是中央部署的重大政治任务。优先发展农村公路交通,尽快改善集中连片特困

地区农村公路落后面貌，是这些地区实现脱贫致富的先决条件。

会议要求，各级交通运输主管部门都要把工作重心放在扶贫开发任务上来，把农村公路建设的主战场转移到集中连片特殊困难地区，按照“外通内联、通村畅乡、班车到村、安全便捷”目标，采取集中攻坚、重点突破的方法，打赢扶贫攻坚战。

对于“十一五”期间已经完成通达和通畅任务的省份来讲，要从建设社会主义新农村的现实需要出发，突出做好县乡道改造、连通工程和安保等附属设施等方面的建设，提高服务水平和抗灾能力。

三、加大公共财政对农村公路的投入

近年来，中央对农村公路的投资力度不断加大，在投向上向西部地区、“少边穷”地区倾斜。从 2002 年的 23.6 亿元到 2011 年的 438 亿元，中央投资增长了 16 倍，其中“十一五”时期中央投资年均递增 30%。2011 年全年共安排中央投资 438 亿元，同比增长 38%。

会议要求，各地要在继续坚持以往行之有效的筹资模式基础上，建立和完善多方式筹资和资金多元化的机制。要做好统筹协调，合理确定规划目标和数量，区分轻重缓急。要管好用好资金，完善资金使用管理制度，提高资金的使用效率。

四、让农民群众走上安全路放心路

会议指出，农村公路覆盖人群多，必须把安全放在第一位，让农民群众走上安全路、放心路。今后，新改建农村公路要根据需要同步实施安保等附属设施。已建成的农村公路按照“安全、有效、经济、实用”的原则，逐步完善安保等附属设施。同时，要加强农村公路保护工作。

会议强调，质量问题关系到农村公路的持续发展，也关系到农村公路安全。要借鉴重点项目的管理经验，推动农村公路建设向规范化方向转变。要鼓励选用专业化施工队伍，稳步提高农村公路机械化、专业化施工水平,加强技术、人员保障。要完善质量保证体系,落实参建单位责任,把信用管理的手段延伸到农村公路。县道、乡道建设以交通运输主管部门和质量监督机构的政府监督为主,村道建设继续坚持“专群结合”模式。不符合通行条件或验收不合格的项目不能对社会开放交通。

五、推进农村公路建管养运并重发展

农村公路建设是基础,管理养护是保障,发展运输是目的。预计到“十二五”期末,全国将新增农村公路 40 万公里,总里程将接近 400 万公里。按照公路工程技术特点,农村公路设计使用年限约 8 至 10 年,“十五”和“十一五”期间建成的农村公路将在“十二五”进入周期性养护高峰期,养护任务异常艰巨。

会议要求,各地要积极化解压力,充分利用好有利条件,将农村公路管理养护体制改革引向纵深,继续抓好管理体制“三落实”,即落实责任主体、落实机构和人员、落实养护资金,继续抓好运行机制“三结合”,即专业养护与农民承包相结合、养护管理与路政管理相结合、政府投入与群众参与相结合。要探索建立“政府负责、部门执法、群众参与、综合治理”的农村公路路政管理体系。要实施好“农村公路管理养护年”活动。

六、今年重点抓好六个方面工作

会议提出,今年是实施“十二五”农村公路规划承上启下的重要一年,要坚持“扩大成果、完善设施、提升能力、突出重点、统筹城乡”的工作方针,重点抓好六个方面工作。一是坚持突出重点,促进农村公路建设稳步发展。二是坚持稳中求进,促进农村公路管养规范发展。三是坚持常抓不懈,大力提升农村公路建设质量。四是坚持典型引领,促进第四批农村公路示范工程顺利实施。五是坚持安全至上,促进农村公路交通安全发展。六是坚持服务为本,促进城乡道路客运一体化工作深入开展。

湖北武陵山绿色旅游公路建设正式启动

2012 年 12 月 31 日 《中国交通报》

12 月 26 日，湖北武陵山绿色旅游公路建始红岩寺至景阳河段正式动工建设。省交通运输厅巡视员徐健、恩施州副州长张宇出席了开工仪式。

湖北武陵山绿色旅游公路由“一环七支”构成，全长约 1564 公里，是省厅积极推广大别山红色旅游公路建设的成功经验，在武陵山片区规划建设的一条重要干线公路。湖北武陵山绿色旅游公路建始红岩寺至景阳河段全长 47.69 公里，估算总投资 2.04 亿元，其开工建设标志着武陵山绿色旅游公路建设正式启动。该项目完成后，将明显改善恩施及建始公路交通条件，提高公路运营服务水平，串联恩施主要旅游景区，带动沿线野三河及清江等旅游景区的开发，促进武陵山集中连片特困地区经济社会快速发展。

秦巴山片区交通扶贫项目在十堰正式启动

2013 年 1 月 28 日　交通部网站

1 月 25 日上午，秦巴山片区交通扶贫项目在十堰市公路局举行启动仪式。省公路局局长范建海、副市长沈学强出席会议并讲话，十堰市政府副秘书长龙春来、市交通运输局局长王晋洪、各县市区政府及县交通运输局、市直交通系统各单位负责人参加了启动仪式。

国家实施新一轮扶贫开发工作中，将十堰市的丹江口市、郧县、郧西县、竹山县、竹溪县、房县五县一市纳入了秦巴山片区扶贫范围，十堰成为主战场之一。交通建设扶贫是秦巴山片区扶贫开发工作的重要内容之一。国家交通运输部编制的《秦巴山片区交通建设扶贫规划》中，规划十堰市"十二五"交通扶贫项目总投资为164.75 亿元。其中，公路项目 159.02 亿元，水运项目 3.6 亿元，站场项目 2.13 亿元。一是新增国家高速公路网项目郧县至十堰高速公路 67 公里。二是 316 国道丹江口市土关垭至武当山段、316 国道柏林至黄龙段、209 国道郧县城关镇至柳陂段、209 国道郧县城关至杨溪段、竹山县城关至潘口河段、房县城关至军店段、竹溪县县河至关垭段等一级公路升级改造项目 16 个，总里程 340 公里；丹郧线丹江城区至江北桥段、孟土线丹江口城区至老河口段、郧漫线郧县城关至大堰段一级公路路面改造项目 3 个，总里程 31 公里。三是郧西县天河坪至将军河段、209 国道郧县塘城至清凉寺桥段、竹山县燕子山至韩溪段、竹山县城关镇至双桥段、郧西县上津镇至湖北口段等二级公路路面改造项目 13 个，总里程 541 公里；竹溪县兴界线兴隆至界梁段、丹江口库区环库公路二级公路升级改造项目总里程269公里。四是县乡道改造项目总里程170公里。五是通村公路项目总里程685公里。六是汉江白河至丹江口段航道整治项目209公里,估算总投资3.6亿元。七是县级客运站改造项目4个,等级客运站建设项目55个,汽车停靠点建设1127个。这些项目的实施,将从根本上改善十堰市的交通运输条件,为推动秦巴山片区脱贫致富、全面建成小康社会提供坚强有力的交通运输保障。

根据交通运输部2012年7月编制的《秦巴山集中连片特困地区交通扶贫规划》,十堰市"十二五"期间交通扶贫项目总投资为164.75亿元,其中公路项目159.02亿元,水运项目3.6亿元,站场项目2.13亿元。这些项目主要包括郧县至十堰高速公路67公里、209国道郧县城关镇至柳陂段等一级公路371公里、郧西县天河坪至将军河段等二级公路路面改造541公里、竹溪县兴界线兴隆至界梁段等二级公路升级改造项目269公里、县乡道改造项目170公里、通村公路项目685公里、汉江白河至丹江口段航道整治项目209公里、县级客运站改造项目4个,等级客运站建设项目55个,汽车停靠点建设1127个。预计到2015年,十堰市公路总里程将达到27692公里,100%的县市通高速公路,95%的建制乡镇通二级以上公路,100%的建制村通沥青水泥路,60%的自然村通沥青水泥路。

湖北:村路建设交通扶贫紧密结合

2013 年 1 月 29 日　中国公路网

日前,湖北麻城市乘马岗镇农民刘光晓开着新买的东风小货车,挨家挨户收购乡亲们的板栗、花生等土特产。“如今村子里都通了公路,上门收货方便得很,一年赚个六万元没问题!”刘光晓脸上乐开了花。借“村村通”的东风,小客车、小货车畅行农村,如今像大别山这样的老区,也告别了肩挑背扛运送物资的历史。

“十二五”期间,湖北有 26 个县被列入秦巴山、武陵山、大别山三个集中连片特困地区,争取到交通运输部新增补助投资规模约 49.97 亿元。

近年来,湖北交通运输厅坚持把农村公路建设与交通扶贫开发紧密结合,把农村公路建设主战场逐步转移到集中连片特困地区,取得明显成效。全省农村公路总里程达到 19.4 万公里;所有县城已通达二级公路,所有建制村已通公路;除恩施州外,100% 的建制村通达沥青水泥路、100% 的建制村建有候车站亭、100% 的建制村通客车、100% 的乡镇渡口达标;大别山地区的黄冈市率先实现县县通高速公路。农民群众行路难、乘车难、过渡难问题得到根本改善,贫困地区交通运输条件明显改善,为湖北农村特别是贫困地区经济社会发展提供了较好的交通运输保障。

湖北共有 29 个贫困县,辖 397 个乡镇、8831 个村委会,涉及 1524 万贫困人口,集中分布在大别山区、武陵山区、秦巴山区和幕阜山区,包括三峡坝区和南水北调丹江口库区。近年来,湖北交通运输部门坚持“交通先行、服务全局”,致力于破解交通运输发展滞后的瓶颈制约,全力以赴推进贫困地区农村公路建设。政府全额投资建成了全长459公里，贯穿7个县市，惠及23个乡镇、230万名人民群众的黄冈市大别山红色旅游路，不仅优化了大别山区路网布局，而且形成了从建制村到乡镇、从乡镇到高速公路“一小时交通圈”。“十一五”期间，全省累计完成农村公路投资380余亿元，其中用于贫困地区的达135亿元，为总投资的35.5%；累计实施安保工程1165公里，改造危桥308座，改造乡镇渡口1716处，实施渡改桥5495延米；探索农村公路长效管养机制，深入推进“村村通客车”工程。

到2015年，湖北省将基本实现100%的县市通高速公路、100%的县市通国道、100%的县级以上城市通一级以上公路、100%的建制乡镇通国省道及二级以上公路、100%的建制村通沥青(水泥)路、100%的建制村通班车的规划目标。

山野间的罗田铁岭坳旅游公路

湖北：四大集中连片特困地区交通投资已达270亿元

2013年4月27日　中国公路网

健全完善的交通基础设施是支撑扶贫攻坚的“骨架”，畅通八达的公路网是打通扶贫攻坚的“血管”。省交通厅把大别山、武陵山、秦巴山、幕阜山四个集中连片特困地区作为交通扶贫攻坚的主攻方向，强固骨架，打通血管，构筑扶贫开发交通大底盘。“十二五”两年来，交通部门针对大别山、武陵山、秦巴山和幕阜山四个集中连片特困地区的投资规模已达270亿元，全部用于安排实施高速公路、国省干线、特色旅游路、农村公路和客货运场站等各层次交通项目建设，极大改善了贫困片区的交通基础条件。

一、规划引领，绘就扶贫新蓝图

全国14个集中连片特困地区中，涉及湖北省的有3个，即武陵山片区、大别山片区和秦巴山片区，加上纳入省级扶贫规划的幕阜山片区，全省4个集中连片特困地区共涵盖33个县市区，贫困人口为499万人，贫困人口占全省的60.9%。

交通困难，一难变万难。集中连片特困地区大都远离中心城市，多为山大沟深流急之地，基础设施条件薄弱，公路运输成为当地最主要甚至是唯一的运输方式，切实改善特困地区群众的基本出行条件成了当务之急。省交通厅认真落实中央、省关于集中连片特困地区交通发展的政策，将大别山、武陵山、秦巴山、幕阜山确定为新一轮交通扶贫开发工作的主攻方向，及时编制完成了《湖北省集中连片特困地区交通建设扶贫规划(2011—2020)》和《湖北省集中连片特困地区特色公路规划》。规划根据集中连片特困地区交通发展的基础、条件不同，突出发挥4个片区的独特区域优势，注重与一元多层次发展战略体系，特别是“一红一绿”、南水北调丹江口库区、脱贫奔小康试点、竹房城镇带城乡一体化试点等工作平台的衔接，有针对性提出了改善特困地区通行状况，完善区域路网格局，提升农村客货运输水平的中远期目标，用规划引领全省交通扶贫开发工作。

“加快实现交通运输基本公共服务均等化等具体目标，为全面建成小康社会奠定基础，既是交通人职责所在，又是重要的政治任务，必须带着浓厚的感情抓紧抓实”，省交通运输厅党组书记、厅长尤习贵掷地有声。一场湖北省交通发展史上最大规模的扶贫攻坚战役正在大别山、武陵山、秦巴山、幕阜山区轰轰烈烈地展开。

二、项目支撑，夯实扶贫大底盘

“交通扶贫工作要做到有的放矢、有章可循，不能搞‘花架子’”，尤习贵反复强调。按照“交通发展带动扶贫开发”的基本思路，省交通厅把重点项目建设作为扶贫攻坚的重中之重，全力抓好片区对外通道、旅游公路网、农村公路网、水运项目建设和农村客货运输场站建设，夯实经济发展的大底盘，形成了在建一批、启动一批、储备一批的良性互动发展态势。

在大别山片区，围绕建设“两纵四横”的交通运输主通道，加快形成连接武汉、合肥、郑州等中心城市的综合运输通道，重点建设麻阳高速、麻竹高速、黄鄂高速团风段、棋盘洲长江大桥、蕲太岳高速等。确保“十二五”建成高速公路276公里、国省干线1022公里、县乡村三级客运站3039个。

在武陵山片区，构筑恩施、宜昌“1小时交通圈”，建设恩施、利川、来凤等区域性综合交通枢纽。重点推进利川至重庆、黔张常（黔江—张家界—常德）、郑万（郑州—万州）铁路建设。加快宜巴、恩来、建恩、利万、宜黔等高速公路建设，开工建设宜张高速。确保

“十二五”建成高速公路 522 公里、国省干线 1214 公里、通村公路 6951 公里、县乡村三级客运站 2114 个。

在秦巴山片区，重点建设十天、郧十、麻竹、谷竹、保宜等高速公路；建设武汉至西安客运专线，建设神农架机场、武当山机场；建设丹江港、武当山港。确保“十二五”建成高速公路 590 公里、国省干线 1647 公里、通村公路 685 公里、县乡村三级客运站 1963 个。

在幕阜山片区，以大广、杭瑞、106 国道、长江黄金水道和京广、武九铁路干线为依托，构建该片区四县连接武汉、长沙、南昌以及周边黄石、咸宁、九江、岳阳等大中城市的高等级交通骨架。确保“十二五”建成高速公路 109 公里、国省干线 488 公里、县乡村三级客运站 782 个。

同时，省交通厅立足 4 个片区的产业特征和资源优势，在已建成 458 公里大别山红色旅游公路基础上，集中力量为秦巴山、武陵山、幕阜山 3 个片区各建设一条需求最迫切、经济社会效益较好的特色公路，总里程 3282 公里，加快开发片区内的特色资源。

其中秦巴山库区生态环保路全长 1390 公里，由“一主四支”组成，连接郧县、丹江口、竹山、竹溪、神农架等 8 个县市区，向外与陕西、重庆干线公路相连，已于今年 1 月开工建设。武陵山绿色旅游公路全长 1564 公里，由“一环七支”组成，连接巴东、建始、五峰、长阳等 11 个县，连接片区内恩施大峡谷、巴东神农溪、长阳清江画廊以及三峡大坝等 12 处核心旅游景区，与周边大三峡、神农架、张家界等著名景点有机衔接，形成大武陵山地区旅游环线走廊，建始段已于 2012 年 12 月开工建设。幕阜山生态旅游公路全长 328 公里，由“一主一支”组成，连接阳新、通山、崇阳、通城等 4 个县，辐射区域内大部分旅游景区。

三、群策群力，奏响扶贫大合唱

交通扶贫涉及方方面面，为调动各方积极性，突破资金、土地、环境等资源要素制约，省交通厅审时度势，牢牢抓住规划引导和协调督办两大关键，重点围绕解决好“资金从哪里来”、“项目如何落地”两大问题，确保交通扶贫开发目标、责任、成效“三落实”。

在支持政策上，做到“两争取一倾斜”。一是争取交通运输部支持，“十二五”期对湖北省3个片区额外增加补助49.97亿元，县均补助额高于全国水平。二是争取地方政府从政策、资金等方面给予支持，补助资金向4个片区扶贫开发倾斜。今年对4个片区安排车购税补助35亿元，约占全省车购税补助的44%。

在项目安排上，做到“两提高一突出”。片区内各县市每年农村公路规模是其他县市的1.5倍，补助标准是其他县市2倍以上，突出解决片区内乡镇之间、村与村之间的连通。

在发展重点上，做到“两优先一注重”。优先支持促进农业产业化、工业化进程的交通项目，把公路修到烟叶、茶叶、竹林等产业基地、种植基地、养殖基地；优先支持促进新型城镇化的交通项目，改善片区农村群众居住环境和出行条件，加快新型城镇化建设。注重提升片区内在的发展能力，优化片区投资环境。

在工作方式上，做到“四对接一共建”。针对4个片区均与其他省份毗邻的实际，建立了鄂赣皖三省五市合作打造大别山红色旅游区年会、鄂湘渝三省市推进武陵山片区交通扶贫开发联席会、鄂豫陕渝四省七市推进秦巴山区交通扶贫联席会、长江中游四省城市集群综合交通示范区联席会4个省际对接平台，加强扶贫项目、政策的沟通协调，促进片区交通一体化格局形成。与省发改委、国土资源厅、环境保护厅、水利厅和林业厅等省直部门建立了扶贫共建机制，对片区内二级公路可研报告及相关专题打捆批复形成了一致意见，在土地、审批等环节给予大力支持，优化了项目建设环境。

通过抓项目服务，做到项目成熟一个、开工一个，大大提高了扶贫建设速度。两年来省交通厅针对大别山、武陵山、秦巴山和幕阜山4个集中连片特困地区的交通投资规模已达270亿元，形成了全面开花、加快推进的良好态势。

四、提质增效，激发扶贫新活力

随着新一轮交通扶贫开发的加速推进，一大批扶贫项目成功落地，大别山、武陵山、秦巴山、幕阜山 4 个片区的开发性扶贫初见成效。

服务了旅游经济开发。2012 年红色旅游路通车后，黄冈市旅游业发展呈“井喷”之势，接待游客 1362 万人次，实现旅游收入 75 亿元，同比增长 35%。交通运输部去年在黄冈市召开全国农村公路建设现场会，推广湖北省交通扶贫开发的经验。黄冈市委书记刘善桥表示，至“十二五”末，将大别山 7 个县市区建设成为红色旅游核心示范区，实现红色旅游综合收入 100 亿元的发展目标。

在红色旅游路建成的基础上，省交通厅去年在 29 个重点县修建国省道建设 70 公里、生态旅游路 69.6 公里、县乡道改造 768 公里、通村公路 4497 公里。放眼望出，一条条崭新的公路蜿蜒于崇山峻岭之间，将沿途的自然景观、人文景观、红色景观一线串珠，原本一个个“养在深闺无人知”的景观成为拉动地方经济的新资源。

片区内各县市抢抓机遇，充分发挥区位和资源优势，加快把大别山区建设成为红色生态文化旅游示范区、把武陵山片区建设成为生态文化旅游区、把秦巴山片区建设成为生态文化旅游集散地、把幕阜山片区建设成为华中地区旅游度假胜地。位于幕阜山区的阳新县开发幕阜山区“湖光山色”资源，打造仙岛湖、富水水库等生态景观旅游区，实现了旅游资源大县向旅游资源开发先进县跨越，是特困地区依托旅游经济，实现转型发展的一个缩影。

服务了新农村建设。省交通厅将农村公路建设与交通扶贫开发紧密结合，把农村公路建设主战场逐步转移到集中连片特困地区，在项目、投资、政策方面向特困地区倾斜。目前，除恩施州外，全省 100% 的建制村通达沥青水泥路、100% 的建制村建有候车站亭、100% 的建制村通客车、100% 的乡镇渡口达标。无数昔日鲜为人知的山村，如今公路已经通到了村域，农用车、小客车、货车已经能够开到农户的家门口，农民也再不需要肩挑背驮，农民群众行路难、乘车难、过渡难问题得到极大改善。

扶贫公路施工中

位于鄂陕省际的湖北口回族乡的发展变迁就是其中最生动的例子。昔日的湖北口曾流传着这样的几句顺口溜："山高气候寒，吃水行路难，住得茅草屋，打工没盘缠"。近年来，依托交通扶贫政策，该乡开展了一场轰轰烈烈的交通扶贫攻坚战，彻底改变过去的面貌。截至目前，该乡通村公路 130 公里，通村公路硬化率达到 100%，修通组级公路 279 公里。群众又用"湖北口变化大，扶贫攻坚绽新花，产业发展经济壮，男女老少乐哈哈"的顺口溜诠释着快速发展中的湖北口回族乡。

2012 年，四大贫困片区农民人均纯收入为 5210 元，比 2005 年将近翻了三番。

今年省交通厅将再投资 114.4 亿元，建设片区内 5 条高速公路、3516 公里国省干线和县乡公路；投资 12 亿元，建设通村公路 1965 公里；投资 5850 万元，建设 63 个县乡客运站。

服务了县域经济振兴。交通设施的改善，为特困地区转变经济发展方式,提升自身“造血”功能,增强发展后劲提供了条件,极大的激活了县域经济的发展。“十二五”以来,红安县引进了 80 多家企业落户园区,麻城市引进了两家世界 500 强企业,罗田县投资 20 亿元建设的大别山百里生态画廊项目顺利推进。据不完全统计,截至去年年底,在湖北大别山区企地双方共对接项目 226 个,协议总资金 1848 亿元,其中已签约项目 141 个,总投资 868 亿元。

位于秦巴山区的竹溪县按照“主导产业通省道,重点产业通县道,一个产业一条路”的思路,使县乡公路向资源产地、产业基地、旅游景点延伸,激活了农产品流通。如今,竹溪县的绿色食品、茶叶、烟叶、畜牧业、特色蔬菜、中药材等优势产品源源挺进市场,农民人均纯收入、全县的财政收入逐年提高。

武陵山深处的恩施州鹤峰县依托近年修建的四通八达的农村公路,大力培植具有山区经济特色的种植业,创建了“茶叶出口基地”和“全国绿色食品原料标准化生产基地”。2012 年全年实现县域生产总值达 35 亿元,比 2005 年翻了将近两番,其中农村公路建设的综合贡献率接近三分之一。

据统计,2012 年,4 个片区预计完成地区生产总值 2854.27 亿元,多项经济指标增幅高于全省平均水平。

服务了省际联动开发。同属武陵山片区的湖南龙山县与湖北来凤县按照“交通同网”、“旅游同线”、“产业同步”、“环境同治”、“信息同享”的发展目标,共建来凤龙山共建经济协作示范区。项目已获得国务院批复,将成为武陵山区的重要城市和经济增长极。“十二五”后 3 年,省交通厅将继续加强部省衔接和省际对接,着力打通 17 条省际市际干线断头路,加快形成对外联系紧密的开放型交通运输网络。

海阔龙吟水,天高凤舞空。随着《湖北省集中连片特困地区区域发展与扶贫攻坚规划(2011 至 2020 年)》获省政府正式批复,交通扶贫开发已进入决战期。省交通厅将全力打好“三年攻坚战”。到 2015 年,实现 100% 的县市通高速公路、100% 的县市通国道、

100%的县级以上城市通一级以上公路、100%的建制乡镇通国省道及二级以上公路、100%的建制村通沥青(水泥)路、100%的建制村通班车的规划目标。届时4个片区交通基础设施薄弱的状况将得到根本转变,为特困片区整体脱贫致富、全面建成小康社会提供强有力的交通运输保障,在服务"五个湖北"的宏伟实践中写下更加绚丽的篇章。

湖北打响交通扶贫攻坚战 4 集中连片特困地区为重点

2013 年 6 月 17 日　湖北省人民政府网

扶贫开发，交通先行

省交通运输厅把大别山、武陵山、秦巴山、幕阜山 4 个集中连片特困地区作为扶贫攻坚的主战场，强筋骨、畅脉络，构筑扶贫开发大底盘。“十二五”以来，全省已投资 270 亿元用于交通项目建设，使贫困地区交通条件显著改善、群众生活更加富裕、区域经济更加繁荣。

眼下，湖北省交通扶贫三年攻坚战已全面打响。届时 4 个片区交通基础设施薄弱的状况将得到根本转变，为特困片区整体脱贫致富、全面建成小康社会提供强有力的交通运输保障。

一个个集中连片特困地区，交通扶贫攻坚战轰轰烈烈

全国 14 个集中连片特困地区中，涉及湖北省的有 3 个，即武陵山片区、大别山片区和秦巴山片区，加上纳入省级扶贫规划的幕阜山片区，全省 4 个集中连片特困地区共涵盖 33 个县市区，贫困人口 499 万人，贫困人口占全省的 60.9%。

交通困难，一难变万难。集中连片特困地区大都远离中心城市，多为山大沟深流急之地，基础设施条件薄弱，公路运输成为当地最主要甚至是唯一的运输方式，切实改善特困地区群众的基本出行条件成了当务之急。

省交通厅认真落实中央、省关于集中连片特困地区交通发展

的政策，将大别山、武陵山、秦巴山、幕阜山确定为新一轮交通扶贫开发工作的主攻方向，及时编制完成了《湖北省集中连片特困地区交通建设扶贫规划》（2011—2020）和《湖北省集中连片特困地区特色公路规划》。

规划根据集中连片特困地区交通发展的基础、条件不同，突出发挥4个片区的独特区域优势，注重与一元多层次发展战略体系，特别是“一红一绿”、南水北调丹江口库区、脱贫奔小康试点、竹房城镇带城乡一体化试点等工作平台的衔接，有针对性提出了改善特困地区通行状况、完善区域路网格局、提升农村客货运输水平的中远期目标，用规划引领全省交通扶贫开发工作。

“路网有限，服务无限”，“加快实现交通运输基本公共服务均等化等具体目标，为全面建成小康社会奠定基础，既是交通人职责所在，又是重要的政治任务，必须带着浓厚的感情抓紧抓实。”

坚守这一信念，一场湖北省交通发展史上最大规模的扶贫攻坚战役正在大别山、武陵山、秦巴山、幕阜山区轰轰烈烈地展开。

一批批大项目，夯实扶贫大底盘

交通扶贫工作要做到有的放矢、有章可循，不能搞花架子。

按照“交通发展带动扶贫开发”的基本思路，省交通运输厅把重点项目建设作为扶贫攻坚的重中之重，全力抓好片区对外通道、旅游公路网、农村公路网、水运项目建设和农村客货运输场站建设，夯实经济发展的大底盘，形成了在建一批、启动一批、储备一批的良性互动发展态势。

同时，省交通运输厅立足4个片区的产业特征和资源优势，在已建成458公里大别山红色旅游公路基础上，集中力量为秦巴山、武陵山、幕阜山3个片区各建设一条需求最迫切、经济社会效益较好的特色公路，总里程3282公里，加快开发片区内的特色资源。

其中，秦巴山库区生态环保公路全长1390公里，由“一主四支”组成，连接郧县、丹江口、竹山、竹溪、神农架等8个县市区，向外与陕西、重庆干线公路相连,已于今年1月开工建设。

武陵山绿色旅游公路全长1564公里,由“一环七支”组成,连接巴东、建始、五峰、长阳等11个县,连接片区内恩施大峡谷、巴东神农溪、长阳清江画廊以及三峡大坝等12处核心旅游景区,与周边大三峡、神农架、张家界等著名景点有机衔接,形成大武陵山地区旅游环线走廊,建始段已于2012年12月开工建设。

幕阜山生态旅游公路全长328公里,由“一主一支”组成,连接阳新、通山、崇阳、通城等4个县,辐射区域内大部分旅游景区。

一份份力量汇聚,奏响扶贫大合唱

交通扶贫涉及方方面面,为调动各方积极性,突破资金、土地、环境等资源要素制约,省交通运输厅审时度势,牢牢抓住规划引导和协调督办两大关键,重点围绕解决好“资金从哪里来”、“项目如何落地”两大问题,确保交通扶贫开发目标、责任、成效“三落实”。

在支持政策上,做到“两争取一倾斜”。一是争取交通运输部支持,“十二五”期对湖北省3个片区额外增加补助49.97亿元,县均补助额高于全国水平。二是争取各级政府支持,创新融资方式。一方面,争取省普通公路建设补助资金45亿元,会同省财政厅运作发行40亿元国债,在资金安排上向4个片区倾斜;另一方面,指导和支持地方建立交通融资平台,如黄冈、咸宁等地运用BT等方式,通过土地捆绑开发,广泛吸纳社会资本参与普通公路建设,推动了交通扶贫开发。

在项目安排上,做到“两提高一突出”。片区内各县市每年农村公路规模是其他县市的1.5倍,补助标准是其他县市2倍以上,突出解决片区内乡镇之间、村与村之间的连通。

在发展重点上,做到“两优先一注重”。优先支持促进农业产业化、工业化进程的交通项目,把公路修到烟叶、茶叶、竹林等产业基地、种植基地、养殖基地;优先支持促进新型城镇化的交通项目,改善片区农村群众居住环境和出行条件,加快新型城镇化建设。

注重提升片区内在的发展能力、优化片区投资环境。

在工作方式上，做到“四对接一共建”。针对4个片区均与其他省份毗邻的实际，建立了鄂赣皖三省五市合作打造大别山红色旅游区年会、鄂湘渝三省市推进武陵山片区交通扶贫开发联席会、鄂豫陕渝四省七市推进秦巴山区交通扶贫联席会、长江中游四省城市集群综合交通示范区联席会4个省际对接平台，加强扶贫项目、政策的沟通协调，促进片区交通一体化格局形成。与省发改委、国土资源厅、环境保护厅、水利厅和林业厅等省直部门建立了扶贫共建机制，对片区内二级公路可研报告及相关专题打捆批复形成了一致意见，在土地、审批等环节给予大力支持，优化了项目建设环境。

通过抓项目服务，做到项目成熟一个、开工一个，大大提高了扶贫建设速度。两年来省交通运输厅针对大别山、武陵山、秦巴山和幕阜山四个集中连片特困地区的交通投资规模已达270亿元，形成了全面开花、加快推进的良好态势。

湖北全面打响交通扶贫攻坚战

2013 年 6 月 23 日　湖北省人民政府网

【导语】

国家新十年扶贫纲要颁布后，大别山、武陵山、秦巴山、幕阜山四大片区，成为湖北新阶段扶贫开发的主战场。2013 年 3 月 6 日，武陵山、秦巴山、大别山和幕阜山片区区域发展与扶贫攻坚规划，经省政府批准实施。规划指出，要把交通基础设施建设作为扶贫攻坚的重中之重，加大投入，优化布局，完善体系，有效改善特困地区经济地理环境。

湖北省连片特困地区分布图

全国14个集中连片特困地区中,涉及我省的有3个,即武陵山片区、大别山片区和秦巴山片区,加上纳入省级扶贫规划的幕阜山片区,全省4个集中连片特困地区共涵盖33个县市区,贫困人口为499万人,贫困人口占全省的60.9%。

一、战略意义

2013年2月25日,省长王国生主持省政府专题会议研究特困地区扶贫攻坚时指出,要把交通基础设施建设作为扶贫攻坚的重中之重,加大投入,优化布局,完善体系,有效改善特困地区经济地理环境。

交通困难,一难变万难。集中连片特困地区大都远离中心城市,多为山大沟深流急之地,基础设施条件薄弱,公路运输成为当地最主要甚至是唯一的运输方式,切实改善特困地区群众的基本出行条件成了当务之急。

省交通厅认真落实中央、省关于集中连片特困地区交通发展的政策,将大别山、武陵山、秦巴山、幕阜山确定为新一轮交通扶贫开发工作的主攻方向,及时编制完成了《湖北省集中连片特困地区交通建设扶贫规划》(2011—2020)和《湖北省集中连片特困地区特色公路规划》。

规划根据集中连片特困地区交通发展的基础、条件不同,突出发挥四个片区的独特区域优势,注重与一元多层次发展战略体系,特别是"一红一绿"、南水北调丹江口库区、脱贫奔小康试点、竹房城镇带城乡一体化试点等工作平台的衔接,有针对性提出了改善特困地区通行状况,完善区域路网格局,提升农村客货运输水平的中远期目标,用规划引领全省交通扶贫开发工作。

湖北省交通运输厅厅长尤习贵:加快实现交通运输基本公共服务均等化等具体目标,为全面建成小康社会奠定基础,既是交通人职责所在,又是重要的政治任务,必须带着浓厚的感情抓紧抓实。

二、谋篇布局

大别山片区

在大别山片区，围绕建设“两纵四横”的交通运输主通道，加快形成连接武汉、合肥、郑州等中心城市的综合运输通道，重点建设麻阳高速、麻竹高速、黄鄂高速团风段、棋盘洲长江大桥、蕲太岳高速等。确保“十二五”建成高速公路276公里、国省干线1022公里、县乡村三级客运站3039个。

武陵山片区

在武陵山片区，构筑恩施、宜昌“1小时交通圈”，建设恩施、利川、来凤等区域性综合交通枢纽。重点推进利川至重庆、黔张常（黔江—张家界—常德）、郑万（郑州—万州）铁路建设。加快宜巴、恩来、建恩、利万、宣黔等高速公路建设，开工建设宜张高速。确保“十二五”建成高速公路522公里、国省干线1214公里、通村公路6951公里、县乡村三级客运站2114个。

秦巴山片区

在秦巴山片区，重点建设十天、郧十、麻竹、谷竹、保宜等高速公路；建设武汉至西安客运专线，建设神农架机场、武当山机场；建设丹江港、武当山港。确保“十二五”建成高速公路590公里、国省干线1647公里、通村公路685公里、县乡村三级客运站1963个。

幕阜山片区

在幕阜山片区，以大广、杭瑞、G106、长江黄金水道和京广、武九铁路干线为依托，构建该片区四县连接武汉、长沙、南昌以及周边黄石、咸宁、九江、岳阳等大中城市的高等级交通骨架。确保“十二五”建成高速公路109公里、国省干线488公里、县乡村三级客运站782个。

三、核心问题

交通扶贫涉及方方面面，为调动各方积极性，突破资金、土地、环境等资源要素制约，省交通厅审时度势，牢牢抓住规划引导和协调督办两大关键，重点围绕解决好“资金从哪里来”、“项目如何落地”两大问题，确保交通扶贫开发目标、责任、成效“三落实”。

在支持政策上，做到“两争取一倾斜”。一是争取交通运输部支持，“十二五”期对我省 3 个片区额外增加补助 49.97 亿元，县均补助额高于全国水平。二是争取地方政府从政策、资金等方面给予支持。补助资金向四个片区扶贫开发倾斜。今年对 4 个片区安排车购税补助 35 亿元，约占全省车购税补助的 44%。

在项目安排上，做到“两提高一突出”。片区内各县市每年农村公路规模是其他县市的 1.5 倍，补助标准是其他县市 2 倍以上，突出解决片区内乡镇之间、村与村之间的连通。

在发展重点上，做到“两优先一注重”。优先支持促进农业产业化、工业化进程的交通项目，把公路修到烟叶、茶叶、竹林等产业基地、种植基地、养殖基地；优先支持促进新型城镇化的交通项目，改善片区农村群众居住环境和出行条件，加快新型城镇化建设。注重提升片区内在的发展能力、优化片区投资环境。

在工作方式上，做到“四对接一共建”。针对 4 个片区均与其他省份毗邻的实际，建立了鄂赣皖三省五市合作打造大别山红色旅游区年会、鄂湘渝三省市推进武陵山片区交通扶贫开发联席会、鄂豫陕渝四省七市推进秦巴山区交通扶贫联席会、长江中游四省城市集群综合交通示范区联席会 4 个省际对接平台，加强扶贫项目、政策的沟通协调，促进片区交通一体化格局形成。与省发改委、国土资源厅、环境保护厅、水利厅和林业厅等省直部门建立了扶贫共建机制，对片区内二级公路可研报告及相关专题打捆批复形成了一致意见，在土地、审批等环节给予大力支持，优化了项目建设环境。

通过抓项目服务,做到项目成熟一个、开工一个,大大提高了扶贫建设速度。两年来省交通厅针对大别山、武陵山、秦巴山和幕阜山四个集中连片特困地区的交通投资规模已达 270 亿元,形成了全面开花、加快推进的良好态势。

四、战略影响

(一)旅游经济开发

2012 年红色旅游路通车后,黄冈市旅游业发展呈“井喷”之势,接待游客 1362 万人次,实现旅游收入 75 亿元,同比增长 35%。交通运输部去年在黄冈市召开全国农村公路建设现场会,推广我省交通扶贫开发的经验。黄冈市委书记刘善桥表示,至“十二五”期末,将大别山 7 个县市区建设成为红色旅游核心示范区,实现红色旅游综合收入 100 亿元的发展目标。

在红色旅游路建成的基础上,省交通厅去年在 29 个重点县修建国省道建设 70 公里、生态旅游路 69.6 公里、县乡道改造 768 公里、通村公路 4497 公里。放眼望出,一条条崭新的公路蜿蜒于崇山峻岭之间,将沿途的自然景观、人文景观、红色景观一线串珠,原本一个个“养在深闺无人知”的景观成为拉动地方经济的新资源。

片区内各县市抢抓机遇,充分发挥区位和资源优势,加快把大别山区建设成为红色生态文化旅游示范区、把武陵山片区建设成为生态文化旅游区、把秦巴山片区建设成为生态文化旅游集散地、把幕阜山片区建设成为华中地区旅游度假胜地。位于幕阜山区的阳新县开发幕阜山区“湖光山色”资源,打造仙岛湖、富水水库等生态景观旅游区,实现了旅游资源大县向旅游资源开发先进县跨越,是特困地区依托旅游经济,实现转型发展的一个缩影。

(二)新农村建设

省交通运输厅将农村公路建设与交通扶贫开发紧密结合,把农村公路建设主战场逐步转移到集中连片特困地区，在项目、投资、政策方面向特困地区倾斜。目前，除恩施州外，全省100%的建制村通达沥青水泥路、100%的建制村建有候车站亭、100%的建制村通客车、100%的乡镇渡口达标。无数昔日鲜为人知的山村，如今公路已经通到了村域，农用车、小客车、货车已经能够开到农户的家门口，农民也再不需要肩挑背驮，农民群众行路难、乘车难、过渡难问题得到极大改善。

恩施大峡谷绿色旅游公路

位于鄂陕省际的湖北口回族乡的发展变迁就是其中最生动的例子。昔日的湖北口曾流传着这样的几句顺口溜："山高气候寒，吃水行路难，住得茅草屋，打工没盘缠"。近年来，依托交通扶贫政策，该乡开展了一场轰轰烈烈的交通扶贫攻坚战，彻底改变过去的面貌。截至目前，该乡通村公路130公里，通村公路硬化率达到100%，修通组级公路279公里。群众又用"湖北口变化大，扶贫攻坚绽新花，产业发展经济壮，男女老少乐哈哈"的顺口溜诠释着快速发展中的湖北口回族乡。

2012年，四大贫困片区农民人均纯收入为5210元，比2005年将近翻了三番。

今年省交通厅将再投资 114.4 亿元，建设片区内 5 条高速公路、3516 公里国省干线和县乡公路。投资 12 亿元，建设通村公路 1965 公里。投资 5850 万元，建设 63 个县乡客运站。

（三）县域经济振兴

交通设施的改善，为特困地区转变经济发展方式，提升自身“造血”功能，增强发展后劲提供了条件，极大的激活了县域经济的发展。“十二五”以来，红安县引进了 80 多家企业落户园区，麻城市引进了两家世界 500 强企业，罗田县投资 20 亿元建设的大别山百里生态画廊项目顺利推进。据不完全统计，截至去年底，在湖北大别山区企地双方共对接项目 226 个，协议总资金 1848 亿元，其中已签约项目 141 个，总投资 868 亿元。

位于秦巴山区的竹溪县按照“主导产业通省道，重点产业通县道，一个产业一条路”的思路，使县乡公路向资源产地、产业基地、旅游景点延伸，激活了农产品流通。如今，竹溪县的绿色食品、茶叶、烟叶、畜牧业、特色蔬菜、中药材等优势产品将源源挺进市场，农民人均纯收入、全县的财政收入逐年增强。

武陵山深处的恩施州鹤峰县依托近年修建的四通八达的农村公路，大力培植具有山区经济特色的种植业，创建了“茶叶出口基地”和“全国绿色食品原料标准化生产基地”。2012 年全年实现县域生产总值达 35 亿元，比 2005 年翻了将近两番，其中农村公路建设的综合贡献率接近三分之一。

据统计，2012 年，4 个片区预计完成地区生产总值 2854.27 亿元，多项经济指标增幅高于全省平均水平。

（四）省际联动开发

同属武陵山片区的湖南龙山县与湖北来凤县按照“交通同网”、“旅游同线”、“产业同步”、“环境同治”、“信息同享”的发展目标,共建来凤龙山共建经济协作示范区,项目已获得国务院批复,将成为武陵山区的重要城市和经济增长极。“十二五”后3年,省交通厅将继续加强部省衔接和省际对接,着力打通17条省际市际干线断头路,加快形成对外联系紧密的开放型交通运输网络。

【展望】

海阔龙吟水,天高凤舞空。随着《湖北省集中连片特困地区区域发展与扶贫攻坚规划(2011至2020年)》获省政府正式批复,交通扶贫开发已进入决战期。省交通厅将全力打好“三年攻坚战”,到2015年,实现100%的县市通高速公路、100%的县市通国道、100%的县级以上城市通一级以上公路、100%的建制乡镇通国省道及二级以上公路、100%的建制村通沥青(水泥)路、100%的建制村通班车的规划目标。届时4个片区交通基础设施薄弱的状况将得到根本转变,为特困片区整体脱贫致富、全面建成小康社会提供强有力的交通运输保障,在服务“五个湖北”的宏伟实践中写下更加绚丽的篇章。

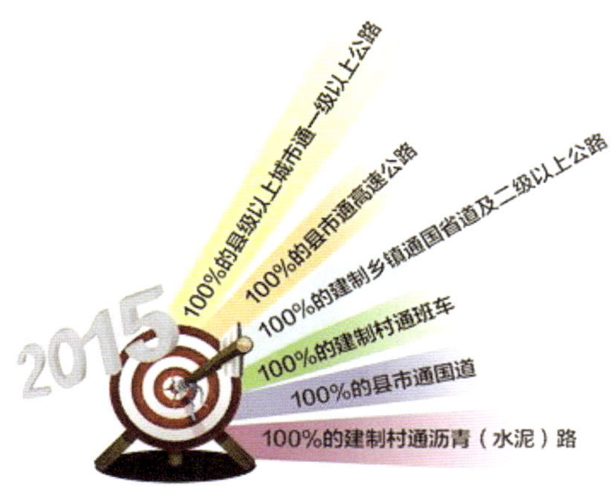

交通扶贫三年攻坚战目标

湖北省交通运输厅为恩施州开放开发提供交通运输保障

2013 年 8 月 29 日　湖北省人民政府网

恩施州是共和国最年轻的自治州，也是扶贫开发的主战场。省交通厅深入贯彻落实李克强总理考察恩施州重要指示精神，以及国务院、省委省政府关于试点建设的相关批示要求，依托与恩施州政府签订的《加快恩施武陵山少数民族经济社会发展试验区交通运输发展合作协议》，加大厅市合作力度，积极给予政策倾斜，有序推进恩施州公路、水运等交通干线通道建设，交通运输条件极大改善。

一是科学谋划片区交通扶贫开发。以提升恩施在中西结合部和武陵山区的交通枢纽战略地位为目标，在制定《湖北省省道网规划纲要(2011—2030 年)》中给予政策倾斜。恩施州纳入的国省道总里程为 4111 公里，较原有国省道 2047 公里增加了 2064 公里，总里程翻了一番，总投资约 750 亿元。以龙凤镇为核心，编制完成了《湖北恩施全国综合扶贫改革试点交通专项规划(2013—2020)》，路、站双轮驱动，构建“两高两环两联络线”、“四站一中心”运输格局，总投资 65.5 亿元，较全省乡镇交通运输发展平均目标水平提前五年。在补助政策上加大支持力度，对恩施州通村油路每公里实行 30 万元的补助政策，对武陵山地区一级公路建设按照每公里 500 万元的标准进行补助，还积极争取，将利万、恩来高速公路等一批重大交通项目纳入了国家和省相关规划，缓解了建设资金压力。

二是加快打通对外开放大通道。继沪渝高速鄂西段建成通车之后，“十二五”以来，恩施集中开工建设多条高速公路，加快形成对外开放的快速通道网络。在建的沪渝高速宜巴段创我省目前桥隧比例最大、工程造价最高的高速公路项目的新纪录,雾渡河至巴东段110公里将于今年年底通车。银北高速恩施州境共195公里,总投资180亿元。其中:全长96公里的恩来段一期土建工程基本完工,累计完成投资51.4亿元,占总投资的65%;全长78公里的恩建段总投资79亿元,目前罗针田至虎岔口段7.3公里已实质性开工;全长20.8公里的鄂渝省界至建始陇里段按东线(巫山)总投资22.3亿元,目前工可报告及所有专题全部完成。同时,省交通厅加紧与重庆市衔接省际通道项目建设,其中对接的重点为关系恩施州经济社会发展的4条高速在建公路、3条待建铁路、2条新增国道和7条新增省道。“十二五”期末,恩施州将建成“三横一纵两支”高速公路网,实现县县通高速,与重庆、武汉等经济中心以及黔江、万州、张家界等外围区域中心城市可便捷沟通,畅通出海大通道。

三是全力服务旅游经济发展。恩施州山高谷深,“山、水、洞、情”旅游资源特色鲜明,集巴楚文化、巴渝文化、红色文化、抗战文化于一身。省交通厅大力推广大别山红色旅游路的成功经验,在武陵山等3个集中连片地区加快建设一条需求最迫切、经济社会效益较好的特色公路。其中武陵山绿色生态旅游公路在恩施州境内呈“一主六支”分布,串联该州9个4A级以上核心景区及4个待开发景区,总里程968公里,总投资35亿元。根据规划,省交通厅大力支持恩施建设连接恩施大峡谷、利川腾龙洞、咸丰坪坝营、建始野三河、巴东神农溪等核心景区的绿色生态旅游公路网;支持咸丰至坪坝营旅游公路建设,力争与恩黔高速公路同步建成;支持恩施大龙潭至大峡谷旅游公路大岩阡隧道建设,以提高恩施大峡谷旅游公路通行能力,消除安全隐患。目前,恩施大峡谷段路基工程基本完成,建始段已于去年底正式动工;恩施大岩阡隧道工程正加紧开工建设。“十二五”期末,恩施将实现4A级以上旅游景区通二级公路,成为旅游交通顺畅的示范区。

四是着力改善群众出行条件。以公路、水运和场站基础设施建设为重点,不断加大资金投入,强化域内交通联系,改善群众出行条件,服务群众脱贫致富。通过实施全省普通公路“三年攻坚战”,大力支持恩施建设构筑“周边广辐射、城乡全覆盖、衔接大交通、快速集疏远”的干线公路网络和“干支相连、通村达户、惠民便民”的农村公路网络,实现乡镇通二级公路、建制村通沥青(水泥)路。突出“四站一中心”建设,努力实现“客运零换乘,货运无缝衔接”。目前恩施二级客运站、龙马三级客运站、吉心五级客运站、龙凤物流园区(含龙凤坝二级货运站)和恩施客运中心枢纽(含恩施一级客运中心站、龙凤旅游集散中心)均已开展前期工作。针对恩施州水资源丰富,航运条件得天独厚的特点,推动省政府批准《清江恩施港总体规划》,拟建港区 17 个,规划泊位数 150 个,总投资约 50 亿元,将成为畅通水路交通,展现“清江画廊”和“土苗民俗风情”旅游魅力的重要平台。

湖北省四大集中连片特困地区走笔：扶贫攻坚战犹酣

2013 年 9 月 3 日 《湖北日报》

两年前，国家和我省出台新十年扶贫开发纲要及“十二五”扶贫开发规划，提出将大别山、武陵山、秦巴山、幕阜山四大集中连片特困地区，作为扶贫开发主战场。

这些地方贫困面大、人口多、程度深，一般经济增长不能带动，常规扶贫手段难以奏效，扶贫开发周期较长。

从整县推进，到片区开发，眼下被大山阻隔的贫困户、贫困点、贫困村镇、贫困县，正捏成拳头，凝聚合力，开启扶贫开发新征程。

一、打破交通瓶颈，整体扶贫有了起飞平台

漫山遍野的经济林，规划有序的农村新社区，厂房林立的工业园——快速掠过车窗的风景，直观地展示大别山区的变化。

8 月 15 日，记者从武昌驱车前往罗田，走高速公路只用了不到 90 分钟。以前，这一区间车程在 4 小时以上。

前有江，后有山，同许多连片特困地区一样，交通闭塞是当地经济社会发展的瓶颈。

如今的大别山区，正成为中部的交通枢纽地区之一。

谋划多年的大别山红色旅游公路，全长 458 公里，从红安七里坪出发，经麻城、罗田、英山、浠水、蕲春，抵鄂东门户黄梅，跨越关隘险阻，让大别山腹地终成坦途。

穿 7 县，连 38 景。大别山红色旅游公路将分散的旅游资源一线串珠。

扶贫开发，交通先行。秦巴山、武陵山、幕阜山 3 个片区的特

色公路也正在有序建设中，总里程 3282 公里。“一主四支”的秦巴山库区生态环保公路，连接郧县、丹江口、竹山、竹溪、神农架等 8 个县市区，向外与陕西、重庆干线公路相连。

武陵山绿色旅游公路“一环七支”，连接巴东、建始、五峰、长阳等 11 个县，串起片区内恩施大峡谷、巴东神农溪、长阳清江画廊以及三峡大坝等 12 处核心旅游景区，与周边大三峡、神农架、张家界等著名景点有机衔接，形成大武陵山地区旅游环线走廊。

幕阜山生态旅游公路，连接阳新、通山、崇阳、通城等 4 个县，辐射区域内大部分旅游景区。

旅游公路建设，是片区基础设施改善的缩影，将打破阻隔，带动人流、物流、资金流、信息流，为整体扶贫提供“起飞”平台。

二、依托自然资源，产业扶贫变输血为造血

集中连片特困地区是大山区，粮食生产比不上平原地区，工业生产比不上沿江沿海地区，依托丰富的自然资源，发展特色种养和特色加工，才是制胜之道。“大别山最好的茶叶在英山，英山最好的茶叶在雷家店。”英山县雷家店镇伍家冲村 2011 年被列为整村推进扶贫重点开发村，眼下家家户户种茶，茶叶面积达 1268 亩。该村利用扶贫资金发展无公害喷灌茶园 600 亩，组建林茶专业合作社。胡从涛是合作社第一批社员，如今种了 7 亩茶，年收入达 3 万元左右，是过去种水稻收入的 4 倍。“要脱贫，不能光指望上面送钱送物。说一千道一万，产业是命根子，有产业才有造血功能。”8 月 16 日，村支书程世进介绍，茶产业帮助村里每年脱贫 32 户，目前全村 80% 农户脱贫。

恩施自治州通过特色农业、资源型新型工业和生态文化旅游业发展产业扶贫，建成 500 万亩特色产业基地，全省最大的烟叶、茶叶、高山蔬菜基地，280 家规模以上农产品加工企业。

目前，全省贫困地区已建成特色农业基地 1800 多万亩，形成了大别山区以茶叶、板栗、花生、中药材、肉牛为主，武陵山区以柑

橘、茶叶、烟叶、畜牧、高山蔬菜为主,秦巴山区以魔芋、柑橘、食用菌、核桃、肚倍为主,幕阜山区以笋竹、畜牧、速生丰产林为主的区域性特色产业布局。

产业扶贫,带动行业扶贫、搬迁扶贫、雨露计划、互助金试点等大行其道,“输血”变为“造血”,区域发展活力被激活。

2012 年,武陵山、大别山、秦巴山和幕阜山 4 个片区完成地区生产总值 2854 亿元,地方财政一般预算收入 289 亿元,农民人均纯收入为 5210 元,分别比上年增长 12.4%、15.8%、17.5%。

三、见苗浇水,精准定位消除贫困户

扶真贫,才是真扶贫。扶贫到户,一直是个难题。很多贫困村,经过多年扶持,村容村貌焕然一新,村集体也薄有积蓄,而贫困户依然是那些旧面孔。

摒弃“大水漫灌”,实现“见苗浇水”,我省在精确瞄准贫困户上狠下功夫。英山县骆驼坳镇梨树坳村贫困户徐新德,就是千千万万受益者之一。

徐新德的爱人中风,生活不能自理,两个孩子都在上学,家境十分贫困。听说养鸡赚钱快,他一咬牙找亲戚凑了 10 万元,又找农信社借了 5 万元。村里还帮他解决了水、电、路等配套设施,又帮忙联系公司收购肉鸡。“过去扶贫的钱都是整块划到下面,每户平均分点,只够短期的生活费。”徐新德说。如今,扶贫部门帮他争取了扶持产业发展资金 2 万元、互助金 1 万元,申请贴息贷款。“今年已出栏 2 批肉鸡,赚了 2 万元,按年出栏 6 批算,3 年内我就能脱贫啦!”

见苗浇水,首先要找到苗在哪里。为准确掌握贫困人口的规模和分布结构,我省对贫困人口建档立卡,“定制”贫困户脱贫方案。

在恩施自治州,贫困人口实现了数字化管理。8 月 17 日,州扶贫办工作人员丁蕾轻点鼠标,互联网页面打开,建始县一位贫困户的详细情况一览无余。

扶贫到户,对有劳动能力的贫困人口,专项直接扶持;对没有劳动能力和生活长年困难的农村人口通过低保、救助等保障其基本生存。

去年,我省50.9万人脱贫,姓甚名谁,一目了然;扶贫搬迁10248户40992人,谁家谁户,清清楚楚;“雨露计划”转移培训51411人,培训一人,转移一人,一张张实名制登记卡,一份份扶贫台账,让扶贫工作到人到户。

四、机制保障,奏响扶贫大合唱

片区扶贫攻坚,事关经济发展和社会稳定全局。我省上下形成共识:是否重视此项工作,反映了对困难群众的态度,是对各级党委、政府执政理念的检验。

两年来,省委书记李鸿忠、省长王国生多次深入片区调研,现场办公解决重大问题;分管领导省委副书记张昌尔亲自检查指导扶贫开发,帮助解决实际困难。

针对各片区实际,省委、省政府均制定出台了一个含金量高的指导意见,“真金白银”扶持片区:每年每个片区县综合扶贫投入3亿元至5亿元,省政府每年拿出50亿元产业发展基金专门支持片区产业发展。到2015年,4个片区地区生产总值年均增长率要达到11%以上。

去年,省政府首次将“连片特困地区300个重点贫困村实施整村推进扶贫攻坚”列为“十件实事”之一。

十多个省直部门打破常规、特事特办。政策、资金、项目、人才,纷纷向片区聚集。

地方党政主要负责同志扶贫工作责任制、省直单位行业扶贫目标责任制、定点帮扶工作考核、专项扶贫督办机制,扶贫保障机制环环相扣,有序运行。

2012年,我省出台整村推进、扶贫搬迁、雨露计划转移培训、扶贫贴息贷款、小额贷款扶贫贴息、老区和插花贫困专项扶贫项目管理等6个试行办法,深入推进专项扶贫精细化管理,这也是全国第一个扶贫项目精细化管理的制度性文件。

中直17家单位对口帮扶我省25个重点县,实现帮扶重点县全覆盖;省内党政机关、高等院校、大中型企业、科研院所、医疗机构、驻鄂部队、金融机构等开展联县、带乡、驻村的对口帮扶;社会各界参与扶贫,“千企帮千村”、“616”、“1321”、“双联双促”等工程,构建专项扶贫、行业扶贫、社会扶贫三位一体的大扶贫格局。

大别山、武陵山、秦巴山、幕阜山,沸腾的群山,扶贫事业潮起浪涌。

湖北省集中连片特困地区交通扶贫建设

2013 年 9 月 27 日　国家民宗委网

9 月 24 日，湖北省 2013 年集中连片特困地区交通扶贫建设推进会暨普通公路建设调度会在利川召开。会议通报了片区交通扶贫建设实施情况、普通公路建设投资完成情况及地方国债落实情况，安排部署了下阶段片区交通扶贫建设暨普通公路建设推进工作。

2013 年，湖北省交通扶贫开发工作实现了良好开局，呈现出规划引领、行动迅速、亮点纷呈三个显著特点。各地因地制宜，立足特色，与省交通运输厅积极联动，合力打出了大别山“老区牌”、丹江口“库区牌”和南水北调“移民牌”等，相继报批、建设了一批群众呼声高、国家支持大、致富效果好的特色路，得到了国家额外安排的补助资金承诺达 13.2 亿元。如已通车的大别山“红色旅游路”，已开工的秦巴山“环库生态路”，在建的武陵山“清江画廊路”和即将建设的幕阜山“香泉特色路”等。同时，公路建设资金筹措成效显著。截至 8 月底，已到位部省补助资金 66.87 亿元，2013 年 40 亿元政府债券已下达到各地。全省大部分市、县已经组建交投公司实现“平台式”融资，利用土地置换、土地抵押撬动银行贷款的“杠杆式”融资等，拓展了交通融资新渠道。全省普通公路超额完成全年投资目标任务。到 8 月底，全省普通公路完成固定资产投资 211 亿元，为年度目标的 117.3%。片区特色公路建设稳步推进，全省 4 个片区 33 个县（市区）普通公路建设已完成投资 82.2 亿元，为年度目标的 120%。纳入片区扶贫规划普通公路建设项目已建成 587 公里，在建 791 公里，占规划里程的 34.5%。

会议要求，片区交通扶贫首先要打通“动脉”，各地要认清形势，提高认识，带着真情实感扶贫，带着强烈的现实紧迫感扶贫。要确保工程建设“稳步推进”、前期工作“跑步快进”、质量安全廉政“同步跟进”，统筹好年度近期目标和规划远期任务的关系，优先确保年度近期目标的实现；统筹好扶贫项目建设与普通项目建设的关系，优先确保扶贫项目的完成；统筹好扶贫中的重点项目和一般项目的关系，优先确保有利于促进农业产业化、旅游市场化、新型工业化和新型城镇化进程的重点扶贫项目建设，确保工程建设整体稳步推进。要求以规划为引领，有的放矢，依靠省、市、县的共同力量，合力推进交通扶贫开发建设。在交通扶贫工作中，领导要就位，责任要归位，资金要到位，互相要补位。要积极开展“百日会战”，坚决完成目标任务。

会上，恩施、黄冈、十堰、咸宁、荆门5个市(州)和利川、郧县2个县(市)作了交流发言。

黄冈天堂湖旅游公路

十堰:秦巴山区交通扶贫探新路

2013 年 12 月 9 日 《湖北日报》

党的十八大报告指出,要采取对口支援等多种形式,加大对革命老区、民族地区、边疆地区、贫困地区扶持力度。

坚持把国家基础设施建设和社会事业发展重点放在农村,深入推进新农村建设和扶贫开发,全面改善农村生产生活条件。

要想富,先修路。

交通作为经济社会发展战略性、先导性、基础性的服务行业,正在为全面推进贫困山区经济社会发展构筑底盘。

贯彻落实党的十八大精神,省交通运输厅积极推进我省交通扶贫工作,十堰市更是率先探索出一条交通扶贫新路径。

交通突围,变瓶颈为枢纽

十房、十白、谷竹、郧十,这 4 条高速公路条条打通向外的交通"大动脉";襄关公路、丹土路等 7 条一级公路,路路通畅市内大循环;还有 18 条二级公路以及若干乡村公路疏通每条"毛细血管"。

这里是十堰。在十堰市所辖的五县一市二区及武当山旅游经济特区、十堰经济开发区,道路建设施工工地车来车往,热火朝天。

驱车在丹江口市环库公路上,路的两边,一边是丹江口库区,一边是如画山景。虽然,这条公路有的部分由乡道组成,但建设标准却不低,道路宽敞平整。"环丹江口库区生态旅游公路是十堰市列入秦巴山交通扶贫的重要建设项目。它是连接丹江口库区汉江沿岸丹江口市、郧县、郧西等地 17 个主要乡镇的环形骨架公路,全长约 495 公里。'十二五'末建成后,就是一条以丹江口库区水上旅游和武当山旅游为核心的生态旅游景观通道。”十堰市交通运输局局长张涛介绍说。

丹江、郧县、郧西，你追我赶，展开了一场环库生态旅游公路建设的攻坚战。“今年以来，仅丹江口市大小工地就有100多个，目前一级公路78公里、二级公路320公里正在建设。”丹江口市交通运输局局长朱丹介绍。

而在以前，这些地方只有羊肠小道，百姓出行和经济社会发展深受交通条件制约。

交通突围，成为十堰市的迫切需要

作为秦巴山集中连片特困地区扶贫开发的重点区域，十堰市多点发力，走出了一条政府主导、整合资源、合力推进道路建设的新路子。

请看一组数据：2013年，十堰市公路建设总任务共计路基1751公里，路面1538公里，计划总投资302089万元。截至同年11月底，共完成路基1709公里，路面1518公里，完成投资340976万元，分别占计划的98%、99%和112%。

在部省交通部门的大力支持下，制约十堰市发展的交通瓶颈正在破解。十堰从交通“边缘”，逐步变为鄂渝陕渝毗邻地区的“桥头堡”指日可待。“现在到十堰，是不是并没有感觉特别远？”说起道路建设，十堰市委书记周霁透着欣慰和自豪。

道路带来财富，贫困山区释放活力

在郧县乃至十堰市，樱桃沟家喻户晓。周末去樱桃沟摘水果、吃农家饭，是不少当地老百姓周末休闲的选择。“村子外面的路修好了，从城里来开车才半个小时。但是，客人一多，村里的路就不够用了，高峰时期一天来三四万人，外面还有很多车排着队，进不来。”村长朱德伟说。

在当地交通部门的支持下，樱桃沟村扩宽道路，完善路网。如今,樱桃沟村的每家每户都有公路通到门口,村里的道路也加宽到8米。

道路带来游客,带来财富

眼下,该村村民人均年收入从3000多元增长到6600元,37户人家开了农家乐,每户农家乐年收入10多万元。“旺季时,一个月就3万多元呢!”农家乐老板朱德伟很是满足。

眼下,一张四通八达的公路交通网络已在郧县形成。区域外与十堰、丹江、河南淅川、陕西白河、商南等省市快速连接,区域内与全县各乡镇、村相互贯通。全县普通公路通车里程达3985.8公里,全县80%的乡镇半小时内可上高速公路,90%的乡镇通二级公路、100%的村通水泥路、80%的村民小组通公路。“交通带动了经济发展,地价最能说明问题。你看这块地,以前只要一万多元一亩,现在大概要一百万元每亩了。”站在柳新一级路的路边,郧县交通运输局局长韩高虎指着不远处的金矿村说,“路修到哪里,就富到哪里。路通了,乡村也慢慢变成了城镇。”

完善路网,推动城镇化建设

像金矿村这样因为道路建设,而自然形成城镇的地方还不少。

在房县军店镇双柏村,一条条宽阔的柏油路穿村而过,村中央的文化广场引人注目。村民居住的不再是土房,而是白墙黛瓦的小洋楼,俨然城里的别墅。

这里是305省道沿线的一个城镇化建设示范点。按照湖北省竹房城镇带城乡一体化试验区建设的指导意见,借城镇带建设探索脱贫之道,试验区以305省道为主轴,这条173公里的公路覆盖了竹山、竹溪、房县3个县18个乡镇373个村。目前,竹房城镇带累计实施示范镇和新型社区项目292个,投入资金18.69亿元。

2012年底,竹房城镇带试验区18个乡镇实现经济生产总值209亿元,比2011年增长73.3%。

今年9月开工的土武一级公路,连接丹江口市土关垭镇和武当山特区。这条路建成后,将与已建成的丹江口至土关垭、十堰至郧县等4条一级公路编点成网,贯穿郧县、武当山、丹江口市等6个县市。

我们期待,这些地方的城镇化建设,如同竹房城镇带一样,随着交通路网的完善而不断推进。

相关报道:十堰破解修路融资难题

《湖北日报》讯(记者陈熹 通讯员石斌 高斌 李军)

资金是制约交通扶贫项目建设的关键因素。“十二五”期间,十堰市交通扶贫项目总投资为164.75亿元。其中,普通公路投资约94.23亿元,部省投资补助35.34亿元,地方配套資金约60亿元。

十堰地方财政薄弱,60亿元配套资金从何而来?

把交通扶贫项目建设纳入目标考核体系

“对于交通闭塞的山区来说,路是我们的命脉。”十堰市委书记周霁说,他们把交通作为一项重大民生工程来抓。“我刚从枝江调到丹江口时,在路上颠簸了半天才到,一身灰。到了一看,心里一凉,基本上没有一条像样的路。山里人不修路,就没出路。”对于修路,丹江口市委书记孙咏平态度坚定,行动积极。

他介绍,丹江口今年地方财政收入大约9亿元,却拿出了6亿元来修路。“我们只留点吃饭的钱,维持正常运转,其余的都用在修路上,这是目前最重要的事情,要集中力气办大事。”

为顺利推进普通道路建设,十堰各市县区分别成立了交通扶贫建设领导小组,由市县区政府主要领导担任领导小组组长,负责交通扶贫项目的组织、协调、督办等工作。“市政府将交通扶贫项目建设任务纳入目标考核体系,做到考核奖惩兑现。各县市区实行‘一个交通项目一名县级领导牵头、一个工作专班负责、一套推进措施落实'的管理机制,对交通扶贫项目建设一抓到底。"十堰市委副书记、市长张维国说。

此外,市人大、市政协领导定期对全市交通重点工作进行视察和督办,有力地推进了交通项目建设。

从"单枪匹马"到"集团作战"

公路建设的立项审批、征地拆迁、资金筹措、协调管理等工作涉及多个部门,仅靠交通运输部门难以完成任务,必须强化各级政府的主体责任,变交通运输部门"单枪匹马"为政府牵头"集团作战",才能顺利推进。

十堰市委常委、常务副市长龙良文向我们介绍了政府主导、合力推进交通建设的秘诀。

十堰市在普通公路建设中,对于一级公路等重点建设项目,由县市区政府组建项目建设指挥部,作为项目建设的责任主体,全面负责项目建设的各项工作,代表政府行为,统筹调动各方面力量,确保项目建设顺利推进。

在征地拆迁上分解责任,实行"拆迁安置以乡镇为主、土地征用以国土部门为主、林地占用以林业部门为主、三杆转移以权属单位为主"的管理机制,谁积极就支持谁,对率先交出项目建设用地的乡镇,就率先开工项目建设。

在前期工作分工协作上,公路项目立项的规划、土地、林地、环保、水利、文物、压覆矿产等各项审批要件,由县市区政府安排相关部门限期办理到位,交通运输部门配合,有效加快了前期工作进度。

整合资源,拓宽融资渠道

为保障资金来源,十堰市各地各显神通,用由地方财政安排、税费减免节约、整合资源捆绑、融资平台筹措资金、招商引资等办法,积极拓宽筹资渠道。

丹江口采取资金捆绑、BT 模式等方式推进交通扶贫项目建设,3 年来累计投入交通建设资金 20 多亿元,建设 40 多公里的丹土和东环一级路、凉习环库公路等。

竹溪县把交通扶贫与以工代赈、农业综合开发、小城镇建设等有机结合，整合资源，每年捆绑调节资金不少于3000万元统筹用于交通建设。两年来，竹溪县累计配套投入4亿多元资金用于交通项目建设。

房县除整合资金用于交通建设，还在全市率先组建交投公司，已完成城关镇莲花375亩出让地征收工作，启动了十房高速连接线沿线150亩土地征收，将8处新建站房按出让方式打包到交投公司进行融资，预计今年融资规模将超过2亿元。

房县规定交通建安营业税地方留存部分按照80%比例先征后返用于交通建设，今年已经返还税款1000万元。

强有力的支点，撬动了全市交通扶贫项目建设的快速推进。截至目前，十堰列入交通扶贫规划内70%以上的项目已启动实施，累计完成投资112.3亿元，占项目估算总投资的68.5%。

十堰丹江大坝

湖北建连片特困山区道路 李鸿忠:打造4条特色扶贫路

2014年5月4日 《人民日报》

原标题:落实习近平总书记重要批示精神

“多亏了这条旅游路,去年我7间客房加上餐饮就收入了30万元。”在黄冈市罗田县天堂寨圣人堂村,农家乐老板夏金爱笑着盘算:“今年,我把客房又扩建了15间,百把万的收入应该没问题。”

2011年,大别山红色旅游公路进山,夏金爱把自己的房子翻新后开了农家乐。大山深处的农民年收入30万元,令人震惊。然而在圣人堂村,这还不算“土豪”。去年,村里年收入过百万元的就有5户人家。

这条横贯大别山腹地的公路,贯穿黄冈7县市,其中辐射5个国家级贫困县,连接5条高速公路、3条国道、7条省道、12条县道,把沿途23个乡镇的38个景点以及三大旅游区串联一线。据统计,去年红色旅游公路沿线7县市旅游收入达62亿元,同比增长21%。

“公路优化了大别山区路网布局,形成了从行政村到乡镇、从乡镇到高速公路‘一小时交通圈’。”黄冈市委书记刘雪荣说,“这是黄冈革命老区人民加快脱贫的致富路,也是我们实现跨越发展的希望路。”

大别山、秦巴山、武陵山片区是湖北的3个国家级集中连片特困地区。此外,湖北还自加压力,将幕阜山片区列入湖北省新一轮扶贫攻坚主战场，与国家片区一样政策、一样标准、一样投入、一样目标，均把山区农村公路建设列为“一号工程”。湖北重点推进4个连片特困地区的扶贫工作，规划和建设的大别山“红色旅游路”、秦巴山“环库生态路”、武陵山“清江画廊路”和幕阜山“休闲旅游路”4条特色扶贫路共计3282公里。

到2013年底，全省农村公路通车总里程达20.8万公里，居全国第四位，乡镇和行政村通畅率分别达到100%和98.7%；全省建制行政村实现“村村通”。湖北力争尽快实现100%的建制村通沥青（水泥）路、100%的建制村通班车的规划目标。

筑起美丽乡村幸福路——访湖北省委书记李鸿忠

湖北省委书记李鸿忠说，习近平总书记对农村公路建设做出的重要批示，为我们指明了方向，增强了我们加快农村公路建设的信心和决心。

李鸿忠介绍，湖北省委、省政府高度重视农村公路建设，连续11年将其纳入“十件实事”对社会公开承诺，不断加大工作力度，积极探索湖北特色的农村公路建养模式，广大农村特别是贫困地区交通运输条件明显改善。一条条农村公路，缩短了农村与城市的距离，也拉近了党和群众的距离，让政府的“民生工程”变成了群众交口称赞的“民心工程”。

李鸿忠介绍，湖北把4个集中连片特困地区作为农村公路建设的主战场，带着高度的政治责任感扶贫，带着对老区人民的深厚感情扶贫，着力打造大别山“红色旅游路”、秦巴山“环库生态路”、武陵山“清江画廊路”和幕阜山“休闲旅游路”4条特色扶贫路，共计3282公里。

2013年7月，习近平总书记在湖北视察时要求，“湖北要加快建成中部地区崛起重要战略支点，努力在转变经济发展方式上走在全国前列”。在湖北考察期间，习近平总书记深入鄂州考察城乡一体化情况，强调指出，要破除城乡二元结构，推进城乡发展一体化，把广大农村建设成农民幸福生活的美好家园。李鸿忠表示，“建成支点、走在前列”赋予了湖北发展的新定位，提出了新的更高要求。不辱使命，不负重托，关键在农村，基础在交通。湖北大部分国土面积是农村，即使将来城镇化水平达到70%以上，还会有1000多万人生活在农村，未来农村公路建设任务依然繁重。加快农村公路发展，为农民建设幸福家园和美丽乡村筑牢交通“硬底盘”，责任重大。

李鸿忠表示，加强农村路网建设，不仅是湖北自身发展的需要，更是连接东部和西部、促进区域经济协调发展的迫切要求。湖北将牢记总书记的嘱托，按照“建成支点、走在前列”的总要求，把农村公路发展放在全省综合交通发展的优先位置，把体制机制创新放在农村公路建设养护管理工作的核心位置，以只争朝夕、时不我待的紧迫感，全力抓好农村公路建设养护管理各项工作任务的落实，不断提升农村路网整体服务功能，努力实现基本通行为主到支撑、服务农村经济社会全面发展转变，筑起美丽乡村幸福路，把荆楚农村建成“美丽乡村”，为率先在中部地区全面建成小康社会而努力奋斗。

希望之路

湖北省连片特困山区的“一号工程”

《人民日报》(见湖北省交通运输厅网站2014年5月4日)

本报武汉5月3日电(记者顾兆农、付文)“多亏了这条旅游路,去年我7间客房加上餐饮就收入了30万元。”在黄冈市罗田县天堂寨圣人堂村,农家乐老板夏金爱笑着盘算:“今年,我把客房又扩建了15间,百把万的收入应该没问题。”

2011年,大别山红色旅游公路进山,夏金爱把自己的房子翻新后开了农家乐。大山深处的农民年收入30万,令人震惊。然而在圣人堂村,这还不算“土豪”。去年,村里年收入过百万的就有5户。

这条横贯大别山腹地的公路,贯穿黄冈7县市,其中辐射5个国家级贫困县,连接5条高速公路、3条国道、7条省道、12条县道,把沿途23个乡镇的38个景点以及三大旅游区串联一线。据统计,去年红色旅游公路沿线7县市旅游收入达62亿元,同比增长21%。

“公路优化了大别山区路网布局,形成了从行政村到乡镇、从乡镇到高速公路‘一小时交通圈’。”黄冈市委书记刘雪荣说,“这是黄冈革命老区人民加快脱贫的致富路,也是我们实现跨越发展的希望路。”

大别山、秦巴山、武陵山片区是湖北的3个国家级集中连片特困地区。此外,湖北还自加压力,将幕阜山片区列入湖北省新一轮扶贫攻坚主战场,与国家片区一样政策、一样标准、一样投入、一样目标,均把山区农村公路建设列为“一号工程”。湖北重点推进4个连片特困地区的扶贫工作,规划和建设的大别山“红色旅游路”、秦巴山“环库生态路”、武陵山“清江画廊路”和幕阜山“休闲旅游路”4 条特色扶贫路共计 3282 公里。

到 2013 年底,全省农村公路通车总里程达 20.8 万公里,居全国第四位,乡镇和行政村通畅率分别达到 100% 和 98.7%;全省建制行政村实现“村村通”。湖北力争尽快实现 100% 的建制村通沥青(水泥)路、100% 的建制村通班车的规划目标。

一路串七县老区展新颜

——写在大别山红色旅游公路通车两周年之际

2014 年 5 月 5 日　湖北省交通运输厅网

仲春四月，罗田天堂寨，青山披绿，鲜花绽放，鸟儿浅吟，春风拂面。

晾晒床单被套，准备鱼肉瓜果，山脚下的圣人堂村，一家家农家乐里一片忙碌。

临近中午，夏金爱走出自家的农家乐，望了望门口的红色旅游公路，转身回屋招呼客人。今天中午已来了两桌游客，估计再没游客上山了。“到了这个周末，生意就会忙起来。”夏金爱笑着盘算：跟去年比，客房增加了两倍，今年百把万元的收入没问题了。

夏金爱 10 年前就住在临街的楼房里。2011 年，大别山红色旅游公路进山，她便将自家的房子翻新了一下，开了一家“农家风味”农家乐，尽管客房只有 7 间，去年的收入却达到 30 万元。

30 万的年收入，对于大山深处的农民而言，很是惊人。但在圣人堂村，这点收入还真算不上“土豪”。去年，村里农家乐年收入过百万的就有 5 户。

眼看别家赚大钱，夏金爱也动起了心思。去年，她投资百万元扩建农家乐，客房数猛增至 22 间。“我家正好在村中心广场的边上，‘码头’好，生意差不了。”

一条红旅路，改变的不只是夏金爱的生活，也影响改变着沿线大别山区 230 万农民的生活。两年前，当这条 462 公里的公路，穿越大别山几代人的梦想，走进深山腹地时，“大别山便注定了它命运的改变”。

不知不觉中，红旅路通车两周年了，4 月 21 日至 25 日，笔者沿线实地踏访，见证了它的建成通车给沿线县市所带来的集聚效应、辐射效应和裂变效应。

旅游因路而井喷——千万人游山玩水，62 亿元收入囊中

蕲春县刘河镇高潮村，大别山区的一个小山村。全国汽车场地越野锦标赛、全国级的汽车大赛。这两组看似应该毫不相干的名词，却因为一条路而紧密结合在一起了。

4 月 22 日，刘河镇高潮村，指着村头的一块比赛场地，村支书蔡国勇言语自豪："几个月前，全国汽车场地越野锦标赛第二次在这里成功举办。"

5 天赛事，28 家俱乐部，百余名职业赛车手参赛，近 10 万人次进场观摩。锦标赛的火爆场面，不仅给村里带来人气，更为刘河镇横岗山旅游风景区带来蓬勃生气。

去年，上海天骄府娱乐开发有限公司落户景区，总投资 1.5 亿元，打造 200 亩的蒙古风情园。在两个项目的支撑下，横岗山旅游风景区成功升格 3A 景区。"这一切得益于红旅路的开通。"蔡国勇感言：没有红旅路，就不会有锦标赛，没有锦标赛，更不会有风情园。横岗山景区以前一年的游客也就两三万人，现在都翻好几番了。

横岗山景区的巨变，只是红旅路书写旅游传奇的缩影

黄冈旅游资源丰富，过去由于交通不便，处在"养在深山人未识"的境况。红旅路犹如一线串珠，将公路沿线的 38 个景点和三大旅游区串在一起，从而整合了旅游资源，形成了黄金旅游圈。

一线串珠珠闪亮，不尽财源滚滚来

著名的红色旅游名镇——红安七里坪镇，红色旅游在红旅路

通车后越来越红火，旅游人数直线上升，由2011年50万人上升到2013年的90万人。“人间四月天，麻城看杜鹃”。麻城市仅一个杜鹃节会就接待游客60万人，收入达到2000万元。

罗田县九资河镇，红叶节、吊锅节等节会拉动生态游、民俗游。去年全镇旅游门票收入由2011年不到300万元，增加到近千万元。

浠水县的三角山国家森林公园2013年旅游收入达到6200万元，同比增长52%。

红旅路将黄梅县“东有五祖寺，南有妙乐寺，西有四祖寺，北有老祖寺”的鄂东禅宗文化旅游区贯穿连通，连点成片。去年，黄梅共接待游客86万人次，旅游综合收入2.4亿元，同比增长19%。

据统计，2013年红旅路沿线7县市的旅游人数达到1180万人次，旅游收入达到62亿元，同比增长21%。

农民因路而致富——人人当老板，个个能赚钱

春雨淅沥如画，院里鲜花绽放。英山县孔家坊村新屋咀二组，红旅路侧的“888农庄”，52岁的老板段宗全正在品味新采摘的雨前茶。“有路就是好呀，不然哪能一年搞百把万元的收入哦。”谈及红旅路开通带来的好处，段宗全很是高兴。

2010年5月，红旅路正在紧张施工，原本在县城开酒店的段宗全，果断地撤回农村老家，投资50万元在路侧盖起农家乐。

孔家坊村位于英山县城和吴家山风景区之间，是游客往返的必经之地。旅游旺季，老段家每天都要接待十几桌游客，年收入超过百万元。“在县城开酒店20年，辛辛苦苦一年才弄了一二十万，现在吃旅游饭还是划算多了。”段宗全笑着说，要致富，先修路，这话确实不假。

沿线踏访红旅路，与段宗全一样因路而致富的农民比比皆是：

罗田九资河镇圣人堂村，过去是有名的穷村。如今，全村175户村民，有120户经营农家乐，年收入最低者不少于15万元，多的超过百万元，可谓是人人当老板，个个都赚钱。

老米酒是麻城木子店镇的传统产品，过去基本上是自酿自用。红旅路开通后，农民把产品变成了商品，如今木子店的老米酒进入了黄冈、武汉等地市场。去年，全镇老米酒产量2500万公斤，产值过亿元。

红旅路纵穿英山县石咀全镇，两年来通过扶贫开发和土地流转等举措，发展千亩连片药材基地7个，培育药材大户3800多户，药材年产值达1.5亿元，药材生产户均增收过万元。蕲春刘河镇汤畈村，过去经济十分落后。红旅路通车后，村里依托红旅路大力发展农业产业化，2012年至今，村里落户了4个百万元以上农业企业，全村人均收入由过去的1500元攀升至5200元。

旅游业发展了，农特产品走俏了，农民的收入提高了……“幸福路、致富路、发展路”是一路下来听到最多的评价。

项目因路而集聚——亿元项目扎堆落户，小作坊变身大产业

4月24日，红安县七里坪周家墩村生态农业示范园内，几名游客正在采摘、品尝时令瓜果，连声赞叹：“在这里不仅可以吃到新鲜的土特产，还可以体验农村田园生活，真不错！”

这是一家集特种种植、生态养殖、科技示范、观光旅游、休闲娱乐于一体的生态农业观光园，因其独特的“休闲”农业特点，吸引了大量游客。“没有红旅路，我肯定不会在周家墩投资。”该园总经理周学龙说，他曾于2011年在另一个村投资苗圃基地，由于交通不便，“小苗进不来，好苗出不去”，收效甚微。

2013年初，周学龙另择新址投资兴建周家墩生态农业观光园，因距离红色旅游公路仅1公里路程，越来越多的游客来到观光园观光游玩，在观光园修建的过程中，日最高接待量就达到了300多人。该园规划总面积5000亩，分三年建成。前期已建的1500亩已初步完成，总投资过8000万元。

看中红旅路的不只是周学龙。“红色旅游公路开通以后，招商引资取得重大进展。”七里坪镇镇长吴浏海说，近三年该镇已签约

重大项目7个,投资总金额达到8.9亿元。

一路通则百业旺。走访红旅路,一幅产业集聚的画卷徐徐展开:

麻城木子店镇,原生态农特产品加工园内,已有三家企业签约落户,湖北九生堂投资的葛根肽饮料厂、湖北金盘酒业投资5000万元的万吨老米酒加工基地、湖北神凯药业投资3000万元的中药饮片厂相继开工建设。

英山县石咀镇,镇区闲置的百亩国有土地,引资2.6亿元,规划建设大别山中药材交易中心、大别山旅游休闲娱乐驿站、大别山绿色产品交易市场。

浠水县绿杨乡,投资5000万元的恒标塑胶工业项目、投资5000万元的鑫璨科技工业项目、投资3500万元的范冲村古井庵老年公寓、投资4000万元的大王山休闲避暑山庄均在火热建设中。

城镇因路而变化——镇区升级展新颜,美丽乡村入画来

驱车进入麻城木子店镇,宽阔笔直的红旅路两侧,一排排新建的三层楼房让人眼前一亮:好气派,好漂亮。“这边是商贸小区,可容纳1000人居住”,“这边是海棠大道,是一条长1000米的新街”,“那边是新农村社区”……副镇长商友文如数家珍:商贸小区利用民间资金5000万元,占地面积80亩,能容纳1000人;招商引资7000万元,修建长1000米的海棠大道新街,规划建单体房180至200栋,解决800至1000人居住;统一征地20亩,融资3000万元,新农村社区计划建90栋单体房,可居住近400人。

数十年来,木子店镇只有“半条街”,全镇版图面积有256平方公里,镇区面积却不足1平方公里。“一条红旅路改变乡镇面貌。”镇党委副书记汪政权感言:红色旅游公路建成后,这里已经大变样了。镇区面积增加到3平方公里,常住人口增加到15000人。

一路走访红旅路，焕然一新的镇村新貌让人目不暇接

红安七里坪镇去年启动25个城镇建设项目。湖北志远商贸发展有限公司投资4.7亿元，建起了占地260亩的“七里坪城市综合体”项目，该项目是七里坪镇有史以来引进的单体投资最大的项目。王源昌商贸中心、红坪社区服务中心等项目，今年全部竣工并投入使用。规划在建的还有红色旅游路服务中心、旅客接待中心等多个项目。一个全新的七里坪展现在人们面前。

浠水绿杨乡筹资50多万元，启动镇区美化、亮化等“穿衣戴帽”工程，沿红旅路硬化绿杨街道、人行道3200平方米，亮化街面，新修示范路11条。镇区内莲花新苑新建两栋六层可居住120多户的商品住房，大型农产品综合交易市场正在施工中。

英山县石咀镇投资1000多万元，植树14万株，安装太阳能路灯210盏，购买垃圾箱12000个，建垃圾池367个，配垃圾车75辆，落实保洁员85名，坚持每日定点定时清理垃圾。镇区完成了沿河大道休闲带工程，启动了河西亲水平台休闲带建设。

蕲春县刘河镇投资1.5亿元，打造县重点新农村建设示范项目齐河佳园新农村示范点，一个集居住、商贸、教育、餐饮、文化、娱乐等功能于一体的大型新农村社区雏形初现。

【小资料】

大别山红色旅游公路

在国家、省、市各级领导和相关部门的大力支持下，黄冈市交通和公路部门“先动手、不伸手、干中求助”，于2009年启动建设大别山红色旅游公路，2011年建成通车。红旅路全长462.107公里，总投资13.89亿元。公路横贯黄冈大别山腹地，贯穿红安、麻城、罗田、英山、浠水、蕲春、黄梅7县市，其中辐射5个国家级贫困县，连接5条高速公路、3条国道、7条省道、12条县道、42条乡道，把沿线23个乡镇串联一线，惠及230万人民群众。

加快幕阜山片区特色旅游公路建设

2014 年 5 月 5 日 《湖北交通报》

本报讯通讯员康新章记者石斌报道:4 月 28 日至 29 日,尤习贵厅长、马立军副厅长带领厅计划处、省公路局负责同志实地调研幕阜山特色旅游公路建设。厅调研组一行先后实地察看了通城县、崇阳县、通山县、阳新县境内幕阜山特色旅游公路建设进度,随后在咸宁市召开了专题调研座谈会。会议由马立军主持,黄石市、咸宁市及沿线四县政府、交通运输局参加了会议。

幕阜山片区特色旅游公路全长 323 公里,路线呈“一主(通山县富水至通城县天岳关)、一支(九宫山支线)”布局。其中,主线 265 公里(阳新 102 公里,通山 73 公里,崇阳 52 公里,通城 38 公里)、支线 58 公里(均在通山境内)均为国省干线公路。目前,项目前期工作已基本完成,通城县白塅至天岳关、通山县砂垅口至铜鼓包等路段已开工建设,剩余路段即将启动实施路基工程。

在听取了两市四县交通运输局汇报和市县两级政府相关领导表态发言后,尤习贵对幕阜山片区特色旅游公路建设工作给予了充分肯定,并明确了建设目标、规模和政策。他要求,各地要进一步统一思想、提高认识,按照省委、省政府战略决策和部署,以特色旅游公路为重点全力推进幕阜山片区交通扶贫开发;要严格按照既定规划,由政府主要领导挂帅成立指挥部,动员各级各部门力量,科学组织、精心施工、注重环保,加快推进特色旅游公路建设进度,今年 5 月完成全部项目前期工作、6 月底全线路基工程实质性开工,为确保明年建成打下坚实基础;省市共建、加大投入,合力筹措幕阜山片区特色旅游公路建设资金,省厅将参照交通运输部片区扶贫交通投资政策调剂资金给予支持。

他强调,省委、省政府对“十二五”建成幕阜山片区特色旅游公路的要求和目标已明确,省、市、县要共同努力,强力推进交通在片区扶贫攻坚的带动作用,将幕阜山特色旅游公路建成生态环保路、产业致富路和全省示范旅游路。

尤习贵专题督办武陵山片区特色旅游公路建设

2014 年 5 月 7 日　湖北省交通运输厅网

5 月 6 日,尤习贵厅长带领省公路局、厅计划处负责同志调研武陵山片区特色旅游公路建设,并召开了专题督办座谈会。恩施州委书记王海涛、州长杨天然,以及武陵山片区特色旅游公路沿线八县市党委政府及州、县交通运输局负责人参加了会议。

武陵山片区特色旅游公路恩施境内段全长 983 公里,呈"一主、六支"布局,其中:新改建 385 公里、路面改造 159 公里、利用路段 439 公里。目前,除恩施市石桥子至石乳关段项目外,国省道路段所有项目的前期工作均已完成,鹤峰城关至宣恩当阳坪、巴东白磷岩至沿渡河、建始红岩寺至景阳等路段已开工建设,大修路段年内可全部完工,剩余国省道路段即将启动实施。

尤习贵对武陵山片区特色旅游公路建设开展的前期工作给予了充分肯定。他指出,要借此次县域经济会议召开的契机,抢抓机遇,省州县各级交通部门与地方各级党委政府一起,合力推进武陵山片区特色旅游公路建设。

一是要进一步统一思想、提高认识。按照习近平总书记对农村公路的指示精神和省委省政府统一部署,把武陵山片区特色旅游公路作为民族地区经济社会发展的大底盘、硬支撑,作为片区交通扶贫开发的名片、样板,作为区域综合交通网络的骨架、动脉,省交通运输厅将继续与州委州政府及沿线各县市齐心协力,将武陵山片区特色旅游公路建成生态环保路、产业致富路、旅游示范路。

二是要把握重点、科学组织。遵循规划引领,把握新时期交通扶贫重点，确保完成“十二五”扶贫攻坚规划的目标任务。科学制定推进方案，确保大员上阵，动员各级各部门力量，强化责任意识。

三是要坚持绿色环保、精细施工。坚持全过程生态环保理念，坚持标准化施工，坚持“八公开”要求。

四是要合力筹措资金，各县市要整合涉农资金统一调控支持用于特色旅游公路建设，积极探索利用融资平台、BT 等模式争取更多的社会投资，争取省直相关部门的行业优惠政策以降低建设成本。

五是要加大考核督办，进一步加大协调服务和督办考核力度，挂图作战，确保按计划时间节点步步推进。

恩施州交通运输局和各县市党委政府分别对辖区内的武陵山片区特色旅游公路建设进展情况进行了汇报和表态，省公路局局长熊友山就加大技术指导和行业监管提出了有关要求。

环库公路“弯桥”减少山体开挖

马立军专题督办秦巴山片区特色旅游公路建设

2014 年 5 月 12 日　湖北省交通运输厅网

5 月 10 日，省交通运输厅副厅长马立军在十堰市主持召开了秦巴山区生态环保路建设督办座谈会，参加会议的有省公路局局长熊友山、副局长蒋明星，厅计划处、省公路局相关处室，十堰市交通运输局、公路局、9 个县市（区）交通运输局主要领导。

十堰市交通局系统介绍了秦巴山区十堰境内生态环保路及环库生态旅游公路的总体概况、建设进展情况以及采取的主要措施，9 个县市（区）交通运输局局长分别就辖区内相关路段的进展情况、推进措施、存在问题及建议做了详细汇报。座谈中，马立军还详细询问了各县市（区）十二五规划项目执行情况、规划目标预计完成情况等，并对大家提出的部分问题和建议作了解答。

马立军表达了对建设一线交通干部职工的感谢和慰问，对"十二五"以来十堰市公路建设的总体推进情况给予了肯定，认为十堰市完成"十二五"规划目标任务是有保障的，同时对下步工作提出了具体要求。

一是继续加快推进。十堰市各县市（区）要紧紧围绕"十二五"全面建成生态环保路的目标，倒排工期，精心组织，加快建设进度；要始终坚持"市州半月一调度，省厅一月一调度、一季一督办"的协调、督办机制。

二是加强资金落实。省厅为了加快推进全省四条特色公路建设明确了"前期工作优先、计划安排优先、资金保障优先、管理力量优先"的支持政策，并确保省补助资金全部安排燃油税资金。各县市(区)要积极争取地方政府支持,多渠道落实配套资金,同时积极争取地方债券用于公路建设,确保"十二五"规划项目的顺利推进。

三是强化环境保障。要积极争取政府领导重视,为项目前期推进、施工营造良好的建设氛围。部分县区在项目前置审批、"三杆"迁移等工作中采取"各家孩子各家抱"的做法以及在征地拆迁中以"乡镇为主,县乡分担"的方式均行之有效,为加快项目建设奠定了良好的基础。这些好的做法应继续坚持并大力推广。

四是确保质量安全。要始终坚持质量安全第一的理念,强化监督管理,确保内在质量安全符合规范要求,注重外观形象美化,注重"GBM"等辅助设施配套完善,同时争取地方政府支持,在生态环保特色上加强多部门合作,合力加快推进秦巴山区生态环保路建设。

省厅召开幕阜山片区旅游公路改扩建工程勘察设计交流会

2014 年 5 月 16 日　湖北省交通运输厅网

5 月 14 日,省交通运输厅在咸宁市召开了幕阜山片区旅游公路改扩建工程勘察设计交流会,厅党组成员、总工程师姜友生参加会议。

姜友生强调,目前我省普通公路建设面临新的形势,一是普通公路建设向建设条件复杂、生态环境脆弱的山区推进,二是我省“十二五”普通公路建设规模较大的四个片区都是经济欠发达的地区。各县市交通主管部门和广大设计人员要认真学习领会交流会宣讲内容,在普通公路的设计和建设中真正做到:

一是切实强化建设理念。设计是工程的灵魂,理念是设计的关键。不能用平原区的设计理念对待山区旅游公路,更不能用高速公路的手笔设计普通公路,交通工作者要真正从思想和意识上转变过来。只有转变理念,才能做出符合工程实际、符合时代要求的设计产品。

二是灵活运用技术指标。灵活运用技术指标是设计的关键,标准规范必须严格执行,但是标准规范也应该灵活运用。背离项目特点、片面理解标准、生搬硬套指标的设计,虽然满足了规范、符合了标准,但不满足客观实际、不符合两型发展需要,这样的作品是失败的作品。只有做到严格执行标准和灵活运用指标相结合,设计和建设出受当地老百姓欢迎、满足地方需求的公路工程。

三是提升安全宽容水平。普通公路升级改造,首先要落实“以人为本、安全至上”的设计理念,注重安全设计,运用安全理念,减少安全隐患，建设更具宽容性能的旅游公路。通过运用运行车速检验评定、采取人性化的线形设计、灵活进行路侧宽容设计、完善交通安全设施等手段，提高普通公路的安全服务水平。

四是创新和谐生态景观。旅游公路的设计要以保护自然、营造氛围为出发点，真正做到“最大限度地保护、最低程度地破坏、最大力度地恢复”。从理念上把握好生态资源的保护与利用原则，从总体设计上贯彻好环境景观的协调与融合原则，挖掘区域景观元素，凸显工程资源亮点，完善旅游服务功能，提升生态环保效应，多打造神宜、武神等两型交通示范工程。

会议安排了《普通公路总体与路线设计要点——神宜旅游公路设计介绍》和《如何做好普通公路改扩建项目的路基路面设计》两个专题宣讲。省公路局、咸宁市、黄石市及幕阜山片区各县市交通运输局相关技术管理人员和省内部分设计单位专业技术人员共70余人参加了技术交流会。

幕阜山下展翅飞

——崇阳构建咸岳九“小三角”交通枢纽纪实

2014 年 5 月 26 日 《湖北交通报》

“一河两岸，十里长廊”的壮美风光，“富饶天城，交逭先行”的博大内涵，承载着崇阳太多厚重和奋进腾飞的梦想。

伴随“建设幕阜山经济强县，打造美丽富饶新天城”的进军号角，5 月上旬，笔者探访崇阳交通跨越发展、砥砺前行的轨迹，聆听奋力构建咸岳九“小三角”交通枢纽的真谛。

一小圈一大圈交通与绿色的有效对接

在幕阜山的腹地，“生态崛起”的呼声响遏行云。

2012 年 8 月 7 日，崇阳县召开三级干部会议。会议规格之高、解决问题之多，史无前例。

咸宁市委书记、市长亲率市四大家领导及市直相关部门主要负责人，就推动崇阳融入“鄂南强市，香城泉都”区域发展现场办公，当面解难。

“崇阳区域独特，资源优势很强，构建‘中三角’和咸岳九‘小三角’战略，崇阳责无旁贷，应率先研究，主动融入，当好‘先行官’，建好‘试验区’，实现绿色崛起”。

市委书记任振鹤一席振聋发聩的讲话，犹如早春的惊雷，一字一句撞击着代表们的心扉。

好一个“先行官”，“先行”之前是交通的先行；

好一个“绿色崛起”，“崛起”背后是交通与项目的有效对接。

会议当天，崇阳提请支持解决的 4 大类 25 个问题，市委照单全收。

其中包含6项交通项目:洪下生态公路、天高公路、天杨公路、咸崇旅游公路、路口石城集镇106国道绕线建设、天城物流园,项目概算总投资5亿多元。

崇阳县委书记杨良锋指出,积极融入长江中游城市群、咸岳九"小三角"及幕阜山地处特困区域开发与扶贫,以"四区两中心"为定位,着力推进"小三角"区域交通枢纽建设。

在武汉城市圈先行先试、咸宁市"绿色崛起、鄂南强市"战略中,崇阳深入推进"一府一城"战略,七乡共建大天城,全面铺开大天城构架,着力构造"一刻钟经济圈"。

视危难为磨砺,变压力为动力,抢抓机遇,克难奋进,崇阳交通史上一个又一个奇迹出现:80天修建了一座青山大桥;6个月完成了铜钟至小山界公路的筹划、申报、立项、评审、审批和9个专题,并组织开工建设。

2013年底,交通建设捷报频传:咸通高速建成通车;路口至天城公路、天城至铜钟公路、铜钟至高堤公路、天堰国防公路、白马大道、隽北大道刷黑、金城大道等项目完工。相继打造了横路线、崇青线两条通乡达市的样板路。

在建重点项目繁星闪烁:咸崇旅游公路完成投资1.5亿元;铜钟至高枧小山界至江西修水全丰镇公路已完成20公里路基;武深高速公路崇阳段全线开工,征地拆迁等协调工作名列全市第一;武深连接线已完成前期所有工作,今年开工建设。

一枢纽一通道构建"小三角"交通"立交桥"

曾几何时,交通是崇阳经济的"软肋"。"末位就可能被淘汰"。崇阳人深知,没有现代化的交通,一切优势只能"孤芳自赏"。

机遇,美好的机遇终于降临。随着"1+8"武汉城市圈起航,为崇阳构建咸岳九"小三角"交通"立交桥"迎来了千载难逢的历史机遇。两年多来,累计到位各类项目资金3.15亿元,破解了发展大交通的资金难题。

崇阳奋力开拓，着力打造交通枢纽，策划争取了一批又一批工程项目，为构建“小三角”交通“立交桥”打下良好的基础。

2013 年，投资 2 亿元的 106 国道白霓至天城段改扩建一级公路项目已向交通部申报立项；将横路组路口镇绕镇公路成功纳入了 2014 年建设项目计划；成功争取天城物流园项目资金 1000 万元；争取团沙线改造项目资金 740 万元。

今年，又策划了 11 个项目争取列入全省交通“十二五”或“十三五”发展规划，为交通持续发展提供强大的项目支撑。

在大力争取基础性项目的同时，该县交通运输局迎难竞进，大改革，大创新，探索资金筹集方式，尝试多种筹资渠道，弥补交通建设资金缺口。

运用“土地置换”等政策，以“BT”方式招商引资修建了路口至天城公路、聂花公路，并储存土地 500 余亩，按现价可兑现约 3 亿元；采取“只求所在、不求所有”等方式，引进资金 2000 万元，完成了天城至路口、天城至高堤公路绿化等配套工程建设……

公路建设由逢山开路、遇水搭桥向生态第一、环保优先大转变。更加注重打造“绿色交通”，再现“路在山中展、车在景中行、人在画中游”的美丽画卷，突出了生态旅游公路特色，彰显了公路文化内涵，实现了建设大交通、服务大旅游的目标。

幕阜山生态旅游公路确保明年年底建成通车

2014 年 6 月 3 日　湖北省交通运输厅网

5 月 28 日，咸宁市召开幕阜山生态旅游公路建设现场会，市委书记任振鹤、市委副书记、市长丁小强要求，幕阜山生态旅游公路要确保明年年底建成通车。

会上宣读了成立咸宁市幕阜山生态旅游公路建设协调指挥部的通知，市委书记任振鹤任政委，市长丁小强任指挥长，各相关单位为成员。

会议指出，建设幕阜山生态旅游公路，是一次难得的发展机遇，必须乘势而上、抓住不放。要倍加珍惜省委省政府把幕阜山片区纳入省级战略等三大机遇，落实好省委主要领导幕阜山片区连片扶贫上集中搞交通框架的指示精神，加快建设生态旅游公路项目。要认识到实施幕阜山生态旅游公路项目，是绿色发展、创新发展、协调发展、统筹发展、共享发展原则的生动体现。

会议要求，建设幕阜山生态旅游公路，要统筹谋划、统筹推进。要立足片区，统筹规划，实现最大效益。要精心打造公路沿线绿色经济带，形成幕阜山区“一带多点”“一线串珠”的经济发展布局。要整体规划，因村制宜，抓好村庄整理和扶贫整村推进。南三县要谋划好产业布局，把旅游公路基础优势转化为产业、经济、竞争优势。要打造真正的生态旅游公路，做到公路建设与环境保护并重，做好植被保护、水土保护等工作，努力实现工程建设与自然景观的和谐统一。

会议强调，要用建设推进幕阜山生态旅游公路的实效，来检验市直相关部门和县市区干部作风建设的成效。要结合正在开展的教育实践活动,把老百姓的所忧所盼作为自己的所干所办,真正把这条民心路建好。要勇于担当,履职尽责,环环紧扣推进项目建设,确保明年年底建成通车。要众人拾柴,在推进公路建设过程中,务必做到三个不能,即不能踢皮球、不能找借口、不能吃拿卡要。要干净干事,优质干事,把项目工程建成廉洁、优质、阳光公路。

会议明确,以明年年底建成为总目标,集全市之力,倒排工期,速效兼取,县市区党政领导要亲自挂帅,成立或调整指挥部,抓好协调督办,相关部门要积极支持配合,涉及幕阜山旅游公路“三杆”迁移,实行“谁家孩子谁家抱”,原则上不允许收任何费用,涉及土地、林业费用,由国土局、林业局向上争取减免返还。

攻坚四条扶贫特色路
加速片区致富奔小康

——省交通运输厅书写当代愚公新篇章

2014 年 6 月 30 日 《湖北日报》

近年来，省交通运输厅坚持将农村公路建设与交通扶贫开发紧密结合，发扬湖北交通人“特别能吃苦、特别能战斗、特别能拼搏、特别能奉献”的“当代愚公”精神，把农村公路建设主战场逐步转移到集中连片特困地区。

省交通厅厅长尤习贵介绍，十八大后，交通部确立了湖北省大别山、秦巴山、武陵山 3 个国家级交通扶贫开发片区。在此基础上，我省又自我加压，把幕阜山纳入到省级扶贫开发片区规划，着力打造了大别山“红色旅游路”、秦巴山“环库生态路”、武陵山“清江画廊路”和幕阜山“休闲旅游路”等 4 条特色扶贫路，里程共计 3282 公里。

有了路 农家乐红红火火

“我们这里一共有 13 家农家乐，去年总计接待游客 120 万人次，收入超过 1000 万元。”恩施市枫香坡侗寨乡村体验景区理事长马苏娥说，“2008 年之前，这里根本没有路，连盖房子的材料都运不进来。”这一切，直到 2012 年发生了改变——一条宽 6.5 米的水泥路直通家门口，这让整个侗寨成为休闲度假的天堂。

“早就听说这里很好玩，所以这次特意来感受一下。风景很好，气候宜人，不虚此行啊！”说这话的是重庆人陆先生，一家老小七口人驱车来到这里，吃着农家菜，喝着摔碗酒，其乐融融。看到此景,芭蕉侗族乡党委副书记黄常军也笑了,他说:"以前因为穷,老百姓怨声载道。现在通了路,家家户户都富起来了,你说我能不高兴吗?"

两年来,省交通厅和恩施州全力推进"清江画廊路"的建设,带动山区农民群众发家致富,让一条条蜿蜒曲折的山路成为百姓心中的幸福路、小康路、民心路。

清江画廊路是国家和省支持恩施旅游资源开发做出的一项重大战略决策,现在已经来到攻坚期。山路难修,但是越难越修!

其实,不仅仅是恩施,像黄冈市罗田县九资河镇同样受益于"红色旅游路",独具特色的农家乐开得红红火火。"老米酒,篼子火,除了神仙就是我"。近两年来,每到冬季,外地游客纷纷来到九资河镇品天堂吊锅。今年元旦,在圣人堂村的广场上,上百口吊锅汇聚一堂,游客们酒到极致时丢下碗筷,在广场上跳一曲广场舞,为寒冷的冬季注入一份温暖。

据镇党委书记毛红志介绍,在没有开发"红色旅游路"前,圣人堂村是一个很穷的山村,人均年收入不超过 1000 元,很多单身汉都娶不到老婆。如今,全村 175 户村民,有 120 户在经营着农家乐,村民的生活可谓天翻地覆。

有了路　山村水果远销欧洲

地里种着 12 亩葡萄,家里住着面积超过 1000 平方米的四层小楼,院子里停着一辆大货车、一辆皮卡,对面是自己投资 40 万元兴建的厂房——这就是恩施州建始县花坪镇村坊村一组向孝梅的生活。

59 岁的她忘不了曾经的艰苦生活:早晨 4 点采摘葡萄,然后肩挑背扛徒步前往 6 公里外的花坪镇集市销售。"5 毛钱一斤,要是一天能卖 10 块钱,真是喜死了!"向孝梅说。

2013 年,从红岩寺至景阳河的红景公路正式开工,公路正好从她家门前穿过。她召回在深圳打工的儿子,全家上阵种植葡萄。

现在全镇共有4000亩葡萄种植基地，产品远销东南亚、欧盟等国家，去年实现产值近亿元。

在向孝梅家不远处，红景公路指挥部负责人冯双鸣正在组织工作人员对路面进行硬化、刷黑、拓宽等工作。恩施州交通基本建设质量监督站站长敖建华表示："9月份是葡萄成熟的季节，到时候各种前来运输的大货车、采摘自驾游的小轿车肯定会成倍增加。现在要提前做好准备，千万不能因为道路问题，让人乘兴而来、败兴而归。"

和向孝梅一样过上幸福生活的还有十堰市郧县茶店镇樱桃沟村民朱德伟。樱桃沟原名鹰卧沟，后来因漫山遍野分布的野生老樱桃树而改名，地处南水北调中线工程水源地丹江水库库区。2013年，8米宽的"环库生态路"让这块"世外桃源"张开怀抱。村子里，无论是房屋前后还是田间地头，到处都有大大小小的樱桃树和桃树，面积达3000余亩。独特的地理环境和土壤气候条件，使得这里产出的樱桃粒大肉厚、入口甘甜，产品远销国内外。如今，村路通到每家每户的门口，村民人均年收入涨到6600元。

省交通厅厅长尤习贵表示："实现全面小康的目标，集中连片特困地区任务最艰巨。大别山区和武陵山区是我省自然资源的两块瑰宝，大力发展这一'红（红色旅游路）'一'绿（清江画廊路）'两条路，就是要让这两块瑰宝发挥作用、产生价值，以此带动沿线农民脱贫致富。"

有了路　乡村游呈现井喷状

"近三年，我们镇已签约重大项目7个，投资总金额达到8.9亿元；2013年全镇社会总产值达到28.98亿元，旅游人数超过90万人，人均收入达到5790元。可以说，大别山红色旅游路的开通为七里坪镇开通了一条发展路与致富路。"说这话的是红安县七里坪镇镇长吴浏海。

走进周家墩村生态农业观光园，该园总经理周学龙说，他2011

年参加了七里坪的招商会,得知红旅路即将在当年年底前通车,当时就来到七里坪镇王文秀村投资苗圃基地。由于当时交通不便,加之离红旅路有十多公里远,导致“小苗进不来,好苗出不去”,企业收效甚微。2013 年年初,周学龙另择新址投资兴建周家墩生态农业观光园,因距离红色旅游公路仅 1 公里,越来越多的游客来到观光园观光游玩,在观光园修建的过程中,日最高接待量就达到 300 多人。

七里坪镇是著名的红色旅游名镇,每年都会吸引大量游客前来旅游观光感受红色文化。大别山红色旅游公路开通后,游客越来越多,为了满足需要,2013 年 5 月,七里坪镇开通了从该镇直达麻城火车站的旅游班车。红安县天台山旅游客运有限公司经理刘庆华说:“以前,从七里坪到麻城火车站需要到红安转车,全程需要两个多小时。而现在从该镇直达麻城火车站只需要一小时。乘坐旅游班车来七里坪的乘客中,有近一半的人是来七里坪旅游的游客。”

来到红安县将军红民俗文化度假村,负责人刘文娟介绍,度假村 2010 年 5 月建成营业,红色旅游公路开通以后,游客接待量逐年增加,其中 2013 年接待量较上年增长 30%。

吴浏海说,要借助红色旅游公路的区位优势、交通优势将七里坪提档升级,努力打造成中国红色旅游名城。

有了路 城镇化全线提速

在黄冈市英山县石头咀镇,笔者听到最多的就是“柴禾”变“财富”的故事。

“山上种满中药材,山下建起新农村,一条红色旅游公路的开通,让小药材成富民大产业,同时也推动了城镇化建设的大步伐。”石头咀镇宣传委员、组织委员余昭文说。红色旅游路的通车让石头咀镇大力发展中药材产业,成为名优中药材产地和中药材出口重点建设基地。

周畈村原来是一个贫困落后的山村,全村167户500多人全部住在山上,生产、生活极为不便。

2011年红旅路开通后,村里秉承“村民下山,产业上山”的理念,在山上种满中药材,山下路边建起新农村,走出了一条打造秀美乡村的新路子。现在,周畈村已经是英山县新农村绿化示范村。

在村民张敬明的家中,笔者登上了三层小洋楼的顶层,从屋里铺满的中药材可以看出今年又是一个丰收之年。张敬明说,过去自己住在山上,红色旅游路开通后,他和老伴开始在山上种植中药材,现在种有桔梗、茯苓共4亩,每年纯收入达5万多元,赚了钱才在山下盖起三层小洋楼。

余国和是石头咀镇饼子铺村村民,种植药材接近30年。一直以来他都是种植天麻、茯苓、桔梗、苍术,一共4亩。交通没有得到改善前,山路难走药材难运,亏本是常有的事。无奈的他常常把药材当柴禾来烧。“以前药材运不出去,只能拿来当柴禾烧,现在卖出去才叫药材,是财富。”余国和高兴地说道。红色旅游公路开通之后,药材销路看好,经常出现商家上门抢购的情况,现在他家种植面积扩大一倍,年纯收入达到8万元。

一条红色旅游路带来城镇大变化。在石头咀镇镇区,笔者看到整洁的街道,人行道铺上了彩砖,河岸边漂亮的亲水平台,广场上配备了健身设施,让人仿佛置身大城市之中。据介绍,2013年,全镇投资1000多万元,植树14万株,安装太阳能路灯210盏,购买垃圾箱12000个,建垃圾池367个,配垃圾车75辆。

四通八达的扶贫特色路,已成为湖北省新型城镇化建设的一道亮丽风景线,更成为荆楚农村的“脱贫路”、“致富路”、“小康路”。

铺就荆楚农村路　共圆全面小康梦

——专访省交通运输厅厅长尤习贵

2014年6月30日　《湖北日报》

《湖北日报》讯“十二五”以来,全省以连通村镇路、疏通瓶颈路、打通断头路、开通产业路为着力点,共计投入资金360多亿元。农村公路大发展,使农村面貌大变样,已经成为农村发展的致富路、农民奔小康的幸福路。对此,省交通运输厅厅长尤习贵给予了解答。

问:自2004年起,湖北省每年将农村公路建设作为省政府“十件实事”之一公开承诺,请您介绍一下相关情况。

答:省委、省政府高度重视农村公路发展。“十二五”以来,我省把农村公路建设作为交通发展的重中之重,前3年全省新改建农村公路42062公里,占前3年目标任务的120%。截至2013年年底,全省农村公路通车总里程达20.8万公里,约占全国总里程的5.5%,排名全国第四位,乡镇和行政村通畅率分别达到100%和98.7%。

问:农村公路建设只是基础,要让农村公路真正成为致富路、小康路,农村客货运网络也得跟上。

答:我们努力做到农村公路通车与运输站场、客运物流运营“三同步”。客运网络方面,我们建成四级以上汽车客运站27个,新建、改建农村综合运输服务站279个,新建候车亭4754个,开通农村客运班线5511条,投入营运客车22756台,营运总里程达15万公里,“出家门,上车门,进城门,一直通到天安门”的梦想成为现实。

问:农村公路安全质量问题也是老百姓比较关心的问题,在这方面我省是如何确保的?

答:在质量方面,我们修订了《湖北省通村公路建设管理实施办法》,农村公路的技术标准和操作规程更趋完善。从2013年全年抽检情况来看,农村公路质量合格率达到92.52%。

在安全方面,我省先后下发了《湖北省农村公路安保工程建设省级“以奖代补”资金管理办法》等规章制度,全力推进农村公路安保工程建设和危桥改造。“十二五”前3年共完成27637公里农村公路安全隐患路段整治,改造农村公路危桥663座31228延米,安全态势总体稳定。

问:“全面奔小康,关键在农村;农村奔小康,基础在交通。”请问您是如何看待这个问题的?

答:农村公路发展一小步,经济社会发展一大步,一条条农村公路相继建成,山区面貌发生了翻天覆地的变化,农村与城市的距离缩短了,党和群众的距离拉近了,政府的“民生工程”变成了群众交口称赞的“民心工程”。

问:除了取得的成绩,湖北农村公路发展中还存在哪些亟待研究解决的突出问题?

答:一是农村公路“网络型”路网尚未形成;二是农村公路质量安全标准偏低;三是农村客运服务水平亟待提升;四是农村公路管养体制有待深化改革。

问:基于当前形势和任务的分析,湖北农村公路未来发展的总体思路是什么?

答:我省农村公路发展的总体思路是“因地制宜,以人为本,构建农村公路建管养运综合管理一体化机制”,主要是做好六个转变。

一是着力“转型”,由“以建为主”向“建养管运并重”转变;二是着力“攻坚”,由“整体推进”向“重点突破”转变;三是着力“提质”,由“规模速度型”向“质量效益型”转变;四是着力“增效”,由“目标任务型”向“服务保障型”转变;五要着力“升级”,由走上“柏油水泥路”向走上“绿色平安路”转变;六要着力“创新”,由“行业监管为主”向“内外监督并重”转变。

一路湖光山色　一路历史人文

2014 年 8 月 18 日　中国交通报、湖北省交通运输厅网

本报讯（记者杨丽芳 通讯员李军）8 月 13 日，记者在湖北十堰环丹江口库区看到，一些自行车爱好者沿着环库公路郧县长岭至沙洲一级路自行车车道一边快乐骑行，一边欣赏着湖光山色。

这条刚刚建成的 2.5 米宽的塑胶自行车道，是环丹江口库区公路的先行示范工程。施工方根据不同的道路等级，尽量在具备条件的路段修筑专用自行车道。整个环库自行车道包括环库公路中设计时速为 60 公里的一级路和路基宽度大于 10 米的二级路，全长约 260 公里。

记者了解到，全长 429 公里的环库公路串联了沿线 40 多个 A 级景区，占全市 80% 以上的旅游资源，预计 2015 年年底全线通行。届时，十堰因丹江库区水域分割而造成交通不便将得到改善，并将集合生态和人文资源，促进经济结构转型升级。

生态公路凸显人文特色

丹江口水库是南水北调中线工程的核心水源区，生态成为环库公路的关键词。“从公路设计美学出发，针对环库公路自身特性及所处的环境，充分融合十堰历史人文、自然生态等因素，使公路成为凸显十堰地域文化特色的‘故事’之路，建成一条会讲‘地方话’的公路。”十堰市交通运输局局长张涛说。

按照这一思路，设计人员对沿线区域的历史人文挖掘、提炼、升华，在公路沿线边坡、岩壁、公路用地等区域，融入地域文化元素，展现区域人文历史。柳陂至五峰公路沿线有多处具有代表性

历史人文遗址，设计者在柳陂服务区以恐龙蛋造型为总体设计，配以恐龙蛋化石群及恐龙骨架，凸显地质遗址特点；韩家洲是韩信葬母之地，设计者在韩家洲码头配以韩信雕塑，并设计以天然汉水为界的象棋布局，凸显战争气势。

在丹江辽沟大桥建设现场，技术员李伟告诉记者，为避免开挖山头和减少水下桥墩数量，从大桥设计到施工曾两次改变方案，施工难度加大。改成“弯桥”后，大桥较原设计方案少劈两座山，少毁5亩山林，少开挖山石3.2万立方米。

建设中，多曲线与曲线顺适连接，不追求长直线；合理设置纵坡和竖曲线，使纵断面顺应地形地貌，尽量避免大填大挖；尽量达到“零弃方”建设目标，将弃方作为施工用料，或作为绿化带、移民迁建宅基地等线外工程填料。同时，建设“三季有花、四季见绿、错落有致、远近结合、层次分明、色彩变化、少留盲点”的绿色长廊。

促进沿线产业转型

正在修建的丹江口江南段在三官殿办事处境内有12公里公路，贯通蔡湾村、高家沟村和阳西沟村，通往牛河林场，与丹江口旅游港相连。建成后，驾车从三官殿办事处到城区只需几分钟。

如今，公路两旁的村镇已在谋划结构调整、产业转型。一些农发项目、水利项目开始落户道路沿线，3个库区村的产业布局也根据道路交通条件的改善进行了重新规划和调整，当地群众发展大棚蔬菜、小杂果、武当道茶，发展生态农业和观光旅游的构想变为现实。

据介绍，连江北、穿城区、通江南，全长19.7公里的丹江口市东环一级路建成后，将形成贯穿丹江口城区北、东、南部的交通大动脉，激活丹江口半个城区。丹江口市委书记孙咏平说：“一条东环路，40平方公里的工业用地，园区建成满园后，将给丹江口市带来500亿元工业产值。我们一定要抢抓机遇，不等不靠，尽早实现这一目标。”

连片开发扶贫路　成就农民致富梦

——省交通运输厅农村公路建设再写新篇

2014 年 9 月 20 日　《湖北日报》

我省在农村公路建设中，通过扶贫攻坚，在交通运输部确定的大别山、秦巴山、武陵山 3 个国家级交通扶贫开发片区的基础上，自我加压，把幕阜山纳入到省级扶贫开发片区规划，着力打造大别山“红色旅游路”、秦巴山“环库生态路”、武陵山“清江画廊路”和幕阜山“休闲旅游路”等 4 条特色扶贫路，里程共计 3282 公里。沿线农村发生了翻天覆地的变化：老百姓出行方便，致富门路拓宽，产业结构调整步伐加快，新型城镇化建设提速。4 条扶贫特色路成就了广大农民的致富梦。

扶贫攻坚　4 条扶贫特色路成为“天字一号工程”

2012 年 2 月，交通运输部正式启动全国集中连片特困地区交通扶贫规划，强调：要按照“服务全局、统筹协调、突出重点、因地制宜、政策引领”的要求，充分考虑集中连片特困地区的自然条件、发展能力、环境承载力和经济社会发展特点，着重解决制约集中连片特困地区交通运输发展的瓶颈问题和突出矛盾，努力提升交通运输基本公共服务均等化水平，力争推动集中连片特困地区交通运输发展接近或者达到全国平均水平，为贫困地区整体脱贫致富、全面建设小康社会提供强有力的交通运输保障。

《中国农村扶贫开发纲要（2011—2020 年）》提出，要将秦巴山、武陵山、大别山等集中连片特殊困难地区作为扶贫攻坚主战场，加大投入和支持力度。

2012 年 3 月，湖北省委省政府抢抓机遇，结合区域发展实际，在交通运输部确定的大别山、秦巴山、武陵山 3 个国家级交通扶贫开发片区基础上，自我加压，将幕阜山片区纳入我省连片扶贫范围，着力打造秦巴山“环库生态路”、武陵山“清江画廊路”、大别山“红色旅游路”和幕阜山“休闲旅游路”，形成我省独具特色的“四条扶贫特色路”。

同年 3 月，省交通运输厅召开全省交通扶贫开发规划工作推进会，厅党组书记、厅长尤习贵部署了我省武陵山、秦巴山、大别山和幕阜山 4 个片区交通扶贫开发规划编制工作，强调：要高起点、高标准制定各阶段扶贫开发总体目标，切实改善人民群众的基本出行条件，推动基本公共服务向贫困地区延伸、向贫困人口覆盖；统筹考虑各片区交通运输发展，大力加强省际的沟通与协调，从整个片区的角度来考虑路网的衔接，注重干线公路、县乡公路的衔接，加快打通“断头路”；重点抓好片区对外通道、内部公路网、农村公路网、水运建设，大力提升农村客货运输水平，结合当地地形地质条件，考虑实际交通运输需求，合理确定建设标准、灵活选取技术指标；高度重视农村公路安保工程建设。在编制交通运输扶贫规划建设时，对农村公路安保工程一定要优先考虑、优先施工、优先保障资金，宁可建设速度慢一点、建设里程少一点，也一定要让安全质量高一点、事故隐患少一点。积极争取国家加大对我省扶贫项目资金投入，保障扶贫规划顺利实施。

为加快湖北省集中连片特困地区交通扶贫开发，积极推广大别山红色旅游公路建设的成功经验，省交通运输厅组织编制了《湖北省集中连片特困地区特色公路规划》，规划在秦巴山、武陵山、幕阜山等 3 个片区各建设一条对促进地方扶贫开发具有明显带动效益的特色公路。

秦巴山库区生态环保路由“一主四支”构成，路线全长约 1390 公里；武陵山绿色旅游公路由“一环七支”构成，路线全长约 1564 公里；幕阜山生态旅游公路由“一主一支”构成，路线全长 328 公里。3个特色公路项目路线总长3282公里。

省委省政府对“四条扶贫特色路”的建设高度重视。为确保工程建设科学规划、建设进度和工程质量,四大常委亲自挂帅,省委书记李鸿忠、省长王国生、省委副书记张昌尔、副省长王晓东更是分别督办秦巴山“环库生态路”、武陵山“清江画廊路”、大别山“红色旅游路”和幕阜山“休闲旅游路”建设,因此,“四条扶贫特色路”也被称为湖北省“天字一号工程”。

4条扶贫特色路的攻坚战在我省全面打响后,在省委省政府的督办下、在省交通运输厅的指挥下以及在地方政府的积极配合下,正按规划,保质保量快速有序地向前推进。

克难奋进　精心打造扶贫特色路

2013年9月,在全省集中连片特困地区交通扶贫开发工作推进会暨普通公路建设调度会上,尤习贵语重心长地对与会者说:希望大家一定要切实带着对老区人民的感恩之心扶贫,带着对老区、山区人民的真挚感情扶贫!

我省4个集中连片特困地区均处于跨省交界处,集革命老区、贫困山区于一体,经济发展长期滞后,亟需加大开发力度,加快脱贫致富步伐。“四条扶贫特色路”的建设者们充分为贫困区的脱贫、发展着想,在建设中坚守服务贫困区的原则,量力而行、适度超前,合理确定建设规模,避免盲目贪大、确保项目按期实施。以人为本、注重安全。结合山区公路基本特征和项目实施的可能性,优选线位走向,尽量避免急弯陡坡、长大纵坡路段,合理设置必要的安全防护设施和交通标志标线。因地制宜、提高效率。

针对集中连片特困地区贫困面积大、贫困程度深,个别片区旅游品牌知名度高等特点,特色公路尽量穿越更多的产业聚集带、生产生活区和重要旅游景区,同时根据地理环境和自然条件灵活运用技术标准,做到简单实用与功能完善并重,即建设一条主线干道,在主线干道上建设众多的支线道路,这样既可以使道路得到延伸,覆盖更多的贫困乡村,又起到了"一线串珠"的效果。

环境保护关系着贫困地区的可持续发展,为此,建设者们在规划、建设中,十分注重公路建设对区域生态资源的影响,尽量利用旧路资源,以提等升级和路面改造为主,减少新增里程、避免高填深挖,最大限度降低公路发展对自然环境的破坏。

为使"四条扶贫特色路"建设尽早给贫困区人民创造致富条件,面对建设资金压力,省交通部门在支持政策上,做到"两争取一倾斜":一是争取交通运输部支持,"十二五"期对我省 3 个片区额外增加补助 49.97 亿元,县均补助额高于全国水平;二是争取地方政府从政策、资金等方面给予支持;补助资金向四个片区扶贫开发倾斜。

为加快交通扶贫道路建设,各地根据实际情况,采取了行之有效的措施。

丹江口市委、市政府紧紧抓住南水北调、秦巴山片区扶贫开发等机遇,确立了"对接十堰、策应沿江、辐射周边"的总体思路,突出交通建设的先导地位,全面加快宜居宜业宜旅工业生态旅游城市建设着力打造"中国水都 · 十堰龙头"。"四大家"多次主持召开高规格的交通工作会议,安排部署督办全年建设任务,动员全市上下参与,支持交通建设。

利川山高路险,财政底子薄,为解决资金困难,利川市财政预借 3000 万元作为建设启动资金,划拨 500 亩土地作为经营资产,组建成立交通建设投资公司。利用 500 亩土地和每年省、州拨付的 2 亿元左右建设资金作抵押,向银行贷款筹措交通建设资金。通过建一条路,划拨几百亩土地,建立起一个平台,创建一个新的融资机制,形成了利川经验。咸宁、鄂州、黄冈等地也采取了类似做法。

竹山县对扶贫交通建设手续一律免收相关费用,对耕地占用税、建设营业税先征后返。红安、郧县、阳新、崇阳等地对建设工作也采取较大力度。

不仅如此,为保证工程顺利完成,交通部门还采取广发吸引社会资本,成效显著。利川充分借用资源开发带动扶贫开发,采用 BT 方式建设齐岳山产业公路,重庆太旺集团投资 24 亿元提前启动 326 省道复线建设。BT 方式在全省广泛推广,如咸宁、宜昌、孝感、荆门、随州、荆州等采用这种方式破解资金难题,取得明显效果。“四条扶贫特色路”建设的创新作为,得到国家主管部门充分肯定。大别山红色旅游路率先建成后,交通运输部在黄冈市召开全国农村公路建设现场会,对我省片区交通扶贫工作进行总结、推广。

道路通畅 贫困地区旧貌变新颜

据了解,“十二五”以来,湖北省把农村公路建设作为交通发展的重中之重,连续超额完成年度目标任务。前 3 年全省新改建农村公路 42062 公里,占前 3 年目标任务的 120%。目前,湖北省农村公路总里程已达到 21 万公里;所有县城已通达二级公路,所有建制村已通公路;除恩施州外,100% 的建制村通达沥青水泥路、100% 的建制村通客车、100% 的乡镇渡口达标。农村公路通达深度和广度进一步提高,路网结构和功能进一步优化,服务“三农”的能力和效果进一步增强,有效推进了农村城镇化进程和县域经济发展。

随着“四条扶贫特色路”的建设,一条条公路通往县乡、村组,昔日的贫困落后的农村,正发生着翻天覆地的变化。

蒋代刚在建始县红景绿色生态旅游公路边做“农家乐”生意。

谈起通路后自己生意的发展,老蒋有点激动:“过去,路不通,没人来,我们这里的特产再多、风景再美,也不值钱。是农村公路给我们引来了游客,送来了财神,我们的日子才富起来!”

2010 年,老蒋建起 200 平方米的房,开始经营农家乐。一天有 20 来人消费,一年下来能挣 5 万 ~6 万元,这对原来靠种地,一年辛辛苦苦仅挣万把块钱的老蒋来说,心里别说有多滋润了。更让老蒋高兴的是,近年,由于交通方便,来自全国的游客不断增多,老蒋的生意也比开始一天比一天红火起来,每天客人比以往翻番,最多可达五六十人,年收入也成倍增长。为了把生意做得更好、把生活过得更滋润,老蒋还打算买辆皮卡车呢!

一些贫困地区虽然拥有独特的地理环境和丰富的地方特产。过去都是因为道路不通,山区"宝贝"藏在深山人不知,有了"宝贝"运不出,只好守着"宝贝"受穷。路通了,"宝贝"变成"财富",百姓生活不再穷。

恩施市白场平镇朝阳坡村拥有独特的地理环境和气候条件,盛产的茶叶远近闻名。但是,以前因为路不通,茶叶品质虽好,但大都靠老百姓肩挑背驮到集镇上去卖,或等着贩子上门收购,贱卖掉。

村支部书记姜生介绍:"2010 年,公路修通了,我们抓住机遇,及时对产业作了调整,茶叶种植面积由原来的 1200 亩扩大到 6000 亩,产出的茶叶远销浙江、福建等全国各地。由于道路带来的运输方便,村里生猪养殖也已成规模;原来村民住的都是土木结构房屋,现在有路、有车,能运进建筑材料,村里 60% 人家住上了砖混结构房屋。"他还告诉记者,他们全村 800 多户,已拥有包括农用车、小面包车、小轿车在内 80 多台车,外出打工的人也多了;今年村里考上一本的就有 5 人,7 人考上二本。

道路的畅通,催生了投资热,"打红色旅游牌,奔农村致富路",成为近年来农村吸引投资、开发旅游市场、促进经济发展的新方向。"近三年,我们镇已签约重大项目 7 个,投资总金额达到 8.9 亿元;2013 年全镇社会总产值达到 28.98 亿元,旅游人数超过 90 万人,人均收入达到 5790 元。可以说,大别山红色旅游路的开通为七里坪镇开通了一条发展路与致富路。"说这话的是红安县七里坪镇镇长吴浏海。

近年来,红安县七里坪镇、罗田县九资河镇、英山县石咀镇等红色旅游沿线乡镇,因道路条件的改善,都加大了城乡一体化建设投入力度,着力打造秀美乡镇,一座座新型城镇如雨后般春笋相继崛起。

4 条扶贫特色路的修建,为我省贫困地区发展夯实了基础,广大农民沿着四条扶贫特色路正大踏步地追逐致富梦想、拥抱美好明天。

湖北恩施:“壁挂”公路嵌天险

2014 年 10 月 13 日　新华网

10 月 12 日,一辆汽车行驶在湖北省恩施市新塘乡双木公路扯根坡段。位于湖北省恩施土家族苗族自治州恩施市新塘乡的双木公路(双河至木栗园),是一条全长约 20 公里的乡村公路。该公路经过名为扯根坡的大悬崖,长约 4.4 公里,非常险峻,犹如挂在悬崖上,被称为“壁挂”公路。新华社发(杨顺丕摄)

大别山红色旅游公路大悟段项目施工进入收官之战

2014 年 10 月 20 日　湖北省交通运输厅网

大别山红色旅游公路全长 458.65 公里，总投资 13.89 亿元。西起大悟县大新镇，东至黄梅的城关镇，沿途横贯红色遗迹、绿色生态、禅宗文化三大旅游区的 42 个景点。该工程竣工后，有利于整合革命老区旅游资源，促进大别山红色旅游经济圈的形成，对整个大别山革命老区乃至整个湖北省的旅游业发展具有十分重要的意义。

大别山红色旅游公路大悟段是湖北省大别山红色旅游公路的重要组成部分，东与黄冈红安华河镇大别山“红旅路”相接于大悟黄站镇，西至大悟城关高铁孝感北站。按二级公路标准建设，全长 48.3 公里，合同总投资额 1.83 亿元，设计车速 80 公里/小时。大别山红色旅游公路大悟段全线平均填土高度 3 ~ 5 米，共有大中小桥 13 座，主行车道上、下基层为 16 厘米水泥稳定碎石层，面层为 5 厘米厚中粒式沥青混凝土。

中南路桥大别山红色旅游公路大悟段项目部自 2012 年底进场以来，在各级领导的关心和支持下，克服了建设资金不足、协调困难等诸多不利因素，通过合理划分施工断面、选择优秀协作队伍、科学布置施工任务、加大协调力度等措施，确保了工程建设的快速有序。

注重组织管理。从项目成立之初，项目部在公司总体部署下构建了一支精练高效、分工明确、责权对等、充分授权、团结协作的项目组织机构。制定各类内部管理制度 20 余份、应急预案 8 套、机械设备仪器操作规程 20 余份,完成各类试验检测报告 1000 余份,保障了项目管理有效、持续向前推进。

严控成本支出。在成本控制方面,严格执行公司、项目部财务管理制度,依据资金情况,结合工区验工计价和生产进度情况支付工程款项,每笔工程款支付前均报公司审核批准。

确保安全生产。项目部积极组织安全生产知识和自我保护知识学习,定期召开安全会议,注重安全检查状况的落实。始终贯彻“安全第一,预防为主,综合治理”的安全生产方针,确保“伤亡事故率为零,轻伤事故发生率为零”的安全生产目标。

截至目前,该项目已累计完成货币工程量 1.81 亿元,完成合同总投资额的 98.9%,全线一期路基土石方及桥梁小构主体全部完成,余下部分路段路肩和边沟未修正完毕,桥梁余下部分伸缩缝和锥坡未完成,路面基层两层全部完成,路面油面剩大新东新段约 3 公里未铺,其余全部完成。工程完工胜利在即!

尤习贵在恩施调研时要求：要探索一条符合山区实际的村村通客车路径

2014 年 11 月 7 日　湖北省交通运输厅网

11 月 7 日，尤习贵厅长冒雨调研恩施村村通客车和公路建设工程，要求恩施要以改革创新的思维，克难攻坚，探索一条符合山区实际的村村通客车路径。

当日，恩施细雨纷飞，尤习贵带领省公路局、省运管局、厅计划处、厅农村公路处负责人，从恩施市龙凤坝 318 国道出发，经龙马村、青堡村再到脸盘村，沿路察看通村公路改造升级工程，走村入户，与村干部、农民、农村客运司机座谈。

从龙凤坝到青堡 36 公里，几年前恩施市按路宽 3.5 米修通了从龙凤坝到龙马村共计 20 公里的通村路，目前恩施市已将该路拓宽至 4.5 米，并将公路向前延伸，新修了 16 公里，深山中的青堡村通了公路。36 公里公路串通 5 个行政村，3 辆分别为 19 座和 17 座的中型客车定时定班运行。

在青堡村，尤习贵与村干部、司机、客运公司负责人进行了座谈。村支书激动地说："感谢交通部门啊！过去我们村 9 个小组，几千户人家无路出门。过去农民卖一头猪，要 4 个人抬着走十几公里。现在路通了，客车开进了村，一头猪每斤多卖 3 毛钱。"

尤习贵说，我们实施村村通公路、通客车，就是要把群众路线教育活动转化为老百姓看得见、摸得着的利益。他说，我们今天来到山里来，就是要了解山区老百姓的需求，研究山区村村通客车的路径。

通村客车司机徐师傅说，他们以客车入股组建了龙凤农村客运有限公司，拥有58台客车，负责龙凤坝镇18个村的客运工作，目前已开通17个村。票价由市物价局审批，每公里4毛钱，全程票价20元，比过去降低了5元。他说，现在关键是乘车人员少，运行成本高，难以赚钱；沿路没有车站，无法停靠。

尤习贵称赞恩施市组建以乡镇为单位的区域客运公司的做法，要求乡镇要强化安全监管。他还建议公司采取接驳运输的方式，缩短运距，减少空乘，增加效益。恩施市撤乡并村后，应结合实际，实行划拨土地的方式建设农村客运站。他说，省厅、省政府也正在制定村村通客车的各项政策，支持农村客车开得起、留得住、开得安全。

恩施市由580多个村合并成172个村，目前还有40个村由于安保设施不到位，没开通客车。市委书记向前进说，恩施市一定按要求在明年年底以前完成村村通客车。他建议在当前安保设施难以一步到位的情况下，由交通、安监、公安交管一起制定山区公路通客车的安全标准。

当日，尤习贵还主持召开了座谈会，听取了恩施州、恩施市村村通客车和交通建设工程推进情况的汇报。

据介绍，恩施州年内要求新开工的16个项目正在加紧推进，年底前将实现全部开工目标；在建工程8个一级路项目、20个二级路项目、旅游公路10个项目建设速度没有达到计划目标。恩施山高，农村公路建设难度大，起步也较晚，目前2138个村通了泥青（水泥）路，通畅率达到85%，行政村通客车率只有62.3%，安保工程量大。

尤习贵要求恩施州统一思想，加大力度，坚定不移推进普通公路建设。他说，恩施州不仅享受西部政策，同时纳入全国14个连片扶贫地区，说明中央对恩施的高度重视。恩施州一定要有责任担当意识，增强完成目标任务的责任感。目前“十二五”时间过了四分之三，恩施州的建设任务仅完成四分之一，必须增强完成任务的紧迫感。他强调，要增强主动性，用足用好现有各项政策，拓宽融资渠道,加大资金筹措的力度。要增强完成目标任务的信心,以干求助,进一步求得各方支持。州里要加大对各县市的考核,采取激励措施,确保完成建设目标任务。

他要求全州上下要深刻认识村村通客车的重大意义,以改革创新的方式,因地制宜,确保安全,勇于担责,探索一条适合山区特点的村村通客车的路径,确保全州明年实现村村通客车。

尤习贵调研大悟脱贫奔小康和村村通客车

2014 年 11 月 19 日　湖北省交通运输厅网

11 月 19 日,尤习贵厅长、马立军副厅长带领省运管局、公路局厅计划处、农村处负责人赴大悟调研脱贫奔小康和村村通客车工作情况。

从 2009 年开始,省交通运输厅牵头负责对口帮扶大悟脱贫奔小康。几年来,大悟交通发生了巨大变化,京广高铁孝感北站连接线、芳新线红色旅游路、宋长线大悟黄土岗至白庙段改造工程、张界线改造工程、大别山红色旅游路大悟段、S260 高店至刘集公路等一批项目建成,S473 乔店至吕王公路正在建设,并规划启动了一批新的项目。

全县通村公路达 2300 公里,行政村道路硬化达 100% ,全县 17 个乡镇(区)已全部通客车,64% 的行政村开通了道路客运班线,初步形成了以县城为中心、乡镇为节点、逐步辐射所有行政村的农村道路客运网络。

尤习贵、马立军等深入大悟最边远的三里村,向村干部、农村客运司机了解车辆、班次、票价、客流量等农村客运运输情况及发展农村客运迫切需要解决的问题。

在随后召开的座谈会上,尤习贵要求大悟县委、县政府高度重视脱贫奔小康工作,要再加力度、再添措施,善于利用 23 个对口帮扶单位的资源和优势,搭建平台,创新载体,加强联络对接,让对口单位对接切入点,开展对口帮扶,加快脱贫奔小康步伐。

尤习贵强调,大悟作为全省 7 个脱贫奔小康试点县之一,要在体制机制上大力创新,创造一套可以复制的经验,交通扶贫和产业扶贫要走在全省前列。他要求大悟交通扶贫要与红色旅游、自然景区、产业园区更好结合，创出特色，要充分发挥京广高铁孝感北站的优势，在交通的无缝衔接上做得更好。他还要求大悟按时间节点，完成“十二五”目标任务。按照发展转型、提升服务水平的思路，做好“十三五”交通发展规划。

尤习贵要求大悟高度重视，积极行动，因地制宜，确保明年年底实现村村通客车，惠及大悟万千百姓。

马立军对大悟交通发展成就给予了充分肯定。他说，省交通运输厅作为对口帮扶牵头负责单位，对大悟交通发展倾注了很深的感情，给予了大力支持。他要求大悟进一步加大工作力度，创新筹融资办法，更好地落实配套资金，确保“十二五”目标任务圆满完成。他还要求大悟落实好农村交通运输的主体责任，实事求是，设置错车台，安装必要的安保设施，尽可能改善农村公路通车条件，确保明年年底实现村村通客车。

媒体聚焦我省农村公路建设成果

2015 年 1 月 22 日　湖北省交通运输厅网

1 月 21 日，由省政府办公厅、省委宣传部联合组织的 2014 年省政府为民办实事采访报道组，聚焦我省农村公路、危桥改造和安保工程建设成果，感叹农村交通发展给荆楚百姓带来的诸多便利，称赞湖北交通运输系统是一支吃苦耐劳、乐于奉献的先进群体。

当日上午，省交通运输厅 2014 年农村公路建设情况通报会在厅三楼电子会议室召开。受厅长尤习贵委托，省公路局局长熊友山从坚持民生导向全省农村公路建设成效显著、加强生命安全防护全省农村公路服务安全水平得到有效保障、提早谋划、勇担重责 2015 年将全力推进农村公路在新常态下转型发展等方面，通报了 2014 年我省农村公路建设情况。厅办公室、研究室、计划处、农村公路处、宣传中心和省公路局相关处室负责人等参加了会议。熊友山还接受了媒体记者的采访。

会后，媒体记者们集中乘车前往红安县，先后深入到桃（花）八（里）公路江家店段、永佳河镇汪河村苗圃基地、七里坪镇周家墩农业生态园、七里坪镇陶家边村、七里坪镇檀树岗客运站、檀（树岗）两（道桥）公路七里坪镇长冲村段等地现场随机采访，拍摄农村公路危桥改造、安保工程建设成果等。

采访期间，农村公路沿线的普通老百姓，看到交通发展能增加企业收入而选址投资的企业负责人，村村通客车的驾驶员，坐在客车上的乘客，沿线地方党委政府的负责人，依托村路带领村民致富的村委会带头人，因农村交通方便后回乡创业的成功人士，在农业生态园里从事管理的技术人员等，都对交通赞叹不已。七里坪镇陶家边村 78 岁的方连忠老人结合自己几十年的所见所闻，由衷地感叹农村交通发展给大家的生产生活所带来的翻天覆地的变化。这一切都证明了交通改变生活，一条条蜿蜒在荆楚大地的“扶贫路”、“产业路”、“生态路”、“景观路”是打通脱贫致富的康庄大道。

通过一天的紧张采访，来自《湖北日报》、湖北电视台、《楚天都市报》、《楚天金报》、荆楚网、湖北之声、电视经济频道、电视综合频道、《长江商报》、《农村新报》等媒体的记者们既真实看到了农村交通的巨大变化，又真切地感受到政府的“民生工程”变成了群众交口称赞的“民心工程”。

银河飞落大别山红色旅游公路

巨龙腾跃大别山　黄冈再造新引擎

“十二五”画龙点睛，完美收官；“十三五”恢弘起笔，精彩开局。

交通建设者经过近两年的辛勤耕耘，终于在大别山这片神奇的土地上收获了硕果：麻武高速公路建成通车。

从此，绵延湖北百余公里的大别山腹地南北通道被打通。交通先行，黄冈大别山试验区建设和大别山振兴发展再添新引擎。

麻武高速公路是湖北省规划的“七纵五横三环”高速公路网“纵一”的重要组成部分，也是武汉城市圈“两型”社会综合配套改革试验区、大别山革命老区经济社会发展试验区的重要交通项目。

这条路，饱含着省委、省政府对老区人民的深厚情谊。省交通运输厅将麻武高速公路纳入省交通发展“十二五”规划“七纵五横三环”高速公路网重要组成部分，省交通运输厅领导多次踏访建设一线。

这条路，凝聚着黄冈人民十年期待和十年奋斗的艰辛付出。黄冈市“四大家”领导从项目的谋划到项目的落地、建设，无不倾注了大量心血。书记刘雪荣密集视察麻武高速工地，亲自督办推进项目建设。市长陈安丽时刻关注麻武高速建设，反复强调麻武高速要注意精细施工，打造精品工程。

这条路，见证着交通建设者的酸甜苦辣。工程建设两年间，建设者们逢山开路、遇水搭桥，发扬敢干敢闯、吃苦耐劳的红色精神，攻坚克难，在大别山崇山峻岭中劈开了一条纵贯南北、连通东西的快速通道。

坦途铺就，梦圆今朝。麻武高速公路是继大别山红色旅游公路、黄冈长江大桥、黄鄂高速公路、武冈城际铁路、黄冈大道后,黄冈交通建设史上又一里程碑式的项目。它对于完善区域高速公路网布局、改善大别山腹地交通运输条件,加强鄂赣豫皖四省比邻地区经济和交通联系,推动区域自然资源和旅游资源的整合开发,促进大别山革命老区经济社会发展等具有重要意义。

梦圆梦起,麻武高速公路完成了“十一五”向“十二五”的伟大穿越,为黄冈大别山实验区建设献上了一份沉甸甸的厚礼。

眺望大别山,引领大别山振兴发展的新征程正在壮观地拉开!

一条路,写下一段深刻的启示

麻武高速公路,就像是一段镌刻在大地上的文字,给后人以深远的启示。

预则立,不预则废。

“十一五”之初,省交通运输厅将武英、武麻、大广北三条高速公路纳入全省“十一五”交通发展规划。

黄冈市交通人敏锐意识到,黄冈南北快速通道只有大广北高速,而东西方向的武英、武麻和黄黄高速分散独立,未能形成路网。

虽然当时黄冈交通建设的主要任务是三条高速,但黄冈市已在武麻与黄黄高速之间绘出一条纵向连接线,这就是麻武高速的雏形。

进入“十二五”,黄冈市南北通道的缺失与大别山地区出行需求的矛盾逐渐显现,再建一条南北快速通道势在必行。

好风凭借力。2011 年,省委、省政府提出建设大别山革命老区经济社会发展试验区,让黄冈站上了新的发展高点。

智者因时而变,明者顺势而动。

善谋善为的黄冈交通人抢抓机遇,争取到将麻武高速项目纳入全省“十二五”交通发展规划。

快马加鞭,黄冈市又主动找上刚成立不久的湖北省交通投资有限公司,双方一拍即合,共建麻武高速公路,一举解决了项目投资问题。

时不待我,只争朝夕。进入规划后,黄冈交通运输部门积极做好麻武高速的前期工作,为项目开工而努力。

建设过程中,市县两级竭尽全力支持麻武高速建设,提供“保姆式”服务,为项目建设创造最优的施工环境。

经过900多个日夜的奋战,麻武高速公路终于揭开了神秘面纱,让人们看到了它美丽的容颜。

这种美丽,释放着决策者的睿智和胆识,见证着建设者的责任和担当。

一条路,铸就一个发展的希望

修通一条高速路,拓宽一条群众致富路,延伸一条经济发展路。

丰富的自然资源和人文资源是黄冈大别山最珍贵的宝藏。

这里是全国闻名的“板栗之乡”、“茶叶之乡”、“药材之乡”、“甜柿之乡”,拥有“罗田板栗”等45个国家地理标志产品。

这里是自然和人文荟萃之地,有13个风光秀丽的4A景区,红安、麻城、罗田、英山四处革命烈士陵园被列为全国100个经典红色旅游景区。

曾经受制于落后的交通条件,这些宝贝藏于深山少人问津。

麻武高速公路途径麻城、罗田、浠水、蕲春、武穴等5个县市15个乡镇。这里经济发展较为落后,不少是贫困镇和贫困村,贫困人口多。

要想富,先修路。麻武高速的建成,大大改善了沿途230万群众的出行条件,为大别山振兴发展提供强劲的支撑。

“我们每年大约有百万吨物料和产品需要进出蕲春,现在出门就可以直接上麻武高速,可以说货畅其流,便捷安全,而且也为企业节约了运输成本。”蕲春李时珍医药集团副总经理陈普生说。

罗田县河铺镇敢鱼嘴村果农廖汉平更是欢欣鼓舞:“过去山上

板栗很难卖出去，现在麻武高速建成后，河南、安徽的老板也可来我们这里收购。”

随着交通瓶颈打开，黄冈大别山变得热闹起来。这里的农产品可通过这条路运送到外地，变成真金白银。

展望未来，纷至沓来的游客分享着黄冈大别山的盛宴；品质优良黄冈产品也将快速运达四面八方。

一条路，带来一种舒畅的体验

穿越大别山腹地、连接多条东西快速通道的麻武高速公路给“畅达”赋予了更丰富的内涵。

畅达在于速度快——

麻武高速起于麻城市木子店镇，途径麻城、罗田、浠水、蕲春、武穴，终于武穴市四望镇，全程 140.453 公里。

公路为双向四车道，设计时速 100 公里/小时，路基宽度 26 米，穿越 5 个县市跑完全程只需要 1 个半小时。

畅达在于进出便——

麻武高速共设一般互通 7 处，沿线县市均有进出口，各县市可在相应的互通口上下麻武高速公路。

其中，麻城 1 处，向明河互通；罗田 2 处，河铺互通和三里畈互通；浠水 2 处，浠水北互通和浠水互通；蕲春 1 处，蕲春东互通；武穴 1 处，梅川互通。

另外，沿线还有服务区 3 处，分别是罗田北服务区、浠水北服务区和梅川服务区，乘客和车辆可以在服务区内享受到相应的服务。

畅达在于路网连——

麻武高速拥有 3 处枢纽互通对接东西通道的沪蓉、武英、沪渝三条高速。此外，麻武高速对接武穴长江大桥，还可连通杭瑞高速。

麻城木子店枢纽互通接沪蓉高速麻武段，可东至上海，西至四川;浠水团陂东枢纽互通接武英高速,可东至武汉,西至安徽;武穴枢纽互通接沪渝高速黄黄段,东至上海,西至重庆。

畅达在于时间省——

麻武高速在纵向即南北方向上快速通道的优势明显,特别是与合肥、六安及其以北的济南等地的出行,比大广、沪蓉、武英、济广高速组合更具优势。

黄冈至合肥,以前经大广、沪蓉高速,现在经黄鄂、武英、麻武、沪蓉高速,可节约 15 分钟。

罗田至合肥,过去走普通公路,过英山,经安徽六安再到合肥,现在全程高速,走麻武、沪蓉高速,节约 2 个半小时以上。

连南接北,通东达西,由麻武高速等路网组成大通道,将使大别山与全国、与世界同步奔跑。

一条路,新添一道靓丽的风景

深秋的大别山,霜叶初红,苍松青翠,碧水清流,青峦黛峰,蓝天白云,多姿多彩,真是美不胜收。

麻武高速公路罗田段,长桥横跨深沟河谷,双隧穿越山崖石壁,“天堑变通道”成为真实的写照。

宽阔平整的沥青路面,整洁有序的路肩绿化,鲜亮醒目的标志标牌……驱车飞驰,畅快至极。风景靓丽秀美,令人赏心悦目。

大别山绵延千里,横亘中原,雄奇险峻,风光迷人。麻武高速公路恰好穿越黄冈大别山腹地。

红色大别山、绿色大别山、发展大别山、富裕大别山,是省委省政府对大别山革命试验区建设提出的目标。

作为试验区建设的先行工程,麻武高速公路在建设伊始,就被定位为大别山“生态景观路”。

黄冈市交通、建设者精心研究,周密论证,高位设计,以新的理念和新的技术建设麻武高速公路。

高度重视生态保护工作,在沿线道路两旁全部植树绿化,做到春有花、夏有荫、秋有果、冬有绿,营造出“路随景出、景由路生、景路相融”的和谐意境。

精心的呵护,绘就美丽的画卷。

麻武高速公路将沿线景观完美“秀”出“中原第一峰”大别山天堂寨、“大别山中的小黄山”薄刀峰、杜鹃花海麻城龟峰山、农家风情蕲春三江……

美丽的景点,在麻武高速公路的托举下,必将绽放最绚烂的光彩。

一条路,树起一面红色的旗帜

修建一条路,树起一面旗帜;树起一面旗帜,挺起一种精神。

面临工期短、拆迁任务重、施工环境恶劣等重重困难,麻武高速建设者们攻坚克难,不断夺取新胜利。

黄冈市政府成立麻武高速公路建设协调领导小组,相关县市相应组建麻武高速建设协调指挥部,形成完备的协调体系。

“一个窗口、统一协调”、行政审批绿色通道、建立施工协调指挥长联席会议制度……市政府出台系列举措,不遗余力地支持项目建设。

黄冈市交通运输局主动担当,积极作为。局长周银芝几乎每月都要听取麻武高速项目情况汇报,并逐个协调督办项目推进过程中的问题。

黄冈市交通运输局还组建项目专班,提供办公场地,保障办公经费,统筹协调好整个项目建设。两年来,专班人员战高温、斗酷暑严寒,一直奔波在建设一线。

黄冈市国土部门主动上门、对接服务,市公安系统与施工单位共建治安联防体系,市检察院积极开展“路检共建”活动,全方位为工程施工营造良好环境。

麻城、罗田、浠水、蕲春、武穴 5 县市协调指挥部驻扎工地,与施工方一道“白加黑”、“5 +2”,全天候随叫随到。

浠水段主线最长，拆迁任务最重。即便寒冬腊月，该县协调指挥部人员仍在挨家挨户做群众工作，从不叫苦。

蕲春后发赶超，不仅率先圆满完成拆迁任务，还在劳动竞赛中争先创优、勇争第一。

武穴不等不靠，在临建用地上先征后补，并先期垫付 50 多万元，将施工场地按要求及时提供给施工单位。

湖北交投麻武高速建设指挥部坚持高起点、高标准、高质量、高效率的“四高”理念，打造麻武高速精品工程。

面对恶劣天气、复杂地质环境以及保障施工中连接线通行等困难，施工方不退缩、不畏惧，攻坚克难抢建设。

路是飘扬的旗帜。广大建设者用热血和拼搏精神树起的红旗，将随着麻武高速在巍巍大山中永远闪耀。

文献篇

交通运输部发布会
介绍集中连片特困地区交通扶贫

交通运输部新闻办于2012年3月22日(星期四)上午10时，在部新闻发布厅召开例行新闻发布会。交通运输部新闻发言人何建中回答记者关注的问题。

【交通运输部新闻发言人何建中】 大家上午好！前一段大家跑“两会”，各位都辛苦了。大家今天来参加交通运输部例行的新闻发布会。

一、有关集中连片特困地区交通扶贫的信息。大家知道，去年11月29号中央专门召开了扶贫开发工作会议。之前党中央、国务院印发了《中国农村扶贫开发纲要(2011—2020年)》，明确提出，把六盘山区、大别山区等 11 个集中连片特困地区和西藏、四省藏区、新疆南疆三地州作为新阶段扶贫攻坚主战场。

交通运输部党组高度重视,认真学习并贯彻中央部署、中央扶贫工作会议精神,根据 10 年扶贫纲要也研究提出了交通扶贫总的方针和具体目标。从总的方针角度,五句话、二十个字:“服务全局、统筹协调、突出重点、因地制宜、政策引领”;同时提出了目标要求,四句话、十六个字:“外通内联,通村畅乡、班车到村、安全便捷”。

据统计,集中连片特困地区总面积 392 万平方公里,占全国大约 41%,但公路总里程只有 113 万公里,仅为全国的 28%。因此,路网密度明显不足,而且公路的技术等级也总体偏低。在 113 万公里总量当中,二级及以上公路只占 5.7%,这个比例只有全国平均水平的 51%。目前,集中连片特困地区还有 4100 多个建制村不通公路,1100 多个乡镇、6.8 万多个建制村没有通沥青(水泥)路。因此说交通仍然是这些地区的瓶颈因素。

近阶段,交通运输部重点开展了三个方面工作:一是专门成立了的扶贫工作机构,落实了具体的工作人员。二是启动了交通扶贫开发规划纲要的编制工作,这个规划预计今年 6 月份可以完成,而且针对 11 个集中连片的特困地区都分别制定了交通的专项规划。三是认真做好定点扶贫的联系工作。按照中央的要求,交通运输部负责联系六盘山区,这个片区跨四个省区(陕西、甘肃、宁夏、青海),涉及 60 多个县,六盘山区的交通扶贫规划最近也将编制完成。

交通扶贫的具体目标可以从五个方面落实:一是全面提高集中连片特困地区对外通道的运输能力;二是完善片区内部公路网络,特别是省际、重点县级之间的断头路要打通;三是重点推进建制村通沥青(水泥)路的建设以及危桥改造工程;四是大力推进建制村通班车,发展客货运输,促进农村的物流发展;五是加强水运基础设施建设,特别是通航河流的高等级航道建设。这是跟大家通报的第一个信息。

二、有关全国农村公路建设与管理养护现场会的信息。交通运输部决定 3 月 29 日至 30 日，在湖北省黄冈市召开全国农村公路建设与管理养护现场会，交通运输部部长李盛霖、副部长翁孟勇、冯正霖将参加这次现场会。黄冈位于大别山区，也是中央签订的 11 个集中连片特困地区之一。我们选择这个点也是有它的特殊意义。

这次会议值得大家关注的有以下几点：

一是这次会议将总结交通运输部近 10 年来全国农村公路建设所取得的成绩和经验，并且将部署下一个阶段或者说今后一个时期农村公路建设和管理养护工作的总体思路和主要任务。可能跑交通时间长一点的媒体朋友都知道，真正全方位推进农村公路建设，交通运输部是从 2003 年初开始的，所以这次会议将总结将近 10 年来总体的工作情况。这是一个大家可以关注的地方。

二是这次会议将明确从今年开始农村公路建设的重点或者说主战场将逐步转移到集中连片特困地区的农村公路建设。而且也将进一步明确中央对农村公路建设的投资仍将稳中有升。

三是这次会议将重点部署开展为期三年的“农村公路管理养护年”的活动，也就是从今年开始连续抓三年，要在全国交通系统开展“农村公路管理养护年”。因为到去年年底，我国的农村公路总量已经达到 350 万公里。但是怎么去保证农村公路的质量，加强养护的责任主体的落实，维持一个好的通行环境，确实需要进一步落实主体责任，进一步强调做好农村公路的管理养护工作。

四是通过现场会的形式，与会代表可以亲身体验集中连片特困地区交通运输的状况。特别是农村公路的情况。湖北黄冈位于大别山区，可能在农村公路建设和管理方面，也有他们自身的一些特点。因此，通过这个现场会，可以去看一些实际的典型和状况，也便于去探索今后一个时期农村公路建设和管理的经验、思路，特别是在集中连片特困地区农村公路的建设和管理究竟怎么去抓落实。所以通过这个现场会，也可以去做一些体验。因此，欢迎大家去参加这个会议，进行采访、报道，也可以去做一些典型的解剖和分析。

大别山连片开发规划座谈会发言提纲

湖北省交通运输厅

2012 年 5 月 27 日

一、认真履行职责，为扶贫开发创造良好交通环境

党和国家始终高度重视扶贫开发事业，去年中央 10 号文件、11 月 29 日中央扶贫开发工作会议等一系列文件和会议都对扶贫开发进行了安排部署，对于实现全面建设小康目标、构建和谐社会具有重要意义。省委、省政府也相继印发了农村扶贫开发纲要和分工方案等重要文件，成为指导我们今后一个时期扶贫开发的纲领性文件。

扶贫开发是建设新农村的工作基础，交通建设是扶贫开发的前提和保障。我厅高度重视交通扶贫开发，不为修路而修路、要为民生而铺路，努力促进交通基础设施公共服务均等化。厅主要领导亲自部署，将我厅牵头落实的扶贫工作统筹纳入了“十二五”交通规划，研究下发的开发纲要中涉及交通工作的实施方案，制定实施跟踪督办工作机制，确保多举措扎实推进贫困地区交通发展。

二、坚持规划统领，及时启动连片特困地区交通扶贫规划

为做好新时期、新阶段扶贫开发工作，省委、省政府 2011 年年初率先开启了“一红一绿”两个试验区建设的启动和推进工作。我厅认真贯彻落实省委、省政府统一战略部署，及时组织专班认真研究试验区交通发展，通过深入实地调研、科学论证分析、广泛征求意见，编制完成了《大别山革命老区经济社会发展试验区交通规

划》,并与地方政府签订了厅市共建合作协议。2011 年以来所做的大量工作,为我厅编制大别山连片特困地区交通扶贫规划打下了坚实基础。

根据交通运输部今年 2 月 20 日关于集中连片特困地区交通扶贫规划会议的要求,我厅成立了扶贫开发工作领导小组和工作专班。3 月份以来,厅扶贫规划工作专班广泛开展了大别山片区交通扶贫规划的专题调研,认真研究影响地方经济社会、交通发展的瓶颈制约和突出矛盾,把握交通扶贫中长期发展重点和方向。同时,在规划编制过程中,注重与其他部省相关专项规划的衔接,努力把握片区发展定位、充分体现片区交通扶贫规划项目的特殊性、差异性,多次组织召开了片区交通扶贫开发规划方案对接协调会,并加强了与周边省市认真做好跨省市交通项目、规划思路及相关政策措施的衔接。

目前,我厅已编制完成了秦巴山区、武陵山区、大别山区、幕阜山区等 4 个集中连片特困地区的新十年交通扶贫规划草案,并组织完成了初步审查。具体支持措施:一是在规划方面给予支持和倾斜。将大别山片区 172 个、总规模达 440 亿元的交通项目纳入了扶贫规划,并将于近期上报交通运输部审批。二是在补助政策上给予支持和倾斜。对大别山片区村级公路每公里补助 20 万元(其他地区每公里 10 万元),对 8 个县市每年安排不少于 100 公里村级公路计划。三是在资金兑现上给予支持和倾斜。二级公路收费站取消后,在普通公路建设资金极度匮乏的情况下,对凡纳入年度计划的片区交通扶贫项目,只要具备拨付资金条件即优先安排资金。四是在重点项目上给予支持和倾斜。在积极做好大别山片区各县市的交通建设支援工作的基础上,为早日实现高速公路建设对贫困地区经济发展的推动作用,我厅已全面启动了“十二五”交通规划的 20 个、1392 公里高速公路前期工作,力争“十二五”规划建成的高速公路今年全部开工。

三、强化帮扶责任，推进大别山试验区扶贫开发专项工作

根据省委《关于加快推进湖北大别山革命老区经济社会发展试验区建设意见》文件精神，我厅编制完成了《大别山革命老区经济社会发展试验区交通运输发展规划》，加强了试验区规划与省交通中长期规划的衔接落实，推进了一大批重点项目的建设进度，优先安排试验区国省干线、旅游公路、重要港航场站项目年度计划。

2011 年，我厅安排大别山革命老区公路建设计划 1682 公里，补助资金达 4.1 亿元。优先安排 8 个大别山革命老区（红安、麻城、罗田、英山、团风、蕲春、大悟、孝昌）村级公路建设，每个县安排不少于 100 公里建设计划，是全省平均水平的 2.3 倍。在资金补助上给予重点倾斜，将补助标准提高到每公里 20 万元，是其他普通县市补助标准的 2 倍。累计为 43 位将军故居、3 位名人故里共修建了 124 公里的通村公路。胜利建成全长 458 公里的黄冈大别山红色旅游公路，累计安排补助资金 50124 万元，为集中连片特困地区交通扶贫工作提供了先行引领和示范。7 月 22 日，我厅和黄冈市政府签订了《加快黄冈大别山革命老区经济社会发展试验区交通运输发展合作协议》，努力为实现“红色的大别山、发展的大别山、绿色的大别山、富裕的大别山”当好交通先行。

下阶段，我厅将以此次会议为契机，坚持主动作为，根据扶贫开发工作的新形势、新要求，进一步加大大别山片区交通扶持政策力度，认真履行行业扶贫部门职责，为全省新一轮扶贫开发工作当好交通运输先行！

交通先行引领服务扶贫开发

湖北省交通运输厅　尤习贵

2013 年 4 月 23 日

集中连片特困地区扶贫开发,事关我省全面建成小康社会的大局,事关“五个湖北”建设的大局。按照省委省政府的统一部署,强化组织领导,精心布局谋划,细化政策措施,加大资金投入,4 个片区的交通扶贫开发工作已全面展开。我们的主要做法是:

一、科学规划,统筹推进

紧紧围绕一元多层次发展战略体系,特别是“一红一绿”、南水北调丹江口库区、脱贫致富奔小康试点、竹房城镇带城乡一体化试点等工作平台,根据区域产业分布特点,我们及时编制上报《湖北省集中连片特困地区交通建设扶贫规划》和《湖北省集中连片特困地区特色公路规划》,在交通运输部所确定的 3 个片区范围的基础上,新增幕阜山片区 4 个县市,并将神农架林区纳入秦巴山片区范围,用规划引领全省交通扶贫开发工作。

二、率先启动,抓点带面

按照“交通发展带动扶贫开发”的基本思路,我们立足 4 个片区的产业特征和资源优势,在已建成 458 公里大别山红色旅游公路基础上,集中力量为秦巴山、武陵山、幕阜山 3 个片区各建设一条需求最迫切、经济社会效益较好的特色公路,总里程 3282 公里,加快各开发片区内的特色资源。

秦巴山库区生态环保路全长 1390 公里,由“一主四支”组成,连接郧县、丹江口、竹山、竹溪、神农架等8个县市区,向外与陕西、重庆干线公路相连,已于今年1月开工建设。武陵山绿色旅游公路全长1564公里,由“一环七支”组成,连接巴东、建始、五峰、长阳等11个县,连接片区内恩施大峡谷、巴东神农溪、长阳清江画廊以及三峡大坝等12处核心旅游景区,与周边大三峡、神农架、张家界等著名景点有机衔接,形成大武陵山地区旅游环线走廊,建始段已于2012年12月开工建设。幕阜山生态旅游公路全长328公里,由“一主一支”组成,连接阳新、通山、崇阳、通城等4个县,辐射区域内大部分旅游景区。

从已建成的大别山红色旅游路来看,特色公路为片区扶贫开发带来了良好效益。2012年红色旅游路通车后,黄冈市旅游业发展呈“井喷”之势,接待游客1362万人次,同比增长34%,实现旅游收入75亿元,同比增长35%。交通运输部去年在黄冈市召开全国农村公路建设现场会,推广我省交通扶贫开发的经验。

另外,我们大力推进片区内5条高速公路和3516公里国省干线公路改造。高速公路项目今年计划完成投资62.2亿元;国省干线今年安排建设计划760公里,完成投资38.8亿元;县乡公路625公里,完成投资13.4亿元;通村公路1965公里,完成投资12亿元。开工建设63个县乡客运站,完成投资5850万元。

三、重点倾斜,合力攻坚

在支持政策上,做到“两争取一倾斜”。一是争取交通运输部支持,“十二五”期对我省3个片区额外增加补助49.97亿元,县均补助额高于全国水平。二是争取地方政府从政策、资金等方面支持。补助资金向4个片区扶贫开发倾斜,今年对4个片区安排车购税补助35亿元,约占全省车购税补助的44%。

在项目安排上,做到“两提高一突出”。片区内各县市每年农村公路规模是其他县市的1.5倍,补助标准是其他县市2倍以上,突出解决片区内乡镇之间、村与村之间的连通。

在发展重点上，做到“两优先一注重”。优先支持促进农业产业化、工业化进程的交通项目，把公路修到产业园、种植园、养殖园；优先支持促进新型城镇化的交通项目，改善片区农村群众居住环境和出行条件，加快新型城镇化建设。注重提升片区内在的发展能力，优化片区投资环境。

四、竞进提质，再加措施

一是抓规划落实，促全面开工。年内开工建设鹤峰至来凤、保康至神农架两条高速公路。抓紧开工幕阜山生态旅游特色路，开工秦巴山、武陵山特色路的其余路段，力争用两年的时间建成通车。

二是抓路网连接，促区域联通。“十二五”后 3 年将进一步加大片区内农村公路建设规模，在现在基础上翻一番，加强片区与周边省市路网沟通，着力打通省际市际干线断头路，加快形成对外联系紧密的开放型交通运输网络。

三是抓服务保障，促便民富民。对贫困地区经济板块道路予以倾斜，对烟叶、茶叶、竹林等产业基地的道路再适当增加计划。发展农村公交和农村物流，加快提升四大片区交通运输服务保障水平。

我们将认真贯彻本次会议精神，以更大决心、更强力度、更有效措施，举全系统之力，打好新一轮交通扶贫攻坚战，把中央和省委、省政府的决策部署不折不扣地落实到位。

湖北交通连片扶贫督办会精神摘要

2013年9月24日,在利川市召开全省集中连片特困地区交通扶贫开发督办会

——全省片区交通扶贫开发工作取得的成绩,概括起来三句话:规划引领、行动迅速、亮点纷呈。

规划引领:去年出台的《全省集中连片特困地区区域发展与扶贫攻坚规划(2011—2020年)》,为4个片区各规划了一条需求最迫切、经济社会效益较好的特色公路,突出了与一元多层次发展战略体系,特别是南水北调丹江口库区移民、竹房城镇带城乡一体化试点、恩施龙凤镇国家综合扶贫试验区等工作平台的衔接。这是一个高水平的规划。

行动迅速:大别山红色旅游路率先建成,交通运输部去年在黄冈市召开全国农村公路建设现场会,对我省片区交通扶贫工作给予了充分肯定。去年,武陵山片区清江画廊路、秦巴山片区的环库生态路相继开工,幕阜山香泉特色路也已完成前期工作,即将开工建设。截至目前,中央片区规划的5条331公里高速公路已全部开工。

亮点纷呈:一是全力打好"三张牌"。为了争取交通运输部政策,我们结合片区特点,打好"老区牌"、"库区牌"、"移民牌",全力争取政策外的支持。交通运输部后3年安排我省中央片区提高标准部分,高于全国平均水平。二是创新省级资金融资机制。在财政厅的大力支持下,经省政府决策、省人大审批,2013年省财政从地方政府债券中,安排普通公路建设资金40亿元替代省补助资金。各县市交通部门积极争取政府支持,加大同财政等部门沟通力度,资金落实情况总体较好。三是地方配套各具特色。首先是交通融资平台建设形势喜人。截至目前,市州一级交通投资公司已基本组建,多个县(市、区)也组建了融资平台。利川山高路险,财政底子薄,但市财政预借3000万元作为启动资金,划拨500亩土地作为经营资产,组建了交通建设投资公司,利用500亩土地和每年省、州拨付的2亿元左右建设资金作抵押,向银行贷款筹措交通建设资金。通过建一条路,划拨几百亩土地,建立起一个平台,创建一个新的融资机制,这就是利川经验,也是咸宁、鄂州、黄冈等地的经验。这个经验值得全省好好学习。其次是地方财政投入和政策支持力度加大。今年8月全省到地方配套资金超过40亿元。其他县市也出台了很多特色政策。如竹山县对扶贫交通建设手续一律免收相关费用,对耕地占用税、建设营业税先征后返。三是吸引社会资本成效显著。以利川为例,充分借用资源开发带动扶贫开发,如采用BT方式建设齐岳山产业公路,重庆太旺集团投资24亿元提前启动326省道复线建设等。BT方式在全省得到广泛推广,如咸宁、宜昌、孝感、荆门、随州、荆州等。

——进一步增强做好交通扶贫工作的责任感、紧迫感。

要从讲政治的高度提升对交通扶贫重要性的认识。

要带着真感情来推进片区交通扶贫开发。我省的4个片区多是为人民解放做出巨大牺牲和重大贡献的革命老区,但多年来因交通闭塞,无法把资源转为优势,把特色变成产业,让潜力成为现实。片区交通扶贫开发本身就是我们回报老区、造福百姓的大好时机,是功在当代、利在千秋的善行壮举。希望大家一定要切实带着对老区人民的感恩之心扶贫,带着对老区、山区人民的真挚感情扶贫,确保将扶贫规划蓝图变成现实,让老区人民早日走上小康和富裕之路。

要带着强烈的使命感加快片区交通扶贫开发。李克强总理去年专程到恩施调研,把恩施作为扶贫奔小康、新型城镇化的试点。习近平总书记今年到湖北视察,要求湖北“建成支点、走在前列”,

要依托长江黄金水道,实施长江经济带新一轮开放开发。9 月 14 日,交通运输部和沿江七省二市政府在武汉召开会议,研究加快打造长江黄金水道的措施。杨传堂部长和李鸿忠书记会谈时,再次强调湖北要建成“祖国立交桥”。交通运输部和省委省政府对湖北交通给予了充分肯定,寄托了殷切期望,湖北的交通扶贫工作要走在全国前列。

——明确目标,理清思路,切实把握好片区交通扶贫的重点和路径。

根据我省片区交通扶贫“十二五”规划和省政府与交通运输部签订的共建协议,到 2015 年,片区干线公路框架基本形成。基本实现县县通高速(除神农架林区和鹤峰县),所有片区县城通二级及以上公路比例达到 100%;调整后的普通国道二级及以上公路比例达到 95%;现有省道二级及以上公路比例达到 98%。农村公路通畅水平显著提升。客货运输服务水平明显提高,农村公路安全防护设施逐步配套。

重点建设任务:高速公路方面,是以国家高速公路为建设重点,打通重要通道的断头路和瓶颈路段。国省干线公路方面,是着力提高国省道中二级及以上公路比例,加强通县二级公路建设,加强各片区内部及其与周边区域联系的干线公路建设。农村公路方面,是推进建制村通沥青(水泥)路建设,同步建设必要的安全防护设施。

要清醒地把握片区交通扶贫的思路和路径,概括起来就是 6 句话 48 个字:一是规划引领,稳步推进。二是区域合作,统筹协调。三是尽力而为,量力而行(防止过高指标,防止过于超前,防止过大投入。要与新型城镇化建设相结合,充分考虑以后撤村并镇和人口转移等因素)。四是注重公平,突出服务。五是因地制宜,分类指导。六是上下联动,合力攻坚。

——“三步同进”,“四位一体”,合力打好交通扶贫攻坚战。

“三步同进”指:

一是要确保工程建设“稳步推进”。统筹好“三个关系”,实现好“三个优先”,即:统筹好年度近期目标和规划远期任务的关系,优先确保年度近期目标的实现;统筹好扶贫项目建设与普通项目建设的关系,确保普通公路与扶贫项目同步推进;统筹好扶贫中的重点项目和一般项目的关系,优先确保有利于促进农业产业化、旅游市场化、新型工业化和新型城镇化进程的重点扶贫项目建设。

二是要确保前期工作“跑步快进”。省直相关部门简化下放了部分审批权限,落实了“打捆申报”、“集中审批”等优惠政策。各地要用活、用足、用好这些来之不易的政策,牢固树立“前期也是项目,前期也是重点,前期也是发展”的理念,借鉴恩施、黄冈等市州“领导推动、部门联动、专班跑动、专家互动”的“四动并驱”策略等。

三是要确保质量安全廉政“同步跟进”。质量是工程的灵魂,安全是交通的生命线,各级交通部门要切实把扶贫工程的质量、安全牢牢抓在手上,越到关键时期,越要认真监管,筑牢“安全”防线,确保质量优良。片区的自然地形复杂,生态环境脆弱,桥梁隧道众多,要切实做好安全隐患排查,把扶贫路建设成为“平安路”。要推广河北交通扶贫建设“七公开”的经验,确保交通扶贫工作公开透明,廉洁高效。

“四位一体”指:

一是领导要就位。交通部门“一把手”要着力做好“三个角色”:一是要亲自部署、亲自督导,当好交通扶贫建设的“指挥员”;二是要多向政府领导汇报,多和扶贫办、财政局和立项审批部门沟通,积极当好交通扶贫的“协调员”;三是要切实解决项目建设过程中的困难问题,当好交通扶贫的“服务员”。

二是责任要归位。“十二五”后两年是我省实施片区交通扶贫的关键时期,要切实落实领导责任、质量责任、安全责任、廉政责任,形成齐抓共管、各担其责的良好工作局面。这里,特别强调一下前期工作的责任。部分市州对前期工作重视不够。目前已上报2014年度建设计划的53个项目仍有25个项目没有工可批复,二级公路初步设计滞后比较严重,仅占规划里程23%。各位交通局长、公路局长要高度重视前期工作,担当起前期工作的责任。

三是资金要到位。一方面,要继续大力争取交通运输部支持。上半年部下发了《关于加强集中连片特困地区农村公路建设计划管理工作的通知》,明确了建设类别,提高了补助标准,明确了项目库建设要求,要全力以赴多争取项目列入部项目库。另一方面,在市州组建地方交通投资公司的同时,有条件的县市也要组建交通融资平台。这是事关交通长远发展的大事,一定要抓紧抓好。

四是互相要补位。片区交通扶贫建设不是某一个县、某一个市单打独斗的事情,而是片区内的各个相关县、市互相补位,协同配合、共同完成的事情。在推进片区交通扶贫开发工作中,各地区、各单位要加强沟通交流。特别对跨市、县项目,要建立厅市联动、市县互动的工作协调机制,定期召开联席工作会议,相互通报扶贫工作进展,协调解决区域交通扶贫协作中的重大问题。

2014 年 4 月 29 日,在咸宁市召开幕阜山片区特色旅游公路建设现场座谈会

——工作思路。

按照 2012 年省政府《关于加快推进湖北幕阜山连片特困地区区域发展与扶贫攻坚工作的意见》的统一部署,省厅主动发挥行业扶贫对区域扶贫开发的先导作用,按照“交通发展带动扶贫开发”的基本思路,将幕阜山片区连同大别山、秦巴山、武陵山 3 个中央片区一并纳入了新一轮交通扶贫攻坚主战场。同时,推广黄冈 458 公里大别山红色旅游公路的成功经验,突出发挥各片区的独特区域优势并带动全面扶贫开发,省厅印发规划、积极指导,在秦巴山片区规划建设 1390 公里的库区生态环保路,在武陵山片区规划建设 1564 公里的绿色旅游公路,在幕阜山片区规划建设 323 公里的香泉特色旅游公路。幕阜山特色旅游公路基本辐射了区域内主要旅游景区,将规划项目与现有国省干线、重要县乡道有效串联,有利于加快开发片区内的特色资源,更好地发挥政府补助资金的开

发式扶贫效益。

幕阜山片区4县面积8572平方公里,国省道二级公路占路网里程的7.3%,低于全省10.7%的平均水平,公路上档升级的任务很重。“十二五”期,规划改造幕阜山片区的国省干线项目25个共487公里,其中:建设285公里、大修202公里。目前已开工一级公路43公里、二级公路213公里,分别占规划目标的81%、49%。

今年,计划启动规划内剩余的全部二级公路路基工程,拟落实幕阜山片区补助资金6.7亿元。预计到“十二五”末,幕阜山片区国道二级及以上公路比例将达到95%,比“十一五”末增长约8个百分点。

——要求和建议。

为切实加大对幕阜山片区特色旅游公路的支持和督办力度,近年来省厅研究并实施了“前期优先、计划优先、主线优先”的3个优先原则,提出了“标准要保证、质量要保证、资金要保证、督导要保证”的4个保证要求。今年以来,厅里组织成立了专项重点工作专班,决定对特色旅游公路定期现场巡查,专题督办加快特色旅游路建设进程。

4月份以来,我厅多次向省政府领导汇报,积极与省财政厅会商,提出调剂省补助资金,参照中央扶贫片区政策,提高幕阜山片区特色旅游公路部分公路的补助标准。

下一阶段,市县两级交通部门要抢抓政策机遇、再加措施,将特色旅游公路建设作为后两年工作任务的“硬指标”,确保“十二五”期末主线通道和列入计划的支线路段全面建成。

同时建议市县政府进一步整合各类资源,突出重点,合力攻坚,采取减免税费等优惠政策支持交通建设,在土地、环保、水利、林业等方面为交通建设创造更多便利条件,出台支持和加快推进特色旅游路的政策措施。此外,通过旅游资源开发吸引企业资金用于交通发展,积极探索采用市场化融资的方式,缓解扶贫交通建设过程中地方财政配套不足的普遍性难题。

2014 年 5 月 6 日，在恩施州召开武陵山片区督办座谈会

——提高认识，确保实现交通扶贫目标。

实现全面小康的目标，集中连片特困地区任务最艰巨。省委、省政府统筹决策，将中央武陵山、秦巴山、大别山片区和省确定的幕阜山片区一并纳入了新阶段扶贫攻坚主战场。近年来，4 个片区齐头并进，各具特色，扶贫攻坚亮点纷呈。王国生省长挂点武陵山片区，要求交通在扶贫开发中要走在前列，省、州、县市要抢抓机遇合力共建，强力推进交通扶贫工程。武陵山片区地处鄂渝湘三省交界，省厅高度重视，将武陵山交通扶贫纳入公路通道、综合交通的重点建设范畴，把特色旅游公路建设作为切入点和重要抓手。我们要统一思想，从讲政治的高度进一步增强责任感、紧迫感，齐心协力、克难攻坚，力争"十二五"期末建成特色旅游公路的全部国省道 445 公里，特别困难的马鞍龙至团堡等 99 公里县乡道要全面开工。

——规划引领，切实把握交通扶贫重点。

省厅按照省委、省政府统一部署，结合中央片区交通扶贫政策，集中沿线政府、交通部门智慧，制定出台了《全省集中连片特困地区区域发展与扶贫攻坚规划（2011—2020 年）》，为 4 个片区各规划了一条需求最迫切、经济社会效益较好的特色旅游公路，突出了与一元多层次发展战略体系，特别是恩施龙凤镇国家综合扶贫试验区等工作平台的衔接，完成了片区扶贫交通重点任务的顶层设计。"十二五"期，各地要严格遵循既定规划，按照"项目跟着规划走"的要求，理清思路、明确目标、突出重点，不新开口子，凝神聚力，加快推进规划内项目建设，确保完成"十二五"扶贫攻坚规划的目标任务。

——科学组织，合力加快交通扶贫进程。

特色旅游公路建设线长、面广，不能只依靠交通部门单打独斗。黄冈大别山红色旅游公路建设成功的一条重要经验，就是由

黄冈市委、市政府主要领导亲自挂帅，一月一调度，协调相关行业部门和县市，强化沟通配合，为红色旅游公路建设营造良好环境。武陵山特色旅游公路是省政府要求“十二五”确保完成的硬目标，州、县两级要形成强力有效的专项领导小组和指挥专班，按目标任务倒排工期，力争6月份完成国省道项目前期工作，下半年路基工程实质性开工，大型桥隧等控制性工程争取提前启动建设。省厅将通过督查专班协调服务、专项督办的方式，对特色公路建设实行“一月一调度、一月一通报”，按月向省政府报送专报。

——精心施工，力争建成生态示范公路。

要科学确定建设规模和技术方案，加强集约化施工管理，树立建设项目全过程的生态环保理念，争取将武陵山特色旅游公路建设成为民生路、致富路和省级生态示范路，真正带动恩施旅游资源开发，为武陵山片区脱贫致富以及旅游产业发展提供重要支撑。从已建成的大别山红色旅游路来看，特色公路为片区扶贫开发带来了良好的社会经济效益，2012年通车后黄冈市旅游业发展呈“井喷”之势。省公路局要加大行业管理和技术指导，努力提升特色旅游公路的安全保障水平和生态环保服务功能。恩施州交通局要派专班负责，全面加强工程技术管理、施工质量管理和施二进度控制，力争将武陵山特色旅游公路建成省级生态旅游示范公路。

——抢抓机遇，加大投入合力筹资共建。

恩施州是少数民族聚集区、中央扶贫片区，也是我省参照西部政策执行的唯一地区，近年来交通建设的投入大、政策好。省厅去年对恩施交通安排补助资金达17.8亿元，今年预安排部省补助资金将超过20亿元，占全省总量的28%，中央片区国省道增量补助和农村公路西部投资政策提前落实到位，支撑恩施州每年交通建设投资约90亿元。特色旅游公路规划共1564公里，恩施境内983公里，其中新改建385公里、大修159公里，利用路段439公里。从目前情况来看，累计开工路段264公里，只占规划目标的68%，还有相当部分规划内的项目没有启动,建设任务十分繁重。为加大支持督办力度,省厅对片区特色旅游公路实行“前期办理优先、计划安排优先”。今年省厅专门组织成立了督查工作专班,对武陵山特色旅游公路定期调度和专项督办,并将加大对项目建设进度的考核通报和奖惩兑现。

请州县政府进一步整合各类资源,采取减免税费等优惠政策支持交通建设,进一步出台支持和加快推进特色旅游路的政策措施,探索旅游资源开发等市场化融资方式,缓解扶贫交通资金难题。州县两级要抢抓中央片区扶贫政策机遇,用好省“616”等民族政策优惠,借助此次全省县域经济工作会契机,突出重点、再加措施、合力攻坚,将特色旅游公路作为后两年工作任务的“硬指标”确保按期完成。

(摘自湖北省交通运输厅尤习贵在三次督办会上的讲话)

宜万铁路投入运营

湖北省四大片区区域发展与扶贫攻坚实施规划简介

2013 年 3 月 29 日　湖北省扶贫网

湖北省武陵山片区区域发展与扶贫攻坚实施规划简介

湖北省武陵山片区实施规划范围包括恩施市、利川市、建始县、巴东县、宣恩县、咸丰县、来凤县、鹤峰县、秭归县、长阳土家族自治县、五峰土家族自治县，共计 11 个县市，辖 120 个乡镇 3028 个行政村，国土总面积 3.23 万平方公里，总人口 497.8 万人，乡村人口 341.6 万人，其中少数民族人口占总人口的 63%。截止到 2010 年，片区内共有贫困人口 196.4 万人。2010 年，片区农民人均纯收入 3326 元，仅为全国、全省的 56%、57%。

一、实施规划的基本构架

湖北武陵山片区实施规划基本构架是围绕“一个思路、两个中心、三个转变、六个定位、八个探索、九个创新”，按照与全省同步全面建成小康社会的目标来编制。

“一个思路”，即区域发展带动扶贫开发，扶贫开发促进区域发展基本思路。“两个中心”，即立足壮大特色优势产业，改善环境（生态环境、生产生活环境）两个中心。“三个转变”，即实现区域经济由第一产业为主导向二、三产业为主导转变，由内生型经济为主导向外向型经济为主导转变，由整体解决温饱向全面建成小康转变。“六个定位”，即扶贫攻坚示范区、跨省协作创新区、特色农业发展区、生态文化旅游区、生态安全屏障区、民族团结模范区。“八个探索”，即探索完善扶贫攻坚与跨区协作机制，探索完善扶贫攻坚与生态建设共赢机制，探索完善合力攻坚大扶贫工作机制，探索完善扶贫投入增长机制，探索完善扶贫攻坚瞄准机制，探索完善社会保障机制，探索完善现代市场体系机制，探索完善综合扶贫与扶贫到户机制。“九个创新”，即经济发展创新，扶贫到户创新，民生改善创新，生态建设创新，区域协作创新，特色产业创新，设施建设创新，发展布局创新，重点项目创新。

二、空间布局

构建“一主两副，两节四带”（一主即恩施市，两副即利川、来凤，两节点即秭归、长阳，四带即宜昌—长阳—巴东—建始—恩施—利川—万州经济带；宜昌—长阳—五峰—鹤峰—宣恩—来凤—咸丰—黔江经济带；巴东—建始—恩施—宣恩—来凤—龙山经济带；兴山—秭归—长阳经济带）的空间布局。同时设立武陵山龙山来凤经济协作示范区。

三、重点任务

我省武陵山实施规划的重点任务有六个方面，分别是基础设施、产业发展、改善农村生产生活条件、就业与农村人力资源开发、社会事业与公共服务、生态建设和环境保护等。在基础设施建设和产业发展上，《规划》依据武陵山的实际，提出了重点建设方向和主要项目。

在基础设施建设方面：按照以恩施市、宜昌市“1 小时交通圈”及与周边主要城市的快速连通的思路，建设恩施、利川、来凤等区域性综合交通枢纽。重点推进利川至重庆、黔张常、郑万铁路建设以及安张常铁路、恩黔铁路前期规划研究工作，加快宜巴、恩来、建恩、利万、宣黔等高速公路项目建设，开工建设宜张高速。按照强化防洪薄弱环节建设，提升水资源保障能力的目标，强化水利建设，新建 46 座小型水库，对 197 座中小型水库除险加固，建设恩施、利川、建始、巴东、宣恩、咸丰、来凤、鹤峰、秭归、长阳、五峰等城市供水工程，新建乡镇集中供水水厂 120 处。

在产业发展方面：把旅游业作为片区产业发展的第一抓手。围绕三峡风光、地质奇观、乡村风貌、民族风情特色，打造三大旅游板块(地质奇观—山水画廊旅游板块、高峡平湖—峡江文化旅游板块、民族风情—原始山水风情旅游板块)。重点发展水果、茶叶、蔬菜、畜禽、魔芋、中药材、特色饮料(酒)、粮油精深加工及特色食品开发等九大产业集群。依托片区产业基础和劳动力资源优势,积极承接产业转移。引导矿产开发向优势大企业集中,矿产加工企业向工业园区集中。大力发展现代物流业。加快培育以土苗文化为主题的文化精品建设。

湖北省秦巴山片区区域发展与扶贫攻坚实施规划简介

湖北秦巴山片区包括十堰市的丹江口市、郧县、郧西县、房县、竹山县、竹溪县、茅箭区、张湾区、襄阳市的保康县和神农架林区,是国家南水北调中线工程核心水源涵养区和生物多样性保护区,也是我省新一轮扶贫攻坚的主战场。片区国土总面积 30170 平方公里。2010 年末,总人口 391.5 万人,其中城镇人口 112.8 万人,乡村人口 278.7 万人。

秦巴山片区存在的突出困难表现在农户生计脆弱,致贫原因复杂;区域发展差异大,产业支撑能力弱;基础设施薄弱,交通制约突出;基本公共服务不足,科技支撑乏力;生态建设任务重,开发与保护矛盾突出。

一、战略定位、发展目标

秦巴山片区的战略定位为区域性交通枢纽、特色产业基地、生态文化旅游集散地、生态文明示范区、山区城乡一体化试验区。

发展目标是,到 2015 年,城乡一体化发展格局初步形成,交通等基础设施网络基本完善,主导产业带动能力明显提高,公共服务能力显著增强,生态环境质量明显改善,人民生活水平显著提高,贫困人口减少 50% 以上,全面建成小康社会的基础更加牢固。到 2020 年,彻底改变秦巴山片区贫困落后的面貌。区域发展步入一体化协调发展轨道,实现全面建成小康社会目标。

二、空间结构

秦巴山片区的空间结构为“一主一副七点三带”。“一主”，即十堰市中心城区。“一副”，即丹江口市。“七点”，即郧县、郧西县、竹溪县、竹山县、房县、保康县城关镇、神农架林区松柏镇。“三带”：即汉江生态经济带（丹江口—十堰城区—郧县—郧西），主要发展汽车制造、设施农业、生物产业、生态旅游、道地中药材、农产品加工、水资源开发等，形成循环经济发展带；保竹高速公路经济带（保康—房县—竹山—竹溪），主要发展特色农业、旅游业、农产品加工、精细磷化工业；G209 经济带（神农架—房县—十堰城区—郧县），主要发展旅游业、汽车制造、特色农业等。

三、重点任务

我省秦巴山片区实施规划的重点任务有六个方面，分别是基础设施、产业发展、改善农村生产生活条件、就业与农村人力资源开发、社会事业与公共服务、生态建设和环境保护等。在基础设施建设和产业发展上，依据秦巴山的实际，《规划》提出了重点建设方向和主要项目。

在基础设施建设方面：主要是加强交通、能源、水利等基础设施建设，为片区扶贫攻坚和经济社会发展奠定坚实基础。重点建设十天、郧十、麻竹、谷竹、保宜等高速公路，建设武汉至西安客运专线，建设神农架机场、武当山机场，建设丹江港、武当山港、郧阳港，形成与武汉、郑州、西安、重庆等大城市紧密联系、功能完善的综合交通运输体系。按照营造良好水环境的要求，加大水利投入力度，实现水资源高效利用体系。积极推进十堰热电联产、孤山水电站等项目。

在产业发展方面：主要是构建特色产业体系，提高片区经济发展质量。特色产业重点发展茶叶、蔬菜、中药材、柑橘、食用菌、核桃六大板块。旅游业重点是围绕武当山、神农架，打造两条黄金旅游干线—武汉—武当山（太极湖）—十堰—郧西（郧县）—西安、武当山（太极湖）—房县（保康）—神农架—三峡，形成三大旅游组团—“武当山、太极湖”生态水体旅游组团、“远古遗址、秦楚古韵”文化旅游组团、“自然山水、风情休闲”生态旅游组团。工业则围绕十堰市现有的产业基础，加快建设汽车制造业基地，形成百万辆产能。

湖北省大别山片区区域发展与扶贫攻坚实施规划简介

湖北省大别山实施规划范围包括红安县、麻城市、英山县、蕲春县、罗田县、团风县、大悟县、孝昌县。片区下辖 106 个乡镇，3507 个行政村，国土面积 15547 平方公里，总人口 550.07 万人，其中乡村人口 446.66 万人。

片区贫困状况与特殊困难主要表现在五个方面：一是贫困人口数量较多。二是环境承载能力不足。三是经济发展相对滞后。四是基础设施建设较为薄弱。五是基本公共服务不足。

一、战略定位和发展目标

战略定位。大别山片区定位为革命老区振兴试验区、红色生态文化旅游示范区、长江中游绿色生态屏障区和民生改善先行区。

发展目标。到 2015 年，农民人均纯收入年均增长 10% 以上，贫困人口在 2010 年基础上减少一半，城镇居民人均可支配收入年均增长 10% 以上，城镇化率达到 40% 以上。到 2020 年，综合实力明显提升，绝对贫困现象基本消除，相对贫困问题逐步解决；经济结构进一步优化，社会事业全面进步，农村城镇化和社会主义新农村建设全面发展，与全省基本同步实现全面建成小康社会目标。

二、空间结构及城镇布局

空间结构。构建“两纵两横”空间结构。“两纵”：京广铁路，串联大悟县、孝昌县；京九铁路，串联麻城、团风、蕲春；“两横”：麻竹高速公路，串联大悟、红安、麻城；汉英高速，串联英山、罗田。

城镇布局。构建“一主两副”中心城市体系，以麻城市为主中心城市，以蕲春、大悟为副中心城市。

三、重点任务

我省大别山片区实施规划的重点任务有六个方面，分别是基础设施、产业发展、改善农村生产生活条件、就业与农村人力资源开发、社会事业与公共服务、生态建设和环境保护等。在基础设施建设和产业发展上，《规划》依据大别山的实际，提出了重点建设方向和主要项目。

在基础设施建设方面：加快形成连接武汉、合肥、郑州等中心城市的综合运输通道。重点建设麻阳高速、麻竹高速、棋盘洲长江大桥、蕲太岳高速，京广线与京九线连接线团风段、随麻安铁路大悟、红安、罗田、麻城段。围绕江河治理，积极推进澴水、滠水、倒水、举水、蕲河、华阳河等6条长江支流重点河段治理，使治理河段基本达到国家确定的防洪标准。积极开发利用清洁能源和可再生能源，加强天然气管网建设，加强城乡一体化电网建设，大力推进绿色能源县建设，提高农村居民生产生活用电保障水平。加强公共设施建设，全面提升城市综合承载能力。

在产业发展方面：充分发挥铁路、高速公路、长江航运的纽带功能，建设以蕲春、团风为主的沿江经济带，以麻城、红安、大悟为主的红色旅游经济带，以英山、罗田、孝昌为主的特色农业经济带。一是发展粮食、油菜、茶叶、药材、蚕桑、板栗、花生、蔬菜、水产、禽畜等十大特色板块。二是培育生物医药、建筑材料、纺织服装、钢构、汽车配件、机械电子、新能源、新材料等八大产业集群。三是发展旅游业。打造三大旅游组团（以“黄麻起义”、鄂豫皖苏区纪念园、红安革命传统教育学院、渡江战役公园等红色景点为主体的红色旅游组团，以大别山、龟峰山等生态景区为主体的自然风光生态旅游组团，以“将军故里”、“医圣故里”为主题的名人故里文化旅游组团）。四是发展现代物流业。充分发挥麻城交通优势和蕲春、团风沿江优势，重点建设一批特色产品集散中心、华龙国际港口物流园和武汉新港团风港区。

湖北省幕阜山片区区域发展与扶贫攻坚规划简介

湖北省幕阜山区包括黄石市阳新县和咸宁市通山县、崇阳县、通城县。国土总面积 8572 平方公里，辖 53 个乡镇、925 个行政村（社区）。2010 年末，总人口 253.2 万人，其中乡村人口 135.34 万人。到 2010 年，片区农民人均纯收入在 2300 元贫困线以下的人口还有 43.23 万人，占农村总人口的 31.9%，高出全国平均贫困发生率 17.8 个百分点。

制约该片区发展的主要因素是贫困程度深、产业发展滞后、基础设施薄弱、自然环境恶劣。

一、基本原则和战略定位

坚持绿色、创新、协调、统筹、共享的基本原则，片区发展战略定位是幕阜山区脱贫致富的先行区、华中地区旅游度假胜地、内陆地区新型能源基地、片区生态安全屏障、鄂南地区农特产品生产加工基地。

二、发展目标

到 2015 年，幕阜山片区贫困状况明显改善，片区内良性互动的运行机制与体制初步形成，基础设施建设基本完善，特色产业加快发展，环境质量明显改善。到 2020 年，基本实现全面建成小康社会目标。

三、空间结构

主要是构建"四中心一经济带"格局。"四个中心"，即阳新县兴国镇、通山县通羊镇、崇阳县天城镇、通城县隽水镇等四个城关镇。"一经济带"，即 106 国道和杭瑞高速经济带，包括岳阳市、通城县、崇阳县、通山县、阳新县、武穴市、瑞昌市、九江市。

四、重点任务

我省幕阜山片区规划的重点任务有六个方面，分别是基础设施、产业发展、改善农村生产生活条件、就业与农村人力资源开发、社会事业与公共服务、生态建设和环境保护等。在基础设施建设和产业发展上,《规划》依据幕阜山的实际,提出了重点建设方向和主要项目。

在基础设施建设方面:构建连接区内外的交通骨架。以大广、杭瑞、106 国道、长江黄金水道和京广、武九铁路干线为依托,积极推进重大项目建设,构建片区四县连接武汉、长沙、南昌以及周边黄石、咸宁、九江、岳阳等大中城市的高等级交通骨架。合理开发利用和保护水资源,加强水利工程建设。加快电网改造升级,建设一批输变电工程,加强能源通道建设,拓展新能源,提高居民生产生活用电保障水平。加快信息平台建设,积极推进电信网、广电网、互联网“三网融合”。重点建设片区四县县城和中心镇道路、供排水、污水和垃圾处理、供气、绿化等基础设施和公共服务设施。

在产业发展方面:一是特色高效农业。建设以优质稻、油茶、中药材、水产、茶叶、水果、楠竹、雷竹、蔬菜、水果、生猪、肉鸭为主导十二大优势农产品板块基地。二是生态旅游业。大力开发“湖光山色”资源,突出“春看竹海、夏游九宫、秋赏金桂、冬浴温泉、四季游仙岛湖”旅游主题,把幕阜山片区建设成为全国一流的新型生态休闲度假旅游目的地。三是加工制造业。围绕农林产品加工业、医药化工产业、矿产资源采选加工业、机械工业、电子基础材料业等重点制造业产业进行布局。四是发展现代物流业,商贸服务业,家庭服务业,房地产服务业,金融、科技和综合服务业。

湖北省集中连片特困地区交通建设扶贫“十二五”规划

为贯彻落实中央、全省扶贫工作会议精神和《中国农村扶贫开发纲要(2011—2020年)》,切实打好新一轮扶贫开发攻坚战,着力构建“专项扶贫、行业扶贫、社会扶贫”三位一体格局,支持集中连片特困地区交通运输快速发展,根据《湖北省农村扶贫开发纲要(2011—2020年)》以及交通运输部《集中连片特困地区交通建设扶贫规划纲要(2011—2020年)》等的相关要求,湖北省交通运输厅组织编制完成了《湖北省集中连片特困地区交通建设扶贫“十二五”规划》,进一步明确湖北省集中连片特困地区交通运输的发展目标、重点任务和政策措施,以突破制约当地经济社会发展的交通瓶颈,全面提升交通运输基本公共服务水平,为贫困地区整体脱贫致富、全面建设小康社会提供强有力的交通运输保障。

湖北省集中连片特殊困难地区包括武陵山片区、秦巴山片区、大别山片区、幕阜山片区4个片区。规划期限为2011年至2015年。

一、发展基础

(一)经济社会发展状况

湖北省集中连片特困地区共涉及33个县市区,区域面积89013平方公里,占湖北省国土总面积的47.9%。2010年,区域人口1502万,占全省总人口的26.2%,其中乡村人口1087万,占区域人口的72.4%。其各个片区所含县市区基本情况见表1。集中连片特困地区的经济社会发展状况具有以下特点：

——经济发展水平低，一般预算财政收支不平衡。2010年，集中连片特困地区的地区生产总值为1745亿元、仅占全省的11%，地方预算内财政收入91亿元、仅占全省的5.2%；人均地区生产总值和人均地方预算内财政收入分别为11620元和606元，仅为全省平均水平的41.6%和34.9%。2010年一般预算财政支出达到480亿元，一般预算财政收入仅占财政支出的18.9%。

集中连片特困地区所含县市区概况 表1

片区	所含县市区	数量
武陵山片区	秭归县、长阳土家族自治县、五峰土家族自治县、恩施市、利川市、建始县、巴东县、宣恩县、咸丰县、来凤县、鹤峰县	11
秦巴山片区	郧县、郧西县、竹山县、竹溪县、房县、丹江口市、保康县、神农架林区、兴山县，远安县	10
大别山片区	孝昌县、大悟县、团风县、红安县、罗田县、英山县、蕲春县、麻城市	8
幕阜山片区	阳新县、通山县、通城县、崇阳县	4
总计	—	33

——贫困面广泛，贫困程度较深。2010年，集中连片特困地区农民人均纯收入3938元，仅为全省平均水平(5832元)的67.5%；收入在2300元以下的贫困人口为526万人，约占片区农村人口的48.4%，占全省贫困人口的89.2%。贫困人口主要分布在深山高寒区、地方病高发区、少数民族地区、革命老区、边(偏)远山(林)区，生产生活条件差，贫困程度深，部分地区行路难、饮水难、住房难、就医难、上学难的问题十分突出。

——返贫率高，扶贫任务艰巨。针对扶贫工作面临的形势，湖北省认真开展整村推进、连片开发专项行动。但是，由于四个片区长期存在基础设施建设欠账多和自然灾害频繁等因素制约，致使片区发展的深层次矛盾依然存在，主要是基础设施建设滞后，产业开发层次低，加工转化率不高，增收渠道不宽，脱贫稳定性差等问题。并由此造成片区返贫率较高，再脱贫任务较重。

——基础设施薄弱、生态环境脆弱。湖北集中连片特困地区交通运输骨架网络尚未完全形成，农村公路网循环不畅；农村农田水利设施薄弱且严重老化，电力和通信设施落后。各片区大多地处偏远山区和省际交界地带，地质地形条件复杂，生态环境脆弱，部分地区水土流失严重，地质灾害频发，资源开发与环境保护矛盾突出。

——资源开发程度低、特色产业滞后。片区拥有丰富的林特、矿产、旅游资源，但围绕这些优势资源形成的特色产业，大都结构单一，产业链条短，资源综合开发利用程度低；产业缺乏核心增长极，缺乏具有明显区域特色的大企业、大基地，产业链条不完整，没有形成具有核心市场竞争力的产业或产业集群；部分特色产业存在投资渠道狭窄、招商引资难度大、经济发展内在活力不强等问题。

——社会事业发展缓慢、基本公共服务不足。片区教育、文化、卫生、体育等方面软硬件建设滞后，贫困群众受教育程度偏低。专业技术人员少，尤其是中高级专业技术人员严重缺乏，科技对经济增长的贡献率低。城乡居民就业不充分，基本公共服务水平不均衡，特别是农村社会保障体系建设刚刚起步，无论是覆盖面还是保障水平，都与发达地区存在较大差距。

——对内对外开放程度低、区域发展不平衡。片区整体对内对外开放程度低，商品经济和市场经济发展相对落后，加之少数投资多集中交通便利、软硬件条件相对较好的大中城市、县城，广大农村地区发展外向带动力不足，城乡发展差距明显，片区内各县之间的发展差距也不同程度存在。

集中连片特困地区主要经济指标见附表1。

(二)交通运输发展现状及存在问题

“十一五”以来,各片区交通运输事业实现了快速发展,交通基础设施条件显著改善,交通运输服务水平明显提高,为促进片区扶贫开发和经济社会发展做出了重要贡献。集中连片特困地区大都远离中心城市,多为山大沟深之地,公路运输作为当地最主要甚至是唯一的运输方式,实现了较快发展。截至2010年底,集中连片特困地区公路网总里程约87228公里,公路密度98.0公里/百平方公里;区域高速公路1004公里,占等级公路里程的0.5%;二级及以上公路7327公里,占等级公路里程的3.9%;国省干线公路7738公里,初步形成了以区域内主要城市为中心、向周边县城辐射的干线公路网络。目前已实现100%的乡镇通沥青(水泥)路;10511个建制村中,通公路的占100%,通沥青(水泥)路的占86.7%,贫困地区通乡公路得到极大改观,通村公路明显改善。集中连片特困地区公路网现状主要指标见附表2。

虽然湖北集中连片特困地区交通运输取得了长足发展,但与社会发展和尽快脱贫致富的要求相比,还存在较大差距,突出表现在以下四个方面。

一是对外通道不畅,制约了各片区区位优势的充分发挥。各片区具有得天独厚的区位优势条件,其在客观上要求片区形成便捷的对外快速通道网络,以引领和加强片区与外部区域的交流、合作。但目前各片区的对外通道的数量和容量均显不足,个别片区对外通道布局不均衡,网络与周边地区之间的交通干线互连互通不够,区域间交通往来较为不便,严重制约了片区与周边经济中心的交通联系,一定程度上制约了片区区位优势的充分发挥和片区经济社会的快速发展。

二是国省干线规模偏小、技术等级偏低,制约了片区资源禀赋的充分利用。湖北省集中连片特困地区国省干线公路占公路网总里程的8.9%,低于全国平均水平1.9个百分点。二级及以上公路仅占公路网总里程的8.4%,低于湖北省平均水平2.3个百分点。干线公路总量不足和标准不高,直接影响了交通出行的效率和质量,一定程度上影响片区优势资源的利用、特色产业和旅游业等经济产业的发展,阻碍着片区产业结构的转型速度和经济总量的增长幅度。

三是农村公路水平低,制约了片区人民群众的安全便捷出行。集中连片特困地区虽然实现了所有建制村通公路,但是县乡公路等级较低、路况较差,与周边干线公路和县城连接不畅,农村公路网络化程度不高,农民出行难、运输难的问题尚未得到根本解决,对社会主义新农村建设的交通支撑需要进一步增强。此外,由于受地形、地貌及地质条件影响,农村公路安全隐患极为突出,安保工程覆盖面窄,防护能力不强。安全隐患极为突出,交通安全形势严峻,制约了人民群众的安全便捷出行。

四是客货运输发展滞后,制约了基本公共运输服务均等化的加快实现。目前片区客货站场总量不足、分布不合理,现有县城客运站普遍等级低、设施旧,服务水平落后,乡镇物流配送站点缺乏,货物运输服务基本处于自发和无序状态。"零距离换乘,无缝衔接"综合运输站场建设相对滞后,难以适应日益增长的出行需求,与实现基本公共运输服务均等化仍存在一定的差距。集中连片特困地区仅有59.7%的乡镇设有等级客运站,二级及以上客运站数仅占等级客运站总数的11.3%,33个县市区仅有等级货运站13个。

五是水运发展不够,制约了片区内河航运资源比较优势的充分发挥。集中连片特困地区河流众多,拥有丰富的内河航运资源。但片区内水运建设进程较慢,内河航道技术等级偏低技术等级低,通航能力差,不能内通外达、联网成片。沿线港口、码头等基础设施建设也尚未全面启动,港口、码头技术等级低、运行状况差,而且与干线公路衔接不通畅,低成本的水运资源并没有得到及时、有效开发。

受自然条件、自身发展能力等因素制约,集中连片特困地区交通运输发展面临着一些特殊困难。一是建养成本高。集中连片特困地区地形地质条件复杂,生态保护要求高,公路建设施工难度大,导致公路基础设施建设养护成本高。二是地方财力弱。集中连片特困地区地方财政自给率低,主要依靠中央财政转移支付,自我发展能力严重不足。交通建设资金地方配套能力弱,农村公路建设资金主要依靠中央和省(区、市)政府补助,特别是缺少稳定、充足的养护资金来源,公路交通发展面临沉重的资金压力。三是融资难度大。由于集中连片特困地区地理位置相对偏远,交通需求相对较小,且分布零散,交通基础设施建设投资回报率低,难以吸引社会投资,融资困难。

二、发展要求

交通基础设施建设在新阶段扶贫开发中仍处于优先地位,尽快改善交通落后面貌对于片区经济社会发展、扶贫开发和缩小同其他地区的发展差距等具有十分重要的意义。贯彻落实好中央、全省关于扶贫开发和实现脱贫致富的总体要求,进一步夯实片区发展基础、促进片区经济社会实现转型跨越发展、推进基本公共服务均等化、保障人民安全出行以及适应新时期扶贫开发的新特点、新任务等均对交通运输发展提出了新的更高要求。

1. 特殊的区位条件要求加快对外交通网络建设

集中连片特困地区大多位于省际交界地带,拥有独特的区位优势条件,各片区特殊的区位条件决定了片区交通基础设施在承担自身经济发展所产生的交通需求的同时,还必须服务于大区域间的过境运输需求。形成便捷的对外快速通道网络,加强与周边区域经济中心之间的交通联系,不仅是片区自身经济社会发展战略的需要,也是促进我国东、中、西部经济社会健康协调发展的必然要求。因此,交通基础设施必须适应区位特征,优先着力构建完善区域对外交通网络。

2. 经济的快速发展要求加快骨架交通网络建设

随着国家新一轮西部大开发、促进中部地区崛起战略、南水北调中线工程进入关键时期以及国家交通扶贫规划等政策的实施，四个片区面临着国家诸多促进区域协调发展政策扶持的重要机遇。各片区具有明显优势的矿产资、旅游资源将得到合理开发，同时将积极发展资源型工业，培养新型特色产业，形成新的经济增长点。这些都将产生更大的运输需求，需要骨架交通网络尤其是干线公路网络和客货运输枢纽给予更有效的支撑。并且，扩大干线公路网络的规模和覆盖面，提升客货运输枢纽的运输集散能力，可以有效加快推动城镇化进程，引导特色产业集群发展，推动片区经济快速发展。

3. 特色农业的发展要求加快农村交通设施建设

集中连片特困地区将以农民增收为核心，加快转变经济发展模式，坚持市场运作、品牌带动，着力发展绿色无污染的特色产业，大力建设特色农产品基地；大力发展农副产品精深加工，培育壮大龙头企业，创建优势农产品品牌，建成农副产品加工园，整体提高农产品综合竞争力，并完善现代农业服务体系。经济模式的转变、产业结构的调整、特色农业的发展都要求有交通基础设施尤其是农村公路、农村客货运站场等农村交通基础设施提供全面、良好的交通运输基础性和先导性保障作用。

4. 生态环境保护性开发要求加快内河航运发展

武陵山区、秦巴山区和大别山区是国家重要生态屏障，各片区具有较多生态限制性或禁止性开发区域，生态环境较为脆弱。按照国家确定的主体功能方向发展，片区必须走在开发中保护、在保护中开发的路子，探索绿色发展模式。充分利用片区丰富的河流资源，大力加快长江及其他干支流等主要内河航运发展，有利于发挥内河航运的比较优势，降低能源资源消耗，发展低碳经济，减少污染物排放，符合建设资源节约型、环境友好型社会的总体要求，同时可以有力带动沿线旅游资源开发，是加快转变交通发展方式、实现可持续发展的必然选择。

三、指导思想

集中连片特困地区交通建设扶贫的指导思想是：以科学发展观为指导，围绕片区农民人均纯收入增长幅度高于全国平均水平，基本公共服务主要领域指标接近全国平均水平的总体目标，以推进交通运输基本公共服务均等化、提升自我发展能力为主攻方向，结合各片区实际情况，突出特色，找准重点。加快构建“外通内联、通村畅乡、班车到村、安全便捷”的交通运输网络，为贫困地区整体脱贫致富、与全国同步进入全面小康社会当好交通先行。

集中连片特困地区交通建设扶贫坚持以下基本原则：

1. 规划引领，稳步推进

立足于片区经济地理特征、产业布局特点、资源禀赋状况，坚持规划引领，注重交通基础设施建设，进一步优化路网结构，提升自我发展能力；立足于突出重点和循序渐进的要求，近远结合，梯次推进，明确不同发展阶段的合理规模与水平。

2. 区域合作，统筹协调

立足于片区总体发展布局，注重片区省际、县际交通联系和项目、政策对接，支撑片区整体协同发展；立足于构建外通内联、通村畅乡、班车到村、安全便捷的交通运输网络，统筹建、养、运、管全面协调发展。

3. 尽力而为，量力而行

立足于区域发展实际和人民群众出行需求，重点解决交通运输发展中瓶颈制约和突出矛盾，尽力改善群众生产生活运输条件；充分考虑片区的自然条件、发展能力、环境承载力，注重资源的合理利用，建设生态文明交通。

4. 注重公平，突出服务

立足于更加注重基本公共均等化，坚持以人为本、共建共享，注重扩大城乡客货运输覆盖范围，提升运输服务效率和水平，提高公路防灾抗灾能力,加强交通科技创新和人才培养,增强片区交通发展的内生动力。

5. 因地制宜,分类指导

立足于片区交通区位优势和发展实际,坚持整体推进与重点突破,明确各片区交通发展总体方向。重点强化武陵山片区在长江经济带中的枢纽地位,突出注重交通在促进民族和谐、生态文化旅游发展中的基础性作用;重点加强秦巴山对外综合运输通道及区域干线路网建设,支持十堰建设鄂豫陕渝毗邻地区中心城市和促进库区资源保护与适度开发;重点构建完善大别山区综合交通运输体系,着力提升路网通行能力,支撑社会主义新农村建设;重点推进幕阜山干线路网建设,支撑长江中游城市群一体化发展。

6. 部省联动,合力攻坚

立足于政府主导、分级负责,积极争取国家资金政策支持,充分发挥各级政府建设公路的积极性,加大财政性资金投入,拓宽融资渠道,整合各类建设资金,广泛动员社会力量和农民群众参与交通扶贫建设。

四、发展目标

到 2015 年,各片区交通运输发展基本适应区域经济社会发展和建设全面小康社会的总体要求。国省干线路网进一步完善,初步实现片区内各县市对外快速连接、内部便捷沟通;农村公路网进一步改善;旅游交通基础设施全面升级;内河航道整治和港口建设取得成效;运输枢纽建设取得突破;基本建立片区农村客货运体系;区域交通运输服务体系有效形成,有力支撑片区经济社会的发展。具体目标如下:

——干线公路框架基本形成。基本建成原国家高速公路路段,所有片区县城通二级及以上公路比例达到 100%;调整后的普通国道二级及以上公路比例达到 95%;现有省道二级及以上公路比例达到 98%。

——农村公路通畅水平显著提升。所有乡镇和建制村通沥青(水泥)路。

——客货运输服务水平明显提高,班车服务城乡的范围进一步扩大。县城客运站条件明显改善;95%的乡镇建有等级客运站;所有具备条件的建制村建有汽车停靠点(招呼站或候车亭牌)。所有具备条件的乡镇和建制村通班车;结合农村客运站点建设的农村邮政物流得到快速发展,农村客货运输效率和服务水平明显提升。

——公路安全水平和应急保障能力进一步提高。农村公路上的安全防护设施、桥涵等构造物逐步配套,安全性明显提高。国省干线公路安全监管和应急保障信息化程度显著提高,能力进一步增强。

集中连片特困地区公路交通主要发展指标见表2。

集中连片特困地区公路交通主要发展指标 表2

指　　标	2010年(现状)	2015年(目标)
调整后的普通国道二级及以上公路比例	81.8%	95%
现有省道二级及以上公路比例	91.5%	98%
建制村通沥青(水泥)路比例	86.7%	100%
乡镇拥有等级客运站比例	59.7%	95%

五、重点任务

重点任务的确定主要考虑以下五个方面:一是符合上位规划对交通发展的总体要求,优先保证上位规划对交通运输发展所提出的目标的实现;二是加强贫困地区与周边省、市(州)、县的路网衔接与沟通,形成对外联系紧密的开放型交通运输网络;三是为生态旅游和红色旅游、特色农业、特色产业等片区优势产业重点地区开发提供交通运输支撑,发挥交通对片区产业扶贫的先导作用;四是打通县际断头路,强化县乡交通联系,进一步提升农村公路通达、通畅水平，加强安保工程、危桥改造、渡改桥和农村客货运输站场建设，全面优化农村交通运输网络格局；五是支持主要内河航道整治和港口建设，充分发挥片区内河航运的比较优势。

（一）加强基础设施建设

——高速公路方面，主要任务是以国家高速公路为建设重点，打通重要通道的断头路和瓶颈路段，有序推进新增国家高速公路建设，尽快建成区域内国家高速公路网。“十二五”期的建设规模约1497公里。

——国省干线公路方面，主要任务是着力提高国省道中二级及以上公路比例，加强通县二级公路建设，强化制约贫困地区经济发展的瓶颈路段建设，加强各片区内部及其与周边区域联系的干线公路建设，“十二五”期的建设规模约4371公里。

——农村公路方面，主要任务是推进建制村通沥青（水泥）路建设，同步建设必要的安全防护设施和中小桥涵。“十二五”期间，分别建设通乡镇、通建制村沥青（水泥）路384公里和7636公里，解决乡镇、建制村的通畅问题；改造农村公路中桥以上危桥；以加强县乡连通、促进资源和旅游开发为重点，加快各县市区的县乡公路改造，建设一批对贫困地区经济社会发展有重要作用的县际出口路、旅游路、资源开发路。

——公路客货运输场站方面，主要任务是加快县城老旧客运站改造，依托农村公路建设同步推进乡镇等级客运站、建制村汽车停靠点〈招呼站或候车亭牌〉建设，尽快形成以县级客运站为龙头、以乡镇客运站为重点，以建制村汽车停靠点〈招呼站或候车亭牌〉为辅助，多层次、高效率的农村客运站场体系。“十二五”期间，支持一批建成10年以上、亟须改造或迁建，且具备建设用地条件的老旧县级客运站建设，合计18个；建成283个乡镇等级客运站和7597个建制村汽车停靠点（招呼站或候车亭牌）；加强县乡客运站、农村货运站与农村邮政局所的有机结合，适当拓展农村交通基础设施服务功能。

——内河水运方面，主要任务是加强具备条件的地区的对外水运通道建设，进一步完善区域内重要航道及库（湖）区水运基础设施，推进内河港口规模化、专业化发展，适应区域物资水上运输需要，方便人民群众安全便利出行。

湖北省集中连片特困地区交通基础设施建设任务见附表3至附表7。

（二）提升运输服务能力和水平

——着力完善城乡客运服务网络，全面满足旅客出行需要。支持条件适宜的地区稳步推进班线客运和农村客运的公交化改造，加强城乡公共客运的服务衔接。积极推进农村客运站点建设，大力实施建制村通班车工程，稳步提高农村客运通达率，不断完善农村客运线网布局，提高农村客运服务水平。适度扩大农村客运经营自主权，可采取与地域特点、经济发展水平相适宜的运输组织方式，因地制宜开行隔日班、早晚班、周末班、节日班、赶集班等固定或非固定的班次。鼓励旅游客运公司化管理、集约化经营，不断完善旅游包车经营网点，打造旅游客运精品服务网络，满足游客高品质、个性化的运输需求。

——大力优化货运物流服务网络，全面适应物资流通需求。大力发展各种专用运输、鲜活农产品及高附加值货物直达运输，加快发展甩挂运输、多式联运、定班定线的货物运输、汽车列车运输、冷链运输。支持零担、快运、货运代理、城市配送以及利用班线客运为依托的小件快运等经营业务的网络延展。鼓励有条件的道路运输企业向物流企业转型，建立全程、无缝、连续性运输经营组织和管理体系，大力培育龙头和骨干运输企业。积极推进农村物流服务体系建设，加快发展农村物流，为生产生活物资下乡、农产品进城提供便捷物流配送服务，支持邮政企业全面参与农村物流流通网络建设。

六、政策措施

1. 加强组织领导

进一步强化全省集中连片特困地区交通扶贫开发的组织领导,建立完善协调机制,统筹推进交通扶贫各项工作。认真贯彻落实中央、全省关于新一轮扶贫开发的决策部署,明确工作目标,分解落实工作责任,制定具体实施方案和配套工作机制,统筹做好重大建设项目的前期工作和进度安排。进一步强化沟通衔接,加强与水利水电、国土、环保等部门的协调,保障规划的有效实施。突出加强规划实施的跟踪和中期评估,及时把握交通运输发展中出现的新情况、新问题,适时调整规划和相关政策,进一步增强规划的指导性。

2. 强化资金保障

积极争取国家扶贫专项资金补助;积极争取中央车购税增量资金,更多的用于湖北各片区交通扶贫开发项目建设;积极争取交通运输部提高车购税补助标准,减少地方配套比例。积极争取国债、中央预算内资金对交通扶贫项目的投入;积极争取国内外银行贷款、国债资金以及财政贴息等,积极拓宽多元化融资渠道,加快交通基础设施建设;积极争取省政府支持设立交通扶贫专项资金,在不抵消既有优惠政策的基础上,使用专项资金对交通扶贫项目实行扶贫定额补助;进一步争取各级财政加大投入,或通过置换、划拨土地等资源实施捆绑开发,将土地增值部分用于交通扶贫开发,促进资金、资产、资源向贫困地区集聚。积极鼓励探索建立符合交通扶贫项目公益性质的市场融资方式,积极鼓励社会各界支持交通扶贫开发。

3. 规范资金监管

严格落实成品油价格和税费改革转移支付资金使用管理办法,规范专项资金的分配使用和监督管理。各级财政用于交通扶贫建设的资金纳入预算管理,严格执行国库管理有关规定,对于国家按标准进行补助的交通建设项目，进一步强化监管，保障中央资金足额使用，杜绝截留、挤占和挪用等问题。健全资金使用的绩效考核管理，加强对交通扶贫基础设施领域社会资金的引导和监督，依法加强对各类资金的审计监督，切实提高资金使用效益。

4. 注重科技支撑

建立和完善交通科技创新体系，增加交通科技投入，强化科技创新能力建设，加强对干旱地区公路建设、灾害防治等技术的研究和应用。在交通建设、运营、管理及服务等各个环节，充分利用科技信息资源共享平台、技术交流和成果推广示范工程等多种形式，加强交通科技信息资源集成共享，强化科技开发和成果转化，全面提升片区交通运输行业的科技含量，加快推进片区交通现代化的进程。以全省交通职业教育集团为平台，加强对片区交通专业技术人才的培训和干部交流，增强对片区交通发展的智力支持。

5. 创新体制机制

进一步解放思想、勇于创新，分析总结片区交通体制机制方面存在的突出问题，研究和探索适应片区交通扶贫开发新要求的新体制、新机制。巩固和发展“大扶贫”工作机制，用好对口扶贫政策，鼓励片区的定点扶贫和对口扶贫单位参与片区交通建设；鼓励地方政府实施省内共济互助政策，以财政强县为主体，实行强县带弱县的对口帮扶。大力倡导社会扶贫，鼓励企业、个人对交通扶贫项目捐资捐助。结合新农村建设和一事一议制度，鼓励农民自愿投工投劳、投入土地等参与交通扶贫建设。

集中连片特困地区主要经济社会指标(2010年) 附表1

片区	面积(平方公里)	总人口(万人)	乡村人口(万人)	人均收入2300元以下乡村人口(万人)	地区生产总值(亿元)	人均生产总值(元)	地方财政一般预算收入(亿元)	农民人均纯收入(元)
湖北省	185900	5723.8	2877.6	589.8	15806.1	27906	1767.3	5832
片区合计	89013	1502	1087	526	1745	11620	9[illegible]	3938
武陵山区	31990	423.5	297.7	187.3	488.1	10886	24.1	3309
秦巴山区	33044	328	221	118	448	13682	34	3765
大别山区	15407	552.9	432.5	145.7	532.8	10136	23.3	4253
幕阜山区	8572	198	135.3	75.1	276.2	13909	9.5	4600

其他附表略。

湖北省人民政府　交通运输部
落实中央扶贫开发工作会议精神
促进秦巴山区、武陵山区、大别山区
交通运输发展的共建协议

为贯彻落实中央扶贫开发工作会议精神和《中国农村扶贫开发纲要(2011—2020 年)》,加快集中连片特困地区交通运输发展。尽快改善贫困地区交通落后面貌,提升基本公共服务水平,湖北省人民政府与交通运输部商定,将采取有力措施,加快湖北省境内的秦巴山、武陵山、大别山连片特困地区变通基础设施建设。着力突破制约当地经济社会发展的交通瓶颈,全面提升交通运输服务水平、努力推动贫困地区经济社会更好更快发展。

一、湖北省交通建设扶贫的目标和任务

湖北省集中连片特困地区交通建设扶贫以科学发展观为指导,贯彻落实中央扶贫开发工作会议精神和《中国农村扶贫开发纲要(2011—2020 年)》要求,坚持开发式扶贫方针,以解决制约贫困地区交通运输发展瓶颈问题。推进交通运输基本公共服务均等化为主攻方向,统筹规划、突出重点、循序推进、讲求实效,进一步强化交通基础设施建设。大力提升运输服务能力和水平,提高交通运输抗灾和应急保障能力,为扶贫攻坚奠定坚实基础。力争实现集中连片特困地区交通运输发展基本适应经济社会发展的要求,为贫困地区与全国同步进入全面小康社会提供强有力的交通运输保障。

到2020年,湖北省集中连片特困地区的国家高速公路基本建成,具备条件的县城通二级及以上公路,具备条件的乡镇和建制村通沥青(水泥)路。基本建立农村物流服务体系,城乡客货运输服务效率明显改善,农村公路服务水平和防灾抗灾能力显著提高,交通安全和应急保障能力显著增强,集中连片特困地区"外通内联、通村畅乡、班车到村、安全便捷"的交通运输网络基本形成,运输服务水平和保障能力明显提高。

"十二五"期,湖北省交通建设扶贫的目标和任务:

(一)干线公路框架基本形成

1. 加快推进新增国家高速公路郧县—十堰高速公路郧县段、保康—宜昌高速公路保康段、麻城—竹溪高速公路保康段,利川—万州高速公路湖北段、奉节—恩施高速公路湖北段等项目建设,基本建成片区内国家高速公路路段,形成高速公路骨架网。

2. 重点推进G209郧县塘城—清凉寺桥。G220横车—清水河,新增国道郧西县天河坪—将军河、巴东—秭归、河口—大悟,省道恩施—汾水河等项目按二级公路标准进行升级改造。到2015年,秦巴山区、武陵山区、大别山区调整后的国道二级及以上公路比例分别达到98%、90%、95%,沥青(水泥)混凝土路面铺装率分别达到70%、80%、90%。

(二)农村公路通达、通畅水平显著提升

1. 新增武陵山区6个乡镇通沥青(水泥)路,到2015年,实现秦巴山区、武陵山区、大别山区所有具备条件的乡镇通沥青(水泥)路。

2. 新增1492个建制村通沥青(水泥)路,其中秦巴山区264个、武陵山区1228个,到2015年,秦巴山区、武陵山区、大别山区具备条件的建制村通沥青(水泥)路比例均达到100%。

3. 实施一批对扶贫开发。资源开采和旅游开发有重要作用的县乡公路改造项目。

(三)客货运输服务水平显著提高,班车服务城乡的范围进一步扩大

1. 建设县级客运站 14 个,其中秦巴山区 4 个、武陵山区 6 个、大别山区 4 个,片区内县城客运站条件显著改善。

2. 建设 232 个乡镇等级客运站,其中秦巴山区 64 个、武陵山区 73 个、大别山区 95 个,到 2015 年,秦巴山区、武陵山区、大别山区乡镇建有等级客运站的比例分别达到 80%、100%、100%。

3. 建设 6289 个建制村汽车停靠点(招呼站或候车亭牌),有汽车停靠点的比例均达到 100%。

4. 大力推进乡镇和建制村通班车,到 2015 年,实现片区内所有具备条件的乡镇通班车,秦巴山区,武陵山区、大别山区建制村通班车的比例分别达到 95%、100%。100%。

5. 结合农村客运站点建设,加快邮政物流发展,农村客货运输效率和服务水平明显提升。

(四)公路安全水平和应急保障能力进一步提高

1. 结合农村公路建设同步建设必要的安全防护设施和中小桥梁,加大农村公路危桥改造和安保工程建设力度,农村公路安全水平显著提高。

2. 加强干线公路安全监管应急保障体系建设,公路安全应急保障能力进一步增强。

二、湖北省采取的政策措施

为确保湖北省交通建设扶贫目标的实现,湖北省人民政府将采取以下措施:

(一)加强组织领导

按照“中央统筹、省负总责、县抓落实”的要求,组织协调有关

部门和各级地方政府。充分调动广大人民群众的积极性,全力抓好集中连片特困地区交通扶贫工作。将交通扶贫工作纳入各级政府的考核目标,加强组织领导,切实落实责任,扎实有效推进,确保圆满完成交通建设扶贫任务。

(二)加大资金投入力度

各级政府将加大对交通扶贫的投资力度,确保交通建设配套资金的落实,在财政上,将财政增收、中央代发地方债、土地出让金等安排一定比例用于公路建设;在税收上,采取减免等优惠政策支持公路建设;在资金统筹上,加大扶贫和以工代赈等专项资金对公路建设的投入。

(三)相关支持政策

(1)在土地、环保、水利、林业等方面为交通基础设施建设创造更多的便利条件;(2)适当简化国省干线公路建设项目审批程序,农村公路建设项目采取打捆的方式进行审批;(3)协调地方政府解决农村公路和农村客运站场建设用地,以及公路建设料场用地;(4)鼓励资源开采、旅游开发等受益企业投资建设、养护相关专用公路;(5)结合新农村建设和一事一议制度,鼓励农民自愿投工投劳投资等参与交通扶贫建设;(6)进一步完善民间资本投资交通建设的政策规定,营造良好的投资环境。

(四)强化工程项目管理

按照国家和交通运输部有关规定,加强公路工程基本建设程序监督、招标投标市场监管和质量安全管理,确保项目设计、施工质量以及工程进度。同时加强对项目建设资金的监管,严格执行专款专用,确保资金使用效益。

(五)加强公路管理养护

加强高速公路和国省干线公路养护管理,保障干线公路正常的通行能力和服务水平，根据本地区实际，落实好农村公路养护管理的责任主体，机构人员和养护资金，不断推动农村公路管养工作常态化、规范化，努力实现“有路必养”，确保农村公路完好畅通。

（六）加强生态环境保护和安全能力建设

充分考虑贫困地区自然条件特点，把生态建设和环境保护作为区域交通发展的基本前提，把发展绿色交通作为重要任务，灵活确定适宜当地特点的技术标准和指标，集约节约利用资源，坚持安全发展的理念，在注重主体工程建设的前提下，加强安全防护设施，交通工程设施等配套设施建设，不断提高交通基础设施安全水平。

（七）加强交通扶贫统计监测

加强交通扶贫建设情况的统计监测、分析评估，准确、及时，全面掌握片区贫困状况和规划实施情况，反映交通扶贫开发工作成效，规范相关信息的采集、整理和报送工作，为科学决策提供依据。

三、交通运输部的支持措施

为实现湖北省交通建设扶贫目标，交通运输部将进一步加大对湖北省贫困地区交通发展的支持力度，“十二五”期支持重点是：

（一）支持湖北省秦巴山区、武陵山区、大别山区列入部“十二五”规划的高速公路项目建设，只要前期工作条件具备并符合国家投资政策，将安排资金予以支持。

（二）进一步提高湖北省秦巴山区，武陵山区、大别山区国道和省道建设的投资补助标准。二级和三级国道升级改造项目补助标准每公里提高到 400 万元，二级和三级省道升级改造项目每公里提高到 260 万元。

（三）进一步提高湖北省秦巴山区、武陵山区。大别山区农村公路建设投资补助标准，乡镇通沥青（水泥）路建设每公里提高到

80 万元,建制村通沥青(水泥)路每公里提高到 50 万元,同步建设必要的安全防护设施和中小桥梁。

(四)支持建设切实对扶贫开发、资源开采和旅游开发有重要作用的县乡公路改造项目,建设里程约 740 公里,补助标准为每公里 140 万元。

(五)支持片区内县、乡、村客运站点建设,县级客运站按至少二级站标准建设,每个站补助 400 万元;乡镇等级客运站每个补助 50 万元;建制村招呼站或候车亭牌每个补助 1.5 万元。指导地方在乡镇客运站建设中,加强与农村邮政物流的结合,提高农村客货运输服务水平。

(六)对列入部“十二五”规划的水运项目建设,给予资金支持。

(七)支持湖北省加强对贫困地区公路建设、灾害防治、绿色环保、安全应急等技术的研究,加快新技术在集中连片特困地区的推广应用。建立人才交流培训机制,进一步帮助贫困地区培养交通建设技术、管理人才。

湖北省人民政府与交通运输部将强化责任、紧密配合、扎实工作、合力推进,确保湖北省集中连片特困地区交通建设扶贫目标的实现,为促进贫困地区脱贫致富和全面建设小康社会提供强有力的交通运输保障。

湖北省人民政府

交通运输部

2012 年 7 月 13 日

图书在版编目(CIP)数据

情系扶贫:湖北省四大山区交通连片扶贫开发新探索/尤习贵主编. —北京:人民交通出版社股份有限公司,2015.11

ISBN 978-7-114-12622-2

Ⅰ.①情… Ⅱ.①尤… Ⅲ.①山区-扶贫-研究-湖北省 Ⅳ.①F127.63

中国版本图书馆 CIP 数据核字(2015)第 271469 号

Qingxi Fupin

书　　名: 情系扶贫

——湖北省四大山区交通连片扶贫开发新探索

著 作 者: 尤习贵

责任编辑: 赵瑞琴

出版发行: 人民交通出版社股份有限公司

地　　址: (100011)北京市朝阳区安定门外外馆斜街 3 号

网　　址: http://www.ccpress.com.cn

销售电话: (010)59757973

总 经 销: 人民交通出版社股份有限公司发行部

经　　销: 各地新华书店

印　　刷: 北京盛通印刷股份有限公司

开　　本: 880×1230　1/32

印　　张: 10.25

字　　数: 240 千

版　　次: 2015 年 11 月　第 1 版

印　　次: 2015 年 11 月　第 1 次印刷

书　　号: ISBN 978-7-114-12622-2

定　　价: 42.00 元

(有印刷、装订质量问题的图书由本公司负责调换)